改訂版　聞いて覚える中国語単語帳

キクタン

中国語

【上級編】

中検準1級レベル

アルク

はじめに

「キクタン 中国語」シリーズとは

ベストセラー「キクタン」の中国語版

単語を聞いて覚える"「聞く」単語集"、すなわち「キクタン」。「キクタン」シリーズはアルクの英単語学習教材として始まりました。本シリーズは音楽のリズムに乗りながら楽しく語彙を学ぶ「チャンツ」という学習法を採用し、受験生からTOEIC®のスコアアップを狙う社会人まで、幅広いユーザーの支持を受けています。本書は、この「キクタン」をベースにした中国語の単語帳です。

中検準1級レベルの「入り口」となる
単語、成語、慣用句を精選

中検準1級は範囲が非常に広く、難易度の高い問題が出されるため、合格には相当な中国語力が必要です。中検準1級を目指す「入り口」としての本書は、改訂にあたり、過去数年間の中国語検定試験で使用されている語彙、外国人に対する中国語教育のために制定されたHSK（汉语水平考试）の語彙、中国語を扱った複数のコーパスを基礎データに、単語などを厳選し、内容を一新しました。具体的には、中検準1級を目指すなら押さえておきたい単語1008語、成語224語、慣用句56語を収録しています。この1冊を全て覚えれば準1級に合格できるわけではありませんが、本書で上級へのステップの基礎を築き、さまざまな中国語にチャレンジしながら実力をつけて合格を目指してください。

だから「ゼッタイに覚えられる」！

本書の **4** 大特長

1 過去の中検問題などを徹底分析！

中国語検定試験で使用されている語彙、外国人に対する中国語教育のために制定された HSK（汉语水平考试）の語彙などから、中検準 1 級レベルで押さえておきたい単語 1008 語、成語 224 語、慣用句 56 語を厳選・収録しました。

2 「耳」と「目」をフル活用して覚える！

本書では音楽のリズムに乗りながら楽しく単語の学習ができる「チャンツ」を用意。「目」と「耳」から同時に単語をインプットし、さらに「口」に出していきます。また、日本人が苦手とするピンインや声調もチャンツで覚えることができます。

3 1 日16 語、14 週間のスケジュール学習！

「ムリなく続けられること」を前提に、1 日の学習語彙量を 16 語（成語、慣用句は 1 日 8 語）に設定しています。14 週間、98 日間の「スケジュール学習」ですので、ペースをつかみながら効率的・効果的に語彙を身に付けていくことができます。音声にはチャンツだけでなく、例文も収録しているので、音声を聞くだけでもしっかり学習できます。

4 選べる 2 つの「学習モード」

見出し語だけを聞く、見出し語と例文の両方を聞く、という 2 つのモードを用意しました。その日の忙しさなどに合わせて、学習の分量を調整することができます。

本書とダウンロード音声の利用法

1日の学習量は4ページ、学習語彙数は16語です（成語、慣用句は2ページ、8語）。

見出し語
この日に学習する16語が
ピンインと一緒に掲載され
ています。

定義
赤字は最も一般的に用いられる定義
です。チャンツ音声ではこの赤字を
読み上げています。
記号の意味は以下のとおりです。

名 名詞　動 動詞　形 形容詞
副 副詞　助動 助動詞
接 接続詞（連詞）

Tips
見出し語や中国語、中国事
情などについて「ちょっと
知っておきたいこと」をま
とめました。学習の参考に
してください。

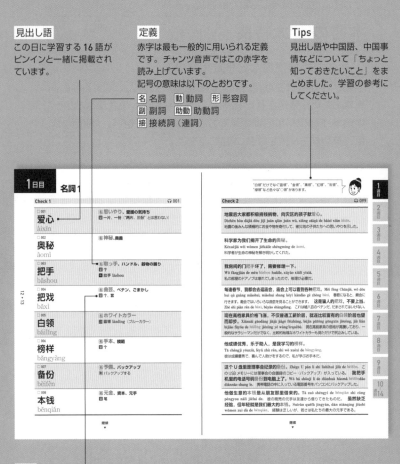

語注
よく使うフレーズや関連語、
よくつく量詞、注意すべき
点などを掲載しています。
記号の意味は次のようにな
ります。

目 関連語や追加の解説など
⇒ 同義語
⇔ 反義語
！ 日本語と同じ漢字でも意味・用法が違うため、注意すべき語彙
量 見出し語に対応する量詞
【比喩】比喩的な語義
◇成語（10～13週目）　近 近義語（類義語）　反 反義語

本書のピンイン表記について

① 原則として《現代漢語詞典》(商務印書館)の第七版に基づいています。

② "一"、"不"は変調後の発音表記にしています。

③ 3声が連続する場合の声調の変化については、本来の声調で表記しました。

④ "没有"は動詞の場合は méiyǒu、副詞の場合は méiyou と表記します。

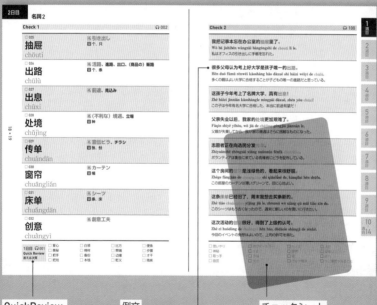

QuickReview

前日に学習した語彙のチェックリストです。左ページに中国語、右ページに日本語を掲載しています。日本語を赤シートで隠すことができます。

例文

見出し語と派生語を含む中国語の例文と日本語訳を掲載しています。よく使われる表現を選び、自然な中国語になるようにしています。

チェックシート

本書にはチェックシートを付属しています。本文の赤字部分を隠し、単語やピンインを覚える際に活用してください。

1日の学習量は 4 ページ、学習語彙数は 16 語です
（成語、慣用句は 2 ページ、8 語）。
1つの見出し語につき、定義を学ぶ「Check1」、
例文の中で単語を学ぶ「Check2」があります。
まずは「チャンツ音楽」のリズムに乗りながら、
見出し語と定義を「耳」と「目」で押さえましょう。
Check1 では定義とピンインが身に付いているか、
Check2 では訳を参照しながら、隠されている語が
すぐに浮かんでくるかを確認しましょう。

Check1 🎧

該当のトラックを呼び出し、見出し語とその意味をチェック！
まずはしっかり単語を覚えましょう。

Check2 🎧

見出し語を含む例文をチェック！
実践的な例に触れることで、理解度が高まります。

状態形容詞、可能補語のまとめ

1 〜 4 週目の最終ページには"白花花"
のような ABB 型の状態形容詞、5 〜
9 週目の最終ページには可能補語をま
とめました。既習のものは復習を、未
習のものはしっかり覚えて、表現の幅
を広げましょう。

おすすめの学習モード

見出し語だけを聞く「チャンツモード」
学習時間：3 分

忙しいときには Check 1の「チャンツ音
楽」を聞き流すだけでもOK！ できれば、
チャンツを聞いた後にマネして発音してみ
ましょう。

見出し語も例文も聞く「しっかりモード」
学習時間：14 分

やるからにはしっかり取り組みたい人は、
Check 1の「チャンツ音楽」と Check 2の「例
文音声」、どちらも学習しましょう。例文も声
に出してみることで、定着度がアップします。
正しい発音や声調を意識して「音読」してみ
てください。余裕のあるときは、語注の内容
もしっかり押さえましょう。

音声の構成

本書では「見出し語」（チャンツ）と「例文」の音声は以下のような構成になっています。

▧ 見出し語

チャンツに乗せて「中国語 → 日本語（定義）→中国語」の
パターンで読んでいます。

▧ 例文

読み上げ音声を「中国語の見出し語 →日本語（定義）→ 中国語例文」の
パターンで収録しています。（チャンツ形式ではありません）

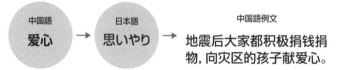

音声ダウンロードについて

本書の音声は無料でダウンロードできます。
商品コードは「7023001」です。

パソコンの場合

以下の URL で「アルク・ダウンロードセンター」にアクセスの上、画面の指示に従って、音声ファイルをダウンロードしてください。
【URL】https://portal-dlc.alc.co.jp/

スマホの場合

QR コードから学習用アプリ「booco」をインストール（無料）の上、ホーム画面下「さがす」から本書を検索し、音声ファイルをダウンロードしてください。
【URL】https://booco.page.link/4zHd

※本サービスの内容は、予告なく変更する場合がございます。あらかじめご了承ください。

中検について

「中検」は、「中国語検定試験」の略称で、日本中国語検定協会によって実施されている、主に日本語を母語とする中国語学習者を対象に中国語の学習到達度を測定する試験です。1981年秋に第1回中国語検定試験が実施されて以降、評価基準、評価方法に検討が加えられ、今日まで回を重ねてきました。

準1級合格の認定基準

準1級試験は、「実務に即従事しうる能力」を有しているかどうかに基準が置かれています。出題内容は、以下のように定められています。

日常生活及び社会生活全般における、新聞・雑誌・文学作品・実用文のほか、時事用語などを含むやや難度の高い中国語から
- 長文の聞き取りと内容理解
- 長文中の指定文の書き取り（記述式）
- 長文読解と長文中の語句に関する理解
- 語句の用法，熟語・慣用句を含む語句の解釈
- 長文中の指定語句の書き取り及び指定文の日本語訳（記述式）
- 比較的長い日本語の中国語訳（記述式）
- 与えられた語句を用いたテーマに沿った中国語作文（記述式）

※一次のみ、二次は省略

> 準1級に合格すれば、
> 社会生活に必要な中国語を基本的に習得し、
> 通常の文章の中国語訳・日本語訳、簡単な
> 通訳ができるレベルと言えるでしょう。

※詳しい情報については下記にお問い合わせください。

一般財団法人 日本中国語検定協会

〒103-8468 東京都中央区東日本橋2-28-5 協和ビル
電話番号：03-5846-9751　メールアドレス：info@chuken.gr.jp
ホームページ：https://www.chuken.gr.jp

目次

キクタン中国語

1 週目

中国語で言ってみよう！

文化交流は、他民族間のわだかまりを除くための大切な手段である。

（答えは 059）

Check 1	🎧 001

□ 001
爱心
àixīn

名 **思いやり、愛護の気持ち**
量 一片、一份（"两片、三份" とは言わない）

□ 002
奥秘
àomì

名 **神秘、奥義**

□ 003
把手
bǎshou

名 **取っ手、ハンドル、器物の握り**
量 个
⇔ 拉手 lāshou

□ 004
把戏
bǎxì

名 **曲芸、ペテン、ごまかし**
量 个、套

□ 005
白领
báilǐng

名 **ホワイトカラー**
⇔ 蓝领 lánlǐng（ブルーカラー）

□ 006
榜样
bǎngyàng

名 **手本、模範**
量 个

□ 007
备份
bèifèn

名 **予備、バックアップ**
動 バックアップする

□ 008
本钱
běnqián

名 **元金、資本、元手**
量 笔

継続
▼

"白领"だけでなく"蓝领"、"金领"、"黑领"、"红领"、"灰领"、"绿领"など色々な"○领"があります。

Check 2 🎧 099

地震后大家都积极捐钱捐物，向灾区的孩子献爱心。

Dìzhèn hòu dàjiā dōu jījí juān qián juān wù, xiàng zāiqū de háizi xiàn àixīn.

地震の後みんな積極的にお金や物を寄付して、被災地の子供たちへの思いやりを示した。

科学家为我们揭开了生命的奥秘。

Kēxuéjiā wèi wǒmen jiēkāile shēngmìng de àomì.

科学者が生命の神秘を解き明かしてくれた。

我房间的门把手坏了，需要修理一下。

Wǒ fángjiān de mén bǎshou huàile, xūyào xiūlǐ yíxià.

私の部屋のドアノブは壊れてしまったので、修理が必要だ。

每逢春节，我都会去逛庙会，庙会上可以看到各种把戏。Měi féng Chūnjié, wǒ dōu huì qù guàng miàohuì, miàohuì shang kěyǐ kàndào gè zhǒng bǎxì. 春節になると、廟会に行きます。廟会ではいろいろな曲芸を見ることができます。 这是骗人的把戏，不要上当。Zhè shì piàn rén de bǎxì, búyào shàngdàng. これは嘘八百のペテンだ、だまされてはいけない。

现在高档家具价格飞涨，不仅普通工薪阶层，就连比较富有的白领阶层也望而却步。Xiànzài gāodàng jiājù jiàgé fēizhǎng, bùjǐn pǔtōng gōngxīn jiēcéng, jiù lián bǐjiào fùyǒu de báilǐng jiēcéng yě wàng'érquèbù. 現在高級家具の価格が高騰しており、一般的なサラリーマンだけでなく、比較的裕福なホワイトカラーも見ただけで尻込みしている。

他成绩优秀，乐于助人，是我学习的榜样。

Tā chéngjì yōuxiù, lèyú zhù rén, shì wǒ xuéxí de bǎngyàng.

彼は成績優秀で、喜んで人助けをするので、私が学ぶお手本だ。

这个 U 盘里是理事会纪录的备份。Zhège U pán li shì lǐshìhuì jìlù de bèifèn. この USB メモリーには理事会の会議録のコピー（バックアップ）が入っている。 我把手机里的电话号码备份到电脑上了。Wǒ bǎ shǒujī li de diànhuà hàomǎ bèifèndào diànnǎo shang le. 携帯電話の中に入っている電話番号をパソコンにバックアップした。

他做生意的本钱是从朋友那里借来的。Tā zuò shēngyi de běnqián shì cóng péngyou nàli jièlai de. 彼の商売の元手は友達から借りてきたものだ。 虽然缺乏经验，但年轻就是我们最大的本钱。Suīrán quēfá jīngyàn, dàn niánqīng jiùshì wǒmen zuì dà de běnqián. 経験は乏しいが、若さは私たちの最大の元手である。

继续
▼

□ 009 **比方** bǐfang	名 **たとえ、比喩** 動 たとえる 接続 たとえば
□ 010 **弊端** bìduān	名 **弊害**
□ 011 **边缘** biānyuán	名 **端、縁、へり、境目、瀬戸際** 形 境界の
□ 012 **贬义** biǎnyì	名 **(字句に含まれる) けなす意味** ⟺ 褒义 bāoyì (褒める意味)
□ 013 **便条** biàntiáo	名 **メモ、書き付け** 量 个、张
□ 014 **步骤** bùzhòu	名 **段取り、順序、ステップ、手順** 量 个
□ 015 **才干** cáigàn	名 **(仕事の) 能力、才能、腕前** 量 种
□ 016 **残疾** cánjí	名 **体に障害があること、身体障害**

打个**比方**，生活就像一杯咖啡，有苦也有甜。Dǎ ge bǐfang, shēnghuó jiù xiàng yì bēi kāfēi, yǒu kǔ yě yǒu tián.　たとえて言うならば、生活とは1杯のコーヒーのようなもので、苦くもあり甘くもある。　人有很多种，**比方**说，有善良的，邪恶的等等。Rén yǒu hěn duō zhǒng, bǐfang shuō, yǒu shànliáng de, xié'è de děngděng.　人にはいろんな人がいます、たとえば、善良な人、よこしまな人などなど。

现代社会的各种**弊端**都需要我们认真对待。

Xiàndài shèhuì de gè zhǒng bìduān dōu xūyào wǒmen rènzhēn duìdài.

現代社会のさまざまな弊害に、私たちは真剣に向き合わなくてはならない。

英国是欧洲大陆**边缘**上的一个岛国。Yīngguó shì Ōuzhōu dàlù biānyuán shang de yí ge dǎoguó.　イギリスはヨーロッパ大陸の端の島国だ。　远古时代，人类主要生活在草原和森林的**边缘**地带。Yuǎngǔ shídài, rénlèi zhǔyào shēnghuózài cǎoyuán hé sēnlín de biānyuán dìdài.　はるか昔、人類は主に草原と森の境で生活していた。

"你太可爱了"这句话有时含有**贬义**。

"Nǐ tài kě'ài le" zhè jù huà yǒushí hányǒu biǎnyì.

「とてもかわいいね」という言葉には、時にけなす意味合いが込められている。

你不在的时候他来过了，给你留了一张**便条**。

Nǐ bú zài de shíhou tā láiguò le, gěi nǐ liúle yì zhāng biàntiáo.

あなたが留守のときに彼が来て、メモを残していった。

这个计划分为三个**步骤**，每个**步骤**都很重要。

Zhège jìhuà fēnwéi sān ge bùzhòu, měi ge bùzhòu dōu hěn zhòngyào.

この計画は3つのステップに分かれており、どのステップもとても重要だ。

这次活动是显示大家**才干**的好机会。

Zhè cì huódòng shì xiǎnshì dàjiā cáigàn de hǎo jīhuì.

今回の活動は皆の腕前を披露するよい機会だ。

中国为保障**残疾**人人权所作出的努力和取得的成就得到了国际社会的充分肯定。

Zhōngguó wèi bǎozhàng cánjírén rénquán suǒ zuòchū de nǔlì hé qǔdé de chéngjiù dédàole guójì shèhuì de chōngfèn kěndìng.　中国が障害者の人権を保障するために行った努力と成果は国際社会から十分に承認された。

1週目
2週目
3週目
4週目
5週目
6週目
7週目
8週目
9週目
10～14週目

□ 017
差距
chājù

名 差、格差、隔たり

□ 018
差异
chāyì

名 差異

□ 019
厂家
chǎngjiā

名 メーカー、製造業者
量 个

□ 020
钞票
chāopiào

名 紙幣
量 张、堆、叠

□ 021
成本
chéngběn

名 コスト、原価

□ 022
成效
chéngxiào

名 効果、効能、効き目

□ 023
痴心
chīxīn

名 (人や物事に) 夢中になる心、うつつを抜かす心
形 いちずに思っている、うつつを抜かしている
量 片

□ 024
池塘
chítáng

名 池、水たまり、(銭湯の) 浴槽
量 个、口

継続
▼

16 ▶ 17

民族の思考や訓戒を短い言葉に凝縮した「諺」の勉強も怠ることなかれ…"废话喂不饱肚子"、"三个和尚就没水喝"。

Check 2   🎧 100

我的工作能力和他相比还有很大差距。
Wǒ de gōngzuò nénglì hé tā xiāngbǐ hái yǒu hěn dà chājù.
私の仕事の能力は、彼と比べてまだ大きな差がある。

不同民族在思维方式上的差异性也体现在他们的语言上。
Bùtóng mínzú zài sīwéi fāngshì shang de chāyìxìng yě tǐxiànzài tāmen de yǔyán shang.
異なる民族では思考上の差も彼らの言語上に体現される。

如果产品出现了问题，请直接与厂家联系。
Rúguǒ chǎnpǐn chūxiànle wèntí, qǐng zhíjiē yǔ chǎngjiā liánxì.
製品に問題が生じた場合、直接メーカーにご連絡ください。

他看那孩子可怜，给了她两张百元钞票。
Tā kàn nà háizi kělián, gěile tā liǎng zhāng bǎi yuán chāopiào.
彼はその子をかわいそうに思い、100元札を2枚あげた。

这一新技术可以大大降低生产成本。
Zhè yī xīn jìshù kěyǐ dàdà jiàngdī shēngchǎn chéngběn.
この新技術によって生産コストを大幅に下げることができる。

政府在环保方面采取了多项措施，取得了初步成效。
Zhèngfǔ zài huánbǎo fāngmiàn cǎiqǔle duō xiàng cuòshī, qǔdéle chūbù chéngxiào.
政府は環境保護の分野でさまざまな措置を取り、初歩的な成果を収めた。

他对你一片痴心，你为什么不接受他的追求？ Tā duì nǐ yí piàn chīxīn, nǐ wèi shénme bù jiēshòu tā de zhuīqiú? 彼はあなたに恋い焦がれているのに、なぜ彼の求愛を受け入れないの。
这位歌星的一个痴心女歌迷当众向他求婚。 Zhè wèi gēxīng de yí ge chīxīn nǚ gēmí dāngzhòng xiàng tā qiúhūn. この歌手のいちずな女性ファンが、公衆の面前で彼にプロポーズした。

夏天的池塘很热闹，可以听到青蛙的叫声。
Xiàtiān de chítáng hěn rènao, kěyǐ tīngdào qīngwā de jiàoshēng.
夏の池はにぎやかで、カエルの鳴き声が聞こえる。

继续
▼

Check 1

□ 025
抽屉
chōuti

图 **引き出し**
量 个、只

□ 026
出路
chūlù

图 **活路、進路、出口、(商品の)販路**
量 个、条

□ 027
出息
chūxi

图 **前途、見込み**

□ 028
处境
chǔjìng

图 **(不利な)境遇、立場**
量 种

□ 029
传单
chuándān

图 **宣伝ビラ、チラシ**
量 张、份

□ 030
窗帘
chuānglián

图 **カーテン**
量 幅

□ 031
床单
chuángdān

图 **シーツ**
量 条、床

□ 032
创意
chuàngyì

图 **創意工夫**

| 1日目 🎧 001 Quick Review 答えは次頁 | □ 爱心 □ 奥秘 □ 把手 □ 把戏 | □ 白领 □ 榜样 □ 备份 □ 本钱 | □ 比方 □ 弊端 □ 边缘 □ 贬义 | □ 便条 □ 步骤 □ 才干 □ 残疾 |

我把记事本忘在办公室的抽屉里了。

Wǒ bǎ jìshìběn wàngzài bàngōngshì de chōuti li le.

私はオフィスの引き出しに手帳を忘れた。

很多父母认为考上好大学是孩子唯一的出路。

Hěn duō fùmǔ rènwéi kǎoshàng hǎo dàxué shì háizi wéiyī de chūlù.

多くの親はよい大学に合格することが子どもの唯一の進路だと思っている。

这孩子今年考上了名牌大学，真有出息！

Zhè háizi jīnnián kǎoshàngle míngpái dàxué, zhēn yǒu chūxi!

この子は今年有名大学に合格した、本当に前途有望だ！

父亲失业以后，我家的处境更加艰难了。

Fùqin shīyè yǐhòu, wǒ jiā de chǔjìng gèngjiā jiānnán le.

父親が失業してから、我が家の境遇はさらに困難なものになった。

志愿者正在向选民分发传单。

Zhìyuànzhě zhèngzài xiàng xuǎnmín fēnfā chuándān.

ボランティアは集会に来ている有権者にビラを配布している。

这个房间的窗帘是浅绿色的，看起来很舒服。

Zhège fángjiān de chuānglián shì qiǎnlǜsè de, kànqilai hěn shūfu.

この部屋のカーテンは薄いグリーンで、目に心地よい。

这条床单已经旧了，周末我想去买条新的。

Zhè tiáo chuángdān yǐjīng jiù le, zhōumò wǒ xiǎng qù mǎi tiáo xīn de.

このシーツはもう古くなったので、週末に新しいのを買いに行きたい。

这次活动的创意很好，得到了上级的认可。

Zhè cì huódòng de chuàngyì hěn hǎo, dédàole shàngjí de rènkě.

今回のイベントの発想はよいので、上司の許可を得た。

☐ 思いやり	☐ ホワイトカラー	☐ たとえ	☐ メモ
☐ 神秘	☐ 手本	☐ 弊害	☐ 段取り
☐ 取っ手	☐ 予備	☐ 端	☐ 能力
☐ 曲芸	☐ 元金	☐ けなす意味	☐ 体に障害があること

□ 033
辞呈
cíchéng

名 辞表
量 份、封

□ 034
此后
cǐhòu

名 この後、その後

□ 035
次品
cìpǐn

名 不良品、欠陥商品
量 个、批

□ 036
次序
cìxù

名 順序、順番

□ 037
歹徒
dǎitú

名 悪党、悪人
量 个、帮、伙

□ 038
淡季
dànjì

名 オフシーズン、閑散期
⇔ 旺季 wàngjì（最盛期）

□ 039
档案
dàng'àn

名（政府や機関が分類保存する）書類、
身上調書

□ 040
档次
dàngcì

名（一定の基準で分けた）等級、ランク、
地位

継続
▼

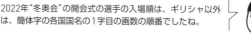

2022年"冬奥会"の開会式の選手の入場順は、ギリシャ以外は、簡体字の各国国名の1字目の画数の順番でしたね。

Check 2 🎧 101

我已经向经理提交了**辞呈**，下周开始就不来上班了。

Wǒ yǐjīng xiàng jīnglǐ tíjiāole cíchéng, xiàzhōu kāishǐ jiù bù lái shàngbān le.

私はすでにマネージャーに辞表を提出したので、来週からもう出勤しない。

我们三年前见过一面，**此后**再也没有见过了。

Wǒmen sān nián qián jiànguo yí miàn, cǐhòu zài yě méiyou jiànguo le.

私たちは3年前に1度会ったことがありますが、それ以来1度も会ったことがありません。

这项新技术还有不成熟的地方，出了很多**次品**。

Zhè xiàng xīn jìshù hái yǒu bù chéngshú de dìfang, chūle hěn duō cìpǐn.

この新技術はまだ未完成の部分があり、たくさんの不良品が出た。

各代表团的出场**次序**是按汉字笔画多少排列的。

Gè dàibiǎotuán de chūchǎng cìxù shì àn Hànzì bǐhuà duōshǎo páiliè de.

各代表団の出場順は漢字の画数順に従ったものだ。

两名**歹徒**抢劫银行后，在逃跑的途中被警察抓获。

Liǎng míng dǎitú qiǎngjié yínháng hòu, zài táopǎo de túzhōng bèi jǐngchá zhuāhuò.

2人の悪党は銀行強盗をした後、逃走中に警察に逮捕された。

现在是旅游**淡季**，每天来这里的游客不多。

Xiànzài shì lǚyóu dànjì, měi tiān lái zhèli de yóukè bù duō.

今は旅行のオフシーズンなので、毎日ここを訪れる観光客は少ない。

大英图书馆保存了很多珍贵的中国**档案**文献。

Dà Yīng Túshūguǎn bǎocúnle hěn duō zhēnguì de Zhōngguó dàng'àn wénxiàn.

大英図書館には多くの貴重な中国の公文書が保存されている。

宾馆的**档次**不同，房间的价格也不同。

Bīnguǎn de dàngcì bùtóng, fángjiān de jiàgé yě bùtóng.

ホテルのランク次第で部屋の料金も変わる。

継続
▼

Check 1	🎧 003

□ 041

得失
déshī

名 損得、利害、得失、よしあし

□ 042

堤坝
dībà

名 堤防
量 道、座、条

□ 043

地步
dìbù

名 (悪い) 状況、事態、(物事が到達する) 程度、余地

□ 044

动态
dòngtài

名 動向、動態、(芸術作品の) 動き
形 動態的な、ダイナミックな
量 个、种

□ 045

恩怨
ēnyuàn

名 恩と恨み、恩と仇

□ 046

分寸
fēncun

名 (言葉・行為の) 程合い、限度

□ 047

氛围
fēnwéi

名 雰囲気
≒ 雰囲 fēnwéi

□ 048

风度
fēngdù

名 風格、人柄

2日目 🎧 002 Quick Review 答えは次頁	□ 差距 □ 差异 □ 厂家 □ 钞票	□ 成本 □ 成效 □ 痴心 □ 池塘	□ 抽屉 □ 出路 □ 出息 □ 处境	□ 传单 □ 窗帘 □ 床单 □ 创意

如果太在意个人的得失，就很难有一个快乐的人生。

Rúguǒ tài zàiyì gèrén de déshī, jiù hěn nán yǒu yí ge kuàilè de rénshēng.

個人の損得にこだわりすぎると、楽しい人生を送るのは難しいだろう。

工人们正在加固堤坝，为夏季防洪做准备。

Gōngrénmen zhèngzài jiāgù dībà, wèi xiàjì fánghóng zuò zhǔnbèi.

作業員らは堤防を補強して、夏季の洪水に備えている。

我万万没想到问题已经到了这么严重的地步。

Wǒ wànwàn méi xiǎngdào wèntí yǐjīng dàole zhème yánzhòng de dìbù.

問題がここまで深刻な状態になっていたとは全く思いもしなかった。

《财经 24 小时》节目主要报道世界经济的最新动态。

《Cáijīng èrshísì xiǎoshí》jiémù zhǔyào bàodào shìjiè jīngjì de zuì xīn dòngtài.

『財経 24 時間』という番組は、主に世界経済の最新の動向を報道している。

这部电影讲述了二十世纪 30 年代上海两个家族的恩怨。

Zhè bù diànyǐng jiǎngshùle èrshí shìjì sānshí niándài Shànghǎi liǎng ge jiāzú de ēnyuàn.

この映画では 1930 年代の上海の 2 つの家族の恩讐が語られている。

这个女孩家教很好，说话做事都很有分寸。

Zhège nǚhái jiājiào hěn hǎo, shuōhuà zuòshì dōu hěn yǒu fēncun.

この女の子は家庭でのしつけがよく、言葉遣いも行いも分をわきまえている。

学校应该为学生创造轻松愉快的学习氛围。

Xuéxiào yīnggāi wèi xuésheng chuàngzào qīngsōng yúkuài de xuéxí fēnwéi.

学校は学生にゆったりとした楽しい学習環境を造り出さねばならない。

他言谈举止彬彬有礼，很有绅士风度。

Tā yántán jǔzhǐ bīnbīn-yǒulǐ, hěn yǒu shēnshì fēngdù.

彼は言葉遣いや立ち居振る舞いが礼儀正しく、紳士的な風格がある。

□ 差
□ 差異
□ メーカー
□ 紙幣

□ コスト
□ 効果
□ 夢中になる心
□ 池

□ 引き出し
□ 活路
□ 前途
□ 境遇

□ 宣伝ビラ
□ カーテン
□ シーツ
□ 創意工夫

Check 1 🎧 004

□ 049

风气
fēngqì

名 **気風**、風潮、風習、習慣
量 种

□ 050

风险
fēngxiǎn

名 **リスク**、危険
量 个、种

□ 051

幅度
fúdù

名 **(振動や変動の) 幅**

□ 052

福气
fúqi

名 **幸せ**、幸運
量 种

□ 053

富人
fùrén

名 **金持ち**

□ 054

高潮
gāocháo

名 【比喩】**(小説や映画の) クライマック
ス**、山場、ピーク、高まり
量 个、轮

□ 055

高峰
gāofēng

名 【比喩】**ピーク**、最高指導者
量 座、个
覚 高峰时间 gāofēng shíjiān (ラッシュアワー)

□ 056

高考
gāokǎo

名 **大学入試**
覚 "普通高等学校招生全国统一考试" の略称

継続
▼

現代の"科挙"とも言われる"高考"、毎年6月7日と8日に実施される全国統一の大学入学試験です。

Check 2　　　　　　　　　　　　　　　　　　　🎧 102

现在社会上拜金风气盛行，严重影响了学校教育。
Xiànzài shèhuì shang bàijīn fēngqì shèngxíng, yánzhòng yǐngxiǎngle xuéxiào jiàoyù.
今の社会には拝金の風潮がはびこり、学校教育に深刻な影響を及ぼしている。

在当前的经济情况下，投资房地产有一定的风险。
Zài dāngqián de jīngjì qíngkuàng xià, tóuzī fángdìchǎn yǒu yídìng de fēngxiǎn.
現在の経済状況では、不動産投資には一定のリスクがある。

近几年，出国旅游的中国游客数量有了大幅度增长。
Jìn jǐ nián, chūguó lǚyóu de Zhōngguó yóukè shùliàng yǒule dà fúdù zēngzhǎng.
ここ数年、国外旅行に行く中国人旅行客の数は大幅に増加している。

他们一家四代同堂，老人真有福气。
Tāmen yì jiā sì dài tóng táng, lǎorén zhēn yǒu fúqi.
彼ら一家は四世代が同居しており、おじいさんおばあさんは本当に幸せだ。

那个富人总喜欢在朋友面前哭穷。
Nàge fùrén zǒng xǐhuan zài péngyou miànqián kūqióng.
あの金持ちは友だちの前ではいつも貧しいふりをしている。

这部电影的高潮部分在最后的二十分钟。
Zhè bù diànyǐng de gāocháo bùfen zài zuìhòu de èrshí fēnzhōng.
この映画のクライマックスは最後の 20 分間にある。

他在三十岁时迎来了事业上的高峰时期。
Tā zài sānshí suì shí yíngláile shìyè shang de gāofēng shíqī.
彼は 30 歳のとき、事業のピークを迎えた。

他直接申请了国外的大学，并没有参加高考。
Tā zhíjiē shēnqǐngle guówài de dàxué, bìng méiyou cānjiā gāokǎo.
彼は直接海外の大学に出願し、(中国の) 大学入試には参加しなかった。

▼

Check 1

□ 057
稿件
gǎojiàn

名 (出版社などに作者から届いた)原稿
量 份、篇、组

□ 058
疙瘩
gēda

名 (皮膚の)できもの、小さい球や塊状の
もの、【比喩】悩み・わだかまり
量 个

□ 059
隔阂
géhé

名 わだかまり、隔たり
量 个

□ 060
格局
géjú

名 (文章や建物などの)構成、構造、組
み立て
量 种

□ 061
功效
gōngxiào

名 効き目、効果
量 个、种

□ 062
钩子
gōuzi

名 フック、かぎ
量 个

□ 063
拐杖
guǎizhàng

名 つえ、ステッキ
量 根

□ 064
官方
guānfāng

名 政府当局、政府筋、公式(の)
関 官方网站 guānfāng wǎngzhàn (公式サイト)

3日目 🎧 003 Quick Review 答えは次頁	□ 辞呈	□ 歹徒	□ 得失	□ 恩怨
	□ 此后	□ 淡季	□ 堤坝	□ 分寸
	□ 次品	□ 档案	□ 地步	□ 氛围
	□ 次序	□ 档次	□ 动态	□ 风度

Check 2   🎧 102

1週目
2週目
3週目
4週目
5週目
6週目
7週目
8週目
9週目
10～14週目

获奖作品是从记者们发表的新闻稿件中评选出来的。

Huòjiǎng zuòpǐn shì cóng jìzhěmen fābiǎo de xīnwén gǎojiàn zhōng píngxuǎnchulai de.

受賞作品は記者が発表したニュース原稿の中から選出されたものである。

休息不好的时候，我的脸上就会起小红疙瘩。 Xiūxi bù hǎo de shíhou, wǒ de liǎn shang jiù huì qǐ xiǎo hóng gēda. 休息が足りないと、私の顔には小さな赤いできものができる。　**教师应及时帮助学生解开思想疙瘩，避免产生心理疾病。** Jiàoshī yīng jíshí bāngzhù xuésheng jiěkāi sīxiǎng gēda, bìmiǎn chǎnshēng xīnlǐ jíbìng.　教師はすぐに学生の心のしこりを解くのを助けて、心の病気にかからないようにしなければならない。

文化交流是不同民族之间消除隔阂的重要途径。

Wénhuà jiāoliú shì bùtóng mínzú zhījiān xiāochú géhé de zhòngyào tújìng.

文化交流は、他民族間のわだかまりを除くための大切な手段である。

故宫的建筑是按照左右对称的格局建造的。

Gùgōng de jiànzhù shì ànzhào zuǒyòu duìchèn de géjú jiànzào de.

故宮の建築物は左右対称の配置によって造営されたものだ。

中药在治疗一些慢性病方面有特殊的功效。

Zhōngyào zài zhìliáo yìxiē mànxìngbìng fāngmiàn yǒu tèshū de gōngxiào.

漢方薬は一部の慢性病の治療で、特別な効能を発揮する。

厨房墙上的那排钩子是用来挂各种厨房用具的。

Chúfáng qiáng shang de nà pái gōuzi shì yònglái guà gè zhǒng chúfáng yòngjù de.

台所の壁のフックは、さまざまな台所用品を引っ掛けるものである。

为了给队员鼓劲，王教练拄着拐杖赶到了训练场地。

Wèile gěi duìyuán gǔjìn, Wáng jiàoliàn zhǔzhe guǎizhàng gǎndàole xùnliàn chǎngdì.

メンバーを応援するため、王コーチはつえをついて練習場に駆け付けた。

网购时应尽量登录官方网站，以防上当受骗。

Wǎnggòu shí yīng jǐnliàng dēnglù guānfāng wǎngzhàn, yǐ fáng shàngdàng shòupiàn.

ネットショッピングでは詐欺に遭わないよう、できるだけ公式サイトにアクセスするべきだ。

☐ 辞表	☐ 悪党	☐ 損得	☐ 恩と恨み
☐ この後	☐ オフシーズン	☐ 堤防	☐ 程合い
☐ 不良品	☐ 書類	☐ 状況	☐ 雰囲気
☐ 順序	☐ 等級	☐ 動向	☐ 風格

Check 1　　　🎧 005

□ 065
观感
guāngǎn
名（参観・鑑賞した後の）印象と感想
量 种

□ 066
光芒
guāngmáng
名（四方に輝く強い）光の筋、光線、光芒
量 束、道

□ 067
规章
guīzhāng
名 規則、規程
量 条

□ 068
轨道
guǐdào
名（天体・物体の）軌道、(鉄道の) レール、規則

□ 069
行情
hángqíng
名 相場、市況

□ 070
核心
héxīn
名 核心、中核、中心

□ 071
痕迹
hénjì
名 痕跡、痕

□ 072
候选
hòuxuǎn
名 候補

继续
▼

中国で開発された"火箭"である"长征"は、これまで"神舟"、"天舟"、"天宫"などの宇宙船や衛星を宇宙に運んでいます。

1 週目

2 週目

3 週目

4 週目

5 週目

6 週目

7 週目

8 週目

9 週目

10～14 週目

Check 2 🎧 103

大家在座谈会上畅谈了访日的观感和收获。

Dàjiā zài zuòtánhuì shang chàngtánle fǎng Rì de guāngǎn hé shōuhuò.

座談会で皆は日本訪問の感想と収穫を存分に語り合った。

今晚天空没有云，星星闪烁着银色的光芒。

Jīn wǎn tiānkōng méiyǒu yún, xīngxing shǎnshuòzhe yínsè de guāngmáng.

今夜は空に雲がなく、星が銀色の光を放ってまたたいている。

五星级酒店一般都有严格的卫生管理规章制度。

Wǔxīng jí jiǔdiàn yìbān dōu yǒu yángé de wèishēng guǎnlǐ guīzhāng zhìdù.

五つ星ホテルにはおしなべて厳格な衛生管理の規則と制度がある。

太阳系的行星在各自的轨道上围绕着太阳运转。 Tàiyángxì de xíngxīng zài gèzì de guǐdào shang wéiràozhe tàiyáng yùnzhuǎn. 太陽系の惑星はそれぞれの軌道上で太陽の周りを回転している。 **李和上任后短短一个月就使公司各项工作都转到了正确的轨道上。** Lǐ Hé shàngrèn hòu duǎnduǎn yí ge yuè jiù shǐ gōngsī gè xiàng gōngzuò dōu zhuǎndàole zhèngquè de guǐdào shang. 李和は就任後、わずか1カ月で会社の各業務を正しい軌道に乗せた。

近来黄金市场行情很好，是大赚一笔的好机会。

Jìnlái huángjīn shìchǎng hángqíng hěn hǎo, shì dà zhuàn yì bǐ de hǎo jīhuì.

近ごろは金相場が好調なので、大もうけをするチャンスだ。

总经理是一家公司的领导核心。

Zǒngjīnglǐ shì yì jiā gōngsī de lǐngdǎo héxīn.

社長は会社のリーダーシップの中核である。

科学家发现火星上有疑似生命存在过的痕迹。

Kēxuéjiā fāxiàn huǒxīng shang yǒu yísì shēngmìng cúnzàiguo de hénjì.

科学者は火星に生命が存在した痕跡らしきものを発見した。

全国十大宜居城市的候选名单将于今晚公布。

Quánguó shí dà yíjū chéngshì de hòuxuǎn míngdān jiāng yú jīn wǎn gōngbù.

全国の住みやすい都市トップ10の候補リストが今晩発表される。

继续
▼

Check 1　🎧 005

□ 073
环节
huánjié

名 一環、ポイント、一部分
量 个

□ 074
灰尘
huīchén

名 ほこり、ちり
量 层、片、粒

□ 075
汇率
huìlǜ

名 為替レート、為替相場

□ 076
活力
huólì

名 活力、スタミナ

□ 077
伙伴
huǒbàn

名 仲間、同僚
量 个、名、对、群

□ 078
火箭
huǒjiàn

名 ロケット
量 支、枚
関 神舟 Shénzhōu(中国の宇宙船)、天宫空间站
　 Tiāngōng kōngjiānzhàn(中国の宇宙ステーション)

□ 079
肌肉
jīròu

名 筋肉
量 块、条
同 筋肉 jīnròu

□ 080
机遇
jīyù

名 チャンス、機会
量 次、个

| 4日目 🎧 004
Quick Review
答えは次頁 | □ 风气
□ 风险
□ 幅度
□ 福气 | □ 富人
□ 高潮
□ 高峰
□ 高考 | □ 稿件
□ 疙瘩
□ 隔阂
□ 格局 | □ 功效
□ 钩子
□ 拐杖
□ 官方 |

公共服务建设是社会发展的一个重要**环节**。

Gōnggòng fúwù jiànshè shì shèhuì fāzhǎn de yí ge zhòngyào huánjié.

公共サービスの構築は社会発展の重要な一環である。

这个房子好久没人住了，房间里到处都是**灰尘**。

Zhège fángzi hǎojiǔ méi rén zhù le, fángjiān li dàochù dōu shì huīchén.

この家は長い間誰も住んでいなかったので、部屋中ほこりだらけになっている。

最近日元兑换人民币的**汇率**下降了很多。

Zuìjìn rìyuán duìhuàn rénmínbì de huìlǜ xiàjiàngle hěn duō.

最近は日本円から人民元への為替レートが随分下がっている。

操场上，学生们个个生龙活虎，充满了青春的**活力**。

Cāochǎng shang, xuéshengmen gè gè shēnglóng-huóhǔ, chōngmǎnle qīngchūn de huólì.

運動場では、学生たちはそれぞれ生き生きとしていて、青春の活力に満ちている。

我们公司一直是冬夏两季奥运会的合作**伙伴**。

Wǒmen gōngsī yìzhí shì dōng xià liǎng jì Àoyùnhuì de hézuò huǒbàn.

我が社はずっと冬季・夏季オリンピックのパートナーを続けている。

中国在 1980 年成功发射了第一枚运载**火箭**。

Zhōngguó zài yī jiǔ bā líng nián chénggōng fāshèle dì-yī méi yùnzài huǒjiàn.

中国は 1980 年に最初のキャリアロケット発射に成功した。

他每天锻炼身体，全身**肌肉**都很发达。

Tā měi tiān duànliàn shēntǐ, quánshēn jīròu dōu hěn fādá.

彼は毎日体を鍛えており、全身の筋肉が発達している。

一个人想要取得成功，**机遇**与实力同样重要。

Yí ge rén xiǎng yào qǔdé chénggōng, jīyù yǔ shílì tóngyàng zhòngyào.

成功を手にしたければ、チャンスと実力は同じくらい大切だ。

☐ 気風	☐ 金持ち	☐ 原稿	☐ 効き目
☐ リスク	☐ クライマックス	☐ できもの	☐ フック
☐ 幅	☐ ピーク	☐ わだかまり	☐ つえ
☐ 幸せ	☐ 大学入試	☐ 構成	☐ 政府当局

Check 1	🎧 006

☐ 081

籍贯
jíguàn

图 **本籍、原籍**

☐ 082

季度
jìdù

图 **四半期**
量 个

☐ 083

迹象
jìxiàng

图 **兆し、兆候、形跡**
量 种

☐ 084

佳肴
jiāyáo

图 **ごちそう**

☐ 085

夹子
jiāzi

图 **（物を挟む道具）ファイル、クリップ**
量 个

☐ 086

架子
jiàzi

图 **棚、フレーム、【比喩】骨組み・偉そうな態度**

☐ 087

胶水
jiāoshuǐ

图 **液体のり**
量 瓶

☐ 088

角落
jiǎoluò

图 **隅、辺ぴな所**
量 个

継続
▼

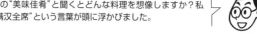

中国の"美味佳肴"と聞くとどんな料理を想像しますか？私は"満汉全席"という言葉が頭に浮かびました。

Check 2
🎧 104

请在报名表上填写你的姓名、性别、年龄和籍贯。
Qǐng zài bàomíngbiǎo shang tiánxiě nǐ de xìngmíng, xìngbié, niánlíng hé jíguàn.
申込書に氏名、性別、年齢と本籍を記入してください。

月底之前我必须提交今年第一季度的工作总结报告。
Yuèdǐ zhīqián wǒ bìxū tíjiāo jīnnián dì-yī jìdù de gōngzuò zǒngjié bàogào.
月末までに私は今年第1四半期の業務総括報告書を提出しなければならない。

经过一段时间的治疗，他的病有了好转的迹象。
Jīngguò yí duàn shíjiān de zhìliáo, tā de bìng yǒule hǎozhuǎn de jìxiàng.
一定期間の治療を経て、彼の病気に好転の兆しが見えてきた。

我想请外国朋友品尝一下中国的美味佳肴。
Wǒ xiǎng qǐng wàiguó péngyou pǐncháng yíxià Zhōngguó de měiwèi jiāyáo.
外国の友人に中国のおいしいごちそうを味わってもらいたい。

他把资料分好类，用不同颜色的夹子夹了起来。
Tā bǎ zīliào fēnhǎo lèi, yòng bùtóng yánsè de jiāzi jiāle qǐlai.
彼は資料をきちんと分類し、色違いのファイルにとじた。

我在院子里搭了一个架子，用来放我种的花。 Wǒ zài yuànzi li dāle yí ge jiàzi,
yònglái fàng wǒ zhòng de huā. 庭に棚を作り、自分の植えた花を置くのに用いた。

刘老师特别和蔼可亲，一点架子都没有。 Liú lǎoshī tèbié hé'ǎi kěqīn, yìdiǎn
jiàzi dōu méiyǒu. 劉先生はとても愛想がよく、少しも偉そうな態度をしない。

他用胶水把信封粘好后，把信寄了出去。
Tā yòng jiāoshuǐ bǎ xìnfēng zhānhǎo hòu, bǎ xìn jìle chūqu.
彼は液体ののりで封筒に封をして、手紙を出した。

她把房间的每个角落都打扫得干干净净。
Tā bǎ fángjiān de měi ge jiǎoluò dōu dǎsǎode gāngānjìngjìng.
彼女は部屋を隅から隅まできれいに掃除する。

继续
▼

2週目
3週目
4週目
5週目
6週目
7週目
8週目
9週目
10〜14週目

Check 1

□ 089 **脚步** jiǎobù	名 足どり、歩幅
□ 090 **脚印** jiǎoyìn	名 足跡 量 个、双、排、行
□ 091 **界限** jièxiàn	名 境界、けじめ、境目、制限、限度、限界
□ 092 **尽头** jìntóu	名 突き当たり、果て、終点
□ 093 **劲头** jìntóu	名 やる気、意気込み、力、表情、態度 量 股
□ 094 **经费** jīngfèi	名 経費 量 笔
□ 095 **镜头** jìngtóu	名 レンズ、(写真の) 画面、(映画の) シーン、カット 量 个、组
□ 096 **纠纷** jiūfēn	名 もめごと、紛糾、紛争 量 场 cháng、次

5日目 🎧 005 Quick Review 答えは次頁

□ 观感	□ 行情	□ 环节	□ 伙伴
□ 光芒	□ 核心	□ 灰尘	□ 火箭
□ 规章	□ 痕迹	□ 汇率	□ 肌肉
□ 轨道	□ 候选	□ 活力	□ 机遇

再大的困难也不能阻挡我们前进的脚步。

Zài dà de kùnnan yě bù néng zǔdǎng wǒmen qiánjìn de jiǎobù.

どんなに大きな困難でも私たちの前進の足どりを阻むことはできない。

他一步一个脚印地往前走，终于实现了自己的理想。

Tā yí bù yí ge jiǎoyìn de wǎng qián zǒu, zhōngyú shíxiànle zìjǐ de lǐxiǎng.

彼は一歩一歩前に進み、ついに自分の夢をかなえた。

艺术是没有地区界限的，很多外国人也喜欢中国的京剧。

Yìshù shì méiyǒu dìqū jièxiàn de, hěn duō wàiguórén yě xǐhuan Zhōngguó de jīngjù.

芸術には国境がなく、中国の京劇を好きな外国人も数多くいる。

在这条街的尽头有一家意大利餐厅。

Zài zhè tiáo jiē de jìntóu yǒu yì jiā Yìdàlì cāntīng.

この通りの突き当たりにイタリアンレストランがある。

他对学习不感兴趣，可是玩儿电子游戏却劲头十足。

Tā duì xuéxí bù gǎn xìngqù, kěshì wánr diànzǐ yóuxì què jìntóu shízú.

彼は勉強には興味を示さないが、テレビゲームはやる気満々で遊ぶ。

由于经费不足，这项研究暂时中止了。

Yóuyú jīngfèi bùzú, zhè xiàng yánjiū zànshí zhōngzhǐ le.

経費不足のため、この研究は一時中止された。

摄像师用自己的镜头记录下了黄山的美景。

Shèxiàngshī yòng zìjǐ de jìngtóu jìlùxiàle Huángshān de měijǐng.

カメラマンは自分のレンズで黄山の美しい景色を記録した。

为了避免纠纷，合同上要把双方的责任和义务写清楚。

Wèile bìmiǎn jiūfēn, hétong shang yào bǎ shuāngfāng de zérèn hé yìwù xiěqīngchu.

もめごとを避けるために、契約書には双方の責任と義務をはっきりと書く必要がある。

□ 印象と感想	□ 相場	□ 一環	□ 仲間
□ 光の筋	□ 核心	□ ほこり	□ ロケット
□ 規則	□ 痕跡	□ 為替レート	□ 筋肉
□ 軌道	□ 候補	□ 活力	□ チャンス

Check 1	🎧 007

□ 097

酒精
jiǔjīng

名 **アルコール**
量 滴、瓶

□ 098

局面
júmiàn

名 **局面、情勢**

□ 099

举动
jǔdòng

名 **動作、振る舞い**

□ 100

举止
jǔzhǐ

名 **立ち居振る舞い、物腰、挙動**

□ 101

角色
juésè

名 **(劇中の) 役、配役、【比喩】役割・任務**
量 个

□ 102

坑
kēng

名 **(地面にできた) 穴、くぼみ**
動 **(金を) だまし取る、(人を) 陥れる**
量 个

□ 103

空隙
kòngxì

名 **すきま、合間、すき**
量 点、丝

□ 104

款式
kuǎnshì

名 **デザイン、様式**
量 种

继続
▼

1 週目

2 週目

3 週目

4 週目

5 週目

6 週目

7 週目

8 週目

9 週目

10〜14 週目

"酒精"はアルコール、"味精"はうま味調味料、"鸡精"は鶏がらスープの素。精製されたエキスを表すのが"精"です。

Check 2

🎧 105

交警检测了他体内的酒精含量，确定他是酒后驾车。

Jiāojǐng jiǎncèle tā tǐnèi de jiǔjīng hánliàng, quèdìng tā shì jiǔ hòu jià chē.

交通警察は彼の体内アルコール濃度を検査し、飲酒運転であることを確認した。

小孙心理素质很好，再复杂的局面也能轻松应对。

Xiǎo-Sūn xīnlǐ sùzhì hěn hǎo, zài fùzá de júmiàn yě néng qīngsōng yìngduì.

孫さんはメンタルが強く、どんなに複雑な局面でも気楽に対応できる。

他反常的举动引起了大家的注意。

Tā fǎncháng de jǔdòng yǐnqǐle dàjiā de zhùyì.

彼の異常な行動はみんなの注目を集めた。

她是一家时尚杂志的编辑，举止优雅，谈吐大方。

Tā shì yì jiā shíshàng zázhì de biānjí, jǔzhǐ yōuyǎ, tántǔ dàfang.

彼女はファッション雑誌の編集者で、立ち居振る舞いが上品で、話し方がゆったりとしている。

他在这部电影中扮演了一个小角色。Tā zài zhè bù diànyǐng zhōng bànyǎnle yí ge xiǎo juésè. 彼がこの映画で演じたのは、端役だ。 每个人都必须扮演好自己人生各阶段的不同角色。Měi ge rén dōu bìxū bànyǎnhǎo zìjǐ rénshēng gè jiēduàn de bùtóng juésè. 誰もが自分の人生の各段階で異なる役を演じなければならない。

这一带地下水位下降，路面出现了几个大坑。Zhè yídài dìxià shuǐwèi xiàjiàng, lùmiàn chūxiànle jǐ ge dà kēng. この一帯は地下の水位が下がり、路面に大きな穴がいくつか現れた。 正大公司是一家上市公司，怎么可能坑我们的血汗钱呢? Zhèngdà gōngsī shì yì jiā shàngshì gōngsī, zěnme kěnéng kēng wǒmen de xuèhànqián ne? 正大社は上場企業なのに、どうしてだまして、私たちが汗水垂らして稼いだお金を取るのか。

我最近经常利用工作空隙练习瑜伽，以缓解疲劳。

Wǒ zuìjìn jīngcháng lìyòng gōngzuò kòngxì liànxí yújiā, yǐ huǎnjiě píláo.

最近はよく仕事の合間にヨガで疲れを取っている。

我很喜欢这件衣服的款式，但是价格太贵了。

Wǒ hěn xǐhuan zhè jiàn yīfu de kuǎnshì, dànshì jiàgé tài guì le.

この服のデザインはとても好きだが、値段が高すぎる。

继续
▼

□ 105 **筐** kuāng	名 かご 量 个
□ 106 **框架** kuàngjià	名【比喩】物事の枠組み、構造 量 个
□ 107 **困境** kùnjìng	名 苦境、苦しい境遇 量 个、种
□ 108 **牢骚** láosao	名 不満、不平 量 句、堆、顿、通
□ 109 **灵感** línggǎn	名 インスピレーション、ひらめき 量 个
□ 110 **灵魂** línghún	名 魂、霊魂、心、思想、人格、良心 【比喩】かなめ 量 个
□ 111 **零件** língjiàn	名 部品、パーツ 量 个、组
□ 112 **流氓** liúmáng	名 チンピラ、ごろつき 量 个、帮、伙

Check 2　　　　　　　　　　　　　　　　　　　🎧 105

1 週目

2 週目

3 週目

4 週目

5 週目

6 週目

7 週目

8 週目

9 週目

10～14 週目

今天超市水果降价，我买了满满一大筐。

Jīntiān chāoshì shuǐguǒ jiàngjià, wǒ mǎile mǎnmǎn yí dà kuāng.

今日スーパーでは果物の値段が下がっていたので、かごいっぱい買った。

他很早就开始构思这部小说的框架了。

Tā hěn zǎojiù kāishǐ gòusī zhè bù xiǎoshuō de kuàngjià le.

彼はずいぶん前からこの小説の骨組みを構想し始めていた。

中国民间的一些传统艺术正面临着失传的困境。

Zhōngguó mínjiān de yìxiē chuántǒng yìshù zhèng miànlínzhe shīchuán de kùnjìng.

中国の民間伝統芸術のいくつかは断絶の苦境に直面している。

面对不公平的对待，他向同事大发了一通牢骚。

Miànduì bù gōngpíng de duìdài, tā xiàng tóngshì dà fāle yí tòng láosao.

不公平な扱いを受けて、彼は同僚に大いに不満をぶつけた。

丽江的美景给这位舞蹈家带来了创作灵感。

Lìjiāng de měijǐng gěi zhè wèi wǔdǎojiā dàilaile chuàngzuò línggǎn.

麗江の美しい風景から、このダンサーは創作のインスピレーションを得た。

胡同是北京文化的灵魂，和北京人的生活密切相关。

Hútòng shì Běijīng wénhuà de línghún, hé Běijīngrén de shēnghuó mìqiè xiāngguān.

胡同は北京文化の魂であり、北京人の生活と深くつながっている。

我的汽车送去修理了，需要更换一些零件。

Wǒ de qìchē sòngqu xiūlǐ le, xūyào gēnghuàn yìxiē língjiàn.

私の車を修理に出したのは、いくつかの部品を交換する必要があるからだ。

周丽经常练习自由搏击，那两个小流氓根本不是她的对手。

Zhōu Lì jīngcháng liànxí zìyóu bójī, nà liǎng ge xiǎo liúmáng gēnběn bú shì tā de duìshǒu.　周麗はよく総合格闘技の練習をしているので、あの 2 人のチンピラはまったく彼女の相手にならない。

☐ 本籍	☐ ファイル	☐ 足どり	☐ やる気
☐ 四半期	☐ 棚	☐ 足跡	☐ 経費
☐ 兆し	☐ 液体のり	☐ 境界	☐ レンズ
☐ ごちそう	☐ 隔	☐ 突き当たり	☐ もめごと

状態形容詞のまとめ①

白花花　　báihuāhuā　　きらきらと白く輝いている

外面下大雪了，天地间白花花的一片，可美了。
Wàimiàn xià dà xuě le, tiāndì jiān báihuāhuā de yí piàn, kě měi le.
外は大雪で空も地面も一面白く輝いていて、実に美しい。

白蒙蒙　　báiméngméng　　（煙や蒸気が）一面に白くもうもうと立ちこめる

白蒙蒙的雾气笼罩着山谷，显得十分梦幻。
Báiméngméng de wùqì lǒngzhàozhe shāngū, xiǎnde shífēn mènghuàn.
白くかすむ霧が谷を覆い、まるで夢の世界のようだ。

干巴巴　　gānbābā　　（乾燥して）からからである、（言語や文章が）無味乾燥である

新来的老师上课干巴巴的，同学们的意见很大。
Xīn lái de lǎoshī shàngkè gānbābā de, tóngxuémen de yìjian hěn dà.
新任の先生が無味乾燥な授業をするので、生徒たちは不満でいっぱいだ。

黑洞洞　　hēidòngdòng　　（トンネルや部屋など狭い空間が）真っ暗である

隧道里黑洞洞的，伸手不见五指。
Suìdào li hēidòngdòng de, shēnshǒu bú jiàn wǔ zhǐ.
トンネルの中は自分の指も見えないくらい真っ暗だ。

黑乎乎　　hēihūhū　　黒い、真っ暗である

大家都去上晚自习了，黑乎乎的宿舍里只剩下王浩一个人。
Dàjiā dōu qù shàng wǎn zìxí le, hēihūhū de sùshè li zhǐ shèngxià Wáng Hào yí ge rén.
皆が夜の自習に行ってしまい、真っ暗になった寮に残っているのは王浩１人だけだ。

红通通　　hóngtōngtōng　　真っ赤である

小霞两个眼睛红通通的，好像刚哭过。
Xiǎo-Xiá liǎng ge yǎnjing hóngtōngtōng de, hǎoxiàng gāng kūguo.
霞ちゃんが真っ赤な目をしている、さっきまで泣いていたのだろう。

红彤彤　　hóngtōngtōng　　真っ赤である

红彤彤的柿子像一个个小灯笼似的挂在树上。
Hóngtōngtōng de shìzi xiàng yí gè gè xiǎo dēnglong shìde guàzài shù shang.
真っ赤な柿の一つ一つが、小さなちょうちんのように木にぶら下がっている。

黄灿灿　　huángcàncàn　　黄金色に輝くさま

微风吹过黄灿灿的麦田，传来丰收的讯息。
Wēifēng chuīguo huángcàncàn de màitián, chuánlai fēngshōu de xùnxī.
そよ風が黄金色に輝く麦畑を吹き抜け、豊作の便りが届いた。

1 週目

2 週目

3 週目

4 週目

5 週目

6 週目

7 週目

8 週目

9 週目

10〜14 週目

キクタン中国語
2 週目

中国語で言ってみよう！

海天スーパーはすでに商品供給ルートの多様化を実現した。

（答えは 143）

Check 1	🎧 008

□ 113

轮廓
lúnkuò

🔵名 **輪郭、物事の概観、概況**
🔢量 个

□ 114

轮胎
lúntāi

🔵名 **タイヤ**
🔢量 个、条、副、种、套
🔁同 车胎 chētāi

□ 115

逻辑
luójí

🔵名 **論理、客観的な法則**
🔢量 个

□ 116

脉搏
màibó

🔵名 **脈拍、【比喩】すう勢**
🔁同 脉息 màixī

□ 117

面孔
miànkǒng

🔵名 **顔、顔つき**
🔢量 个、张、副

□ 118

名次
míngcì

🔵名 **順位、順番、席次**
🔢量 个

□ 119

名额
míng'é

🔵名 **定員**
🔢量 个

□ 120

模式
móshì

🔵名 **モデル、パターン**

继续
▼

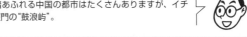
Check 2 🎧 106

1 週目
2 週目
3 週目
4 週目
5 週目
6 週目
7 週目
8 週目
9 週目
10～14 週目

天文学家发现土星的轮廓和地球十分相近。

Tiānwénxuéjiā fāxiàn tǔxīng de lúnkuò hé dìqiú shífēn xiāngjìn.

天文学者は土星の輪郭が地球に酷似していることを発見した。

这种轮胎在雪地上高速行驶很不安全。

Zhè zhǒng lúntāi zài xuě dì shang gāosù xíngshǐ hěn bù ānquán.

このタイプのタイヤで雪道を高速で走行するのは大変危険だ。

这个结论不合逻辑，需要重新验证一下。

Zhège jiélùn bù hé luójí, xūyào chóngxīn yànzhèng yíxià.

この結論は論理的ではないので、もう一度検証する必要がある。

普通人的脉搏一般每分钟跳动 60 到 80 次。 Pǔtōngrén de màibó yìbān měi fēnzhōng tiàodòng liùshí dào bāshí cì. 通常、普通の人の脈拍は毎分 60 〜 80 回です。

一名好记者应该准确地把握时代的脉搏。 Yì míng hǎo jìzhě yīnggāi zhǔnquè de bǎwò shídài de màibó. よい記者は時代のすう勢を正確に把握しなければならない。

如今在中国的小城市里也可以看到异国的面孔。

Rújīn zài Zhōngguó de xiǎo chéngshì li yě kěyǐ kàndào yìguó de miànkǒng.

今は中国の小都市でも異国の顔を見ることができる。

他出乎意料地在这次比赛中取得了好名次。

Tā chūhū-yìliào de zài zhè cì bǐsài zhōng qǔdéle hǎo míngcì.

彼は今回の試合で予想だにしなかった高順位を獲得した。

今年暑假游泳班的名额已经满了。

Jīnnián shǔjià yóuyǒng bān de míng'é yǐjīng mǎn le.

今年の夏休みのスイミングクラスの定員はすでにいっぱいになった。

飞机马上要起飞了，请将手机关机或调至飞行模式。

Fēijī mǎshàng yào qǐfēi le, qǐng jiāng shǒujī guānjī huò tiáozhì fēixíng móshì.

飛行機は間もなく離陸しますので、携帯電話の電源を切るか、機内モードにしてください。

継続
▼

Check 1

□ 121
目光
mùguāng

图 **視線、目つき、見識**
量 道

□ 122
纽扣
niǔkòu

图 **ボタン**
量 个、颗
圈 扣纽扣 kòu niǔkòu（ボタンをはめる）
解开纽扣 jiěkāi niǔkòu（ボタンをはずす）

□ 123
派别
pàibié

图 **派閥、流派**
量 个

□ 124
偏方
piānfāng

图 **民間療法**
量 个、帖

□ 125
片刻
piànkè

图 **少しの間、わずかな時間**

□ 126
频道
píndào

图 **（テレビの）チャンネル**
量 个

□ 127
频率
pínlǜ

图 **頻度、周波数**

□ 128
屏障
píngzhàng

图 **障壁**

只要想起母亲温暖的目光，我就浑身充满力量。

Zhǐyào xiǎngqǐ mǔqin wēnnuǎn de mùguāng, wǒ jiù húnshēn chōngmǎn lìliàng.

母の暖かいまなざしを思い出すだけで、体中に力がみなぎってくる。

你衣服上的纽扣要掉了，我给你钉一下吧。

Nǐ yīfu shang de niǔkòu yào diào le, wǒ gěi nǐ dìng yíxià ba.

服のボタンが落ちそうよ、付けてあげましょう。

很多政党内部都难免发生派别之争。

Hěn duō zhèngdǎng nèibù dōu nánmiǎn fāshēng pàibié zhī zhēng.

多くの政党内で、派閥闘争は避けて通れないものだ。

民间流传着很多靠一帖偏方治好绝症的故事。

Mínjiān liúchuánzhe hěn duō kào yì tiě piānfāng zhìhǎo juézhèng de gùshi.

人々の間には、民間療法によって不治の病を治す話が伝わっている。

这就给您调换商品，请稍等片刻。

Zhè jiù gěi nín diàohuàn shāngpǐn, qǐng shāo děng piànkè.

これからすぐに商品をお取り替えいたしますので、少しの間お待ちください。

有线电视为观众提供了很多可以选择的频道。

Yǒuxiàn diànshì wèi guānzhòng tígōngle hěn duō kěyǐ xuǎnzé de píndào.

ケーブルテレビによって視聴者はたくさんのチャンネルを選択できるようになった。

年轻人更换手机的频率要远远高于中老年人。

Niánqīngrén gēnghuàn shǒujī de pínlǜ yào yuǎnyuǎn gāo yú zhōnglǎoniánrén.

若者が携帯電話を交換する頻度は中高年よりはるかに高い。

森林是保护北京免遭风沙影响的天然屏障。

Sēnlín shì bǎohù Běijīng miǎn zāo fēngshā yǐngxiǎng de tiānrán píngzhàng.

森林は北京が黄砂の影響から免れるための天然の障壁だ。

☐ アルコール	☐ 役	☐ かご	☐ インスピレーション
☐ 局面	☐ 穴	☐ 物事の枠組み	☐ 魂
☐ 動作	☐ すきま	☐ 苦境	☐ 部品
☐ 立ち居振る舞い	☐ デザイン	☐ 不満	☐ チンピラ

□ 129 **凭证** píngzhèng	名 証拠 量 个
□ 130 **魄力** pòlì	名 度胸、大胆さ 量 种
□ 131 **瀑布** pùbù	名 滝、瀑布（ばくふ） 量 道、条
□ 132 **旗帜** qízhì	名【比喩】旗印・手本・模範、旗 量 面
□ 133 **起初** qǐchū	名 最初、初め
□ 134 **启事** qǐshì	名 揭示、お知らせ、公示 量 个、张、则、段、条
□ 135 **气魄** qìpò	名 迫力、気迫、気勢、度胸 量 种
□ 136 **气息** qìxī	名 におい、（呼吸するときの）息 量 股、种、丝

継续
▼

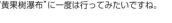

"国家AAAAA级旅游景区"にある中国最大級の"瀑布"である"黄果树瀑布"に一度は行ってみたいですね。

Check 2 🎧 107

会计说没有乘机凭证不能报销。

Kuàijì shuō méiyǒu chéngjī píngzhèng bù néng bàoxiāo.

経理担当者は、搭乗の証拠書類がなければ精算手続きをすることはできないと言った。

没有一点魄力，想当领导是很难的。

Méiyǒu yìdiǎn pòlì, xiǎng dāng lǐngdǎo shì hěn nán de.

度胸がなければ、リーダーになろうだなんて無理だ。

旅游指南上说九寨沟瀑布是中国最干净的瀑布。

Lǚyóu zhǐnán shang shuō Jiǔzhàigōu pùbù shì Zhōngguó zuì gānjìng de pùbù.

ガイドブックには、九寨溝の滝は中国で最もきれいな滝だとある。

深圳特区是中国改革开放的一面旗帜。

Shēnzhèn tèqū shì Zhōngguó gǎigé kāifàng de yí miàn qízhì.

深圳特区は中国の改革開放の旗印である。

他的计划起初不被看好，但最终还是被采用了。

Tā de jìhuà qǐchū bú bèi kànhǎo, dàn zuìzhōng háishi bèi cǎiyòng le.

彼の計画は当初は有望視されなかったが、最後には採用された。

大门口张贴的那个启事吸引了很多人的目光。

Dàménkǒu zhāngtiē de nàge qǐshì xīyǐnle hěn duō rén de mùguāng.

正門に貼り出されたその掲示は多くの人の視線を集めた。

万里长城的雄伟气魄总是令游人叹为观止。

Wàn Lǐ Chángchéng de xióngwěi qìpò zǒngshì lìng yóurén tànwéiguānzhǐ.

万里の長城の雄壮な迫力は常に旅行者を驚嘆させてやまない。

雨后的丝丝凉意带来了秋天的气息。

Yǔ hòu de sīsī liángyì dàilaile qiūtiān de qìxī.

雨の後のかすかな冷気が秋のにおいを運んできた。

继续
▼

Check 1　　　　　　　　　　　　　　　🎧 009

□ 137
窍门
qiàomén

图（問題解決のための）こつ、秘訣
量个

□ 138
氢
qīng

图 水素

□ 139
情调
qíngdiào

图 情緒、ムード
量种

□ 140
情节
qíngjié

图 内容、経緯、いきさつ、（小説などの）筋
量个

□ 141
情绪
qíngxù

图（ある種の活動をしている時の）感情、意欲、気持ち

□ 142
请柬
qǐngjiǎn

图 招待状、案内状
量个、张、份

□ 143
渠道
qúdào

图 ルート、手段、用水路
量个、条

□ 144
圈套
quāntào

图【比喩】（人をだますための）わな・計略・策略
量个

8日目 🎧 008 Quick Review 答えは次頁	□ 轮廓	□ 面孔	□ 目光	□ 片刻
	□ 轮胎	□ 名次	□ 纽扣	□ 频道
	□ 逻辑	□ 名额	□ 派别	□ 频率
	□ 脉搏	□ 模式	□ 偏方	□ 屏障

Check 2　　　　　　　　　　　　　　　　　　　　　　　🎧 107

1週目
2週目
3週目
4週目
5週目
6週目
7週目
8週目
9週目
10~14週目

你汉语进步真快！背生词有什么窍门吗？

Nǐ Hànyǔ jìnbù zhēn kuài! Bèi shēngcí yǒu shénme qiàomén ma?

君の中国語の進歩は本当に速いね！単語を覚えるのに何かこつはありますか。

如果能解决储存的问题，氢可以成为洁净的燃料。

Rúguǒ néng jiějué chǔcún de wèntí, qīng kěyǐ chéngwéi jiéjìng de ránliào.

貯蔵の問題を解決できれば、水素はクリーンな燃料になりうる。

现在再没有人说喝红酒是小资情调了。

Xiànzài zài méiyǒu rén shuō hē hóngjiǔ shì xiǎozī qíngdiào le.

今はもうワインを飲むことを小市民気取りだと言う人はいない。

这本小说用语平淡，但故事情节却引人入胜。

Zhè běn xiǎoshuō yòngyǔ píngdàn, dàn gùshi qíngjié què yǐnrén-rùshèng.

この小説は言葉遣いは単調だが、ストーリーは読む者を惹きつけてやまない。

我们要努力控制自己的不良情绪。

Wǒmen yào nǔlì kòngzhì zìjǐ de bùliáng qíngxù.

私たちは自分の悪い感情をコントロールするように努力しなければならない。

他收到了朋友的婚礼请柬，连忙发短信祝贺。

Tā shōudàole péngyou de hūnlǐ qǐngjiǎn, liánmáng fā duǎnxìn zhùhè.

彼は友人の結婚式の招待状を受け取り、急いでお祝いのメールを送った。

海天超市已经实现了商品供应渠道的多样化。

Hǎitiān Chāoshì yǐjīng shíxiànle shāngpǐn gōngyìng qúdào de duōyànghuà.

海天スーパーはすでに商品供給ルートの多様化を実現した。

你要小心点儿，千万别落入他甜言蜜语的圈套。

Nǐ yào xiǎoxīn diǎnr, qiānwàn bié luòrù tā tiányán-mìyǔ de quāntào.

彼の甘い言葉のわなにはまらないよう気をつけなよ。

☐ 輪郭	☐ 顔	☐ 視線	☐ 少しの間
☐ タイヤ	☐ 順位	☐ ボタン	☐ チャンネル
☐ 論理	☐ 定員	☐ 派閥	☐ 頻度
☐ 脈拍	☐ モデル	☐ 民間療法	☐ 障壁

Check 1 　　　　　　　　　　　　　　　　　　　🎧 010

□ 145
全局
quánjú
名 全体の局面、大局

□ 146
缺口
quēkǒu
名 (経費、物資の) 不足部分、欠けた部分、裂け目
量 个

□ 147
缺陷
quēxiàn
名 欠陥、不備
量 个

□ 148
群体
qúntǐ
名 グループ、集まり、群体

□ 149
人间
rénjiān
❗ 名 世間、人類社会

□ 150
闪电
shǎndiàn
名 稲妻、稲光
量 个、道

□ 151
伤口
shāngkǒu
名 傷口

□ 152
上游
shàngyóu
名 上位、先頭、(川の) 上流
⇄ 下游 xiàyóu (下流)

継続
▼

"神"は心のはたらきを表します。夢中になることを"入神"
と言い、気を落ち着かせることを"定神"と言います。

Check 2 　　　　　　　　　　　　　　　　　　　　　🎧 108

我们要有全局观念，不能只为一个部门打算。
Wǒmen yào yǒu quánjú guānniàn, bù néng zhǐ wèi yí ge bùmén dǎsuan.
我々は大局的に考えるべきで、一部門のためだけを考えていてはいけない。

电影才拍到一半，资金就已经出现了缺口。
Diànyǐng cái pāidào yíbàn, zījīn jiù yǐjīng chūxiànle quēkǒu.
映画はまだ半分しか撮影していないのに、早くも資金難に陥り始めた。

汽车生产商召回了存在设计缺陷的产品。
Qìchē shēngchǎnshāng zhàohuíle cúnzài shèjì quēxiàn de chǎnpǐn.
自動車メーカーは設計に欠陥のある製品をリコールした。

由于政治立场不同，这两个群体间经常发生利益冲突。
Yóuyú zhèngzhì lìchǎng bùtóng, zhè liǎng ge qúntǐ jiān jīngcháng fāshēng lìyì chōngtū.
政治的立場が異なるため、この2つのグループ間では常に利益の衝突が発生している。

林徽因用《你是人间的四月天》一诗记录下了人间的情爱和暖意。
Lín Huīyīn yòng《Nǐ shì rénjiān de sìyuè tiān》yì shī jìlùxiale rénjiān de qíng'ài hé nuǎnyì.
林徽因は『你是人間的四月天』という詩で世間の情愛と暖かさを記した。

震耳欲聋的雷声过后，几道闪电划破了夜空。
Zhèn'ěr-yùlóng de léishēng guòhòu, jǐ dào shǎndiàn huápòle yèkōng.
耳をつんざくような雷鳴の後、幾筋もの稲妻が夜空を切り裂いた。

妈妈手术的伤口已经愈合了。
Māma shǒushù de shāngkǒu yǐjīng yùhé le.
母の手術の傷口はもうふさがった。

亚洲选手的乒乓球技术在世界上处于上游水平。
Yàzhōu xuǎnshǒu de pīngpāngqiú jìshù zài shìjiè shang chǔyú shàngyóu shuǐpíng.
アジア人選手の卓球技術は世界トップクラスの水準にある。

継続
▼

Check 1

□ 153
身影
shēnyǐng

名 姿、人影
量 个

□ 154
神气
shénqi

名 表情
形 はつらつとしている、気どっている
量 副

□ 155
神情
shénqíng

名 表情、顔つき
量 副、个

□ 156
神态
shéntài

名 表情と態度、顔色
量 个、副

□ 157
生机
shēngjī

名 生き残るチャンス、生命力、活力

□ 158
声势
shēngshì

名 勢い、気勢

□ 159
声誉
shēngyù

名 名声、評判
量 个

□ 160
省会
shěnghuì

名 省都
量 个
🔄 省城 shěngchéng

老师的身影一出现在门口，教室内立刻鸦雀无声。
Lǎoshī de shēnyǐng yì chūxiànzài ménkǒu, jiàoshì nèi lìkè yāquè-wúshēng.
入り口に先生の姿が現れると、教室はあっという間に静まり返った。

看他那洋洋得意的神气，就知道他考得不错。 Kàn tā nà yángyáng déyì de shénqi,
jiù zhīdao tā kǎode búcuò. 彼の得意げな表情を見れば、試験が上手くいったことが分かる。
他一穿上警官制服，立刻就显得非常神气。 Tā yì chuānshàng jǐngguān zhìfú, lìkè
jiù xiǎnde fēicháng shénqi. 彼は警官の制服を着るや、たちまちはつらつとして見えた。

听到这个消息，她的神情一下子就变了。
Tīngdào zhège xiāoxi, tā de shénqíng yíxiàzi jiù biàn le.
その知らせを聞いて、彼女の顔つきがさっと変わった。

这幅画中的人物神态各异，非常生动。
Zhè fú huà zhōng de rénwù shéntài gè yì, fēicháng shēngdòng.
この絵の人物の表情や姿態は多種多様で、実に生き生きと描かれている。

银行的贷款给这家小企业带来了一线生机。
Yínháng de dàikuǎn gěi zhè jiā xiǎo qǐyè dàilaile yí xiàn shēngjī.
銀行の融資がこの零細企業にわずかな生き残りのチャンスをもたらした。

全国各地正在开展一场声势浩大的禁毒运动。
Quánguó gè dì zhèngzài kāizhǎn yì cháng shēngshì hàodà de jìndú yùndòng.
全国各地で勢いもすさまじく麻薬取り締まり運動が行われている。

出色的研究成果为他在学术界赢得了很高的声誉。
Chūsè de yánjiū chéngguǒ wèi tā zài xuéshùjiè yíngdéle hěn gāo de shēngyù.
突出した研究成果により彼は学術界で高い評価を得た。

云南省的省会昆明被称为"春城"。
Yúnnán shěng de shěnghuì Kūnmíng bèi chēngwéi "chūnchéng".
雲南省の省都昆明は「春城」と呼ばれる。

□ 証拠	□ 最初	□ こつ	□ 感情
□ 度胸	□ 掲示	□ 水素	□ 招待状
□ 滝	□ 迫力	□ 情緒	□ ルート
□ 旗印	□ におい	□ 内容	□ わな

54 ▾ 55

□ 161 **盛情** shèngqíng	名 厚意、厚情
□ 162 **时光** shíguāng	名 時間、時期、暮らし
□ 163 **时机** shíjī	名 時機、チャンス、タイミング
□ 164 **手势** shǒushì	名 ジェスチャー、手ぶり 量 个
□ 165 **数额** shù'é	名 一定の数、定額
□ 166 **水龙头** shuǐlóngtóu	名 蛇口、給水栓 量 个
□ 167 **台阶** táijiē	名 (門の前にある) 階段、石段、【比喩】ステップ・段階・足場・機会・逃げ道 量 个、磴、级
□ 168 **田径** tiánjìng	名 陸上競技、フィールドとトラック

継続
▼

跳躍や投てきなどのフィールド競技は"田賽"、短距離走など
トラック競技は"径賽"で2つ合わせて"田径"と言います。

Check 2 109

他的行囊里装满了家乡人民的盛情。

Tā de xíngnáng li zhuāngmǎnle jiāxiāng rénmín de shèngqíng.

彼の荷物には故郷の人々の温かい気持ちがいっぱい詰まっている。

他经常和朋友们一边喝酒一边追忆过去的时光。

Tā jīngcháng hé péngyoumen yìbiān hē jiǔ yìbiān zhuīyì guòqù de shíguāng.

彼はよく友人たちと酒を飲みながら昔のことを懐かしく思い出している。

现在正是年轻人创业的有利时机。

Xiànzài zhèng shì niánqīngrén chuàngyè de yǒulì shíjī.

今こそ若者の起業に有利なタイミングだ。

言语不通的两个人就靠打手势开始了交流。

Yányǔ bù tōng de liǎng ge rén jiù kào dǎ shǒushì kāishǐle jiāoliú.

言葉の通じない2人は、ジェスチャーで意思疎通を始めた。

人们买彩票是梦想获得一笔数额巨大的奖金。

Rénmen mǎi cǎipiào shì mèngxiǎng huòdé yì bǐ shù'é jùdà de jiǎngjīn.

人々は、莫大な額の賞金を得ることを夢見て宝くじを買う。

零下十几度的严寒把水龙头都给冻住了。

Líng xià shí jǐ dù de yánhán bǎ shuǐlóngtóu dōu gěi dòngzhù le.

マイナス十数度の厳しい寒さで、蛇口も凍りついてしまった。

看着父亲蹒跚着走下台阶，他的心里很不是滋味儿。Kànzhe fùqin pánshānzhe zǒuxià táijiē, tā de xīnli hěn bú shì zīwèir. 父がよろよろと階段を下りていくのを見て、彼の心はつらい気持ちになった。 中国第三产业的规模在去年上了一个新台阶。Zhōngguó dì-sān chǎnyè de guīmó zài qùnián shàngle yí ge xīn táijiē. 中国のサービス業の規模は去年新たな段階にステップアップした。

开展田径运动有利于人们的身体健康。

Kāizhǎn tiánjìng yùndòng yǒulì yú rénmen de shēntǐ jiànkāng.

陸上競技を普及させることは人々の健康のためになる。

继续
▼

Check 1 🎧 011

□ 169
条理
tiáolǐ
图 筋道、道理

□ 170
途径
tújìng
图【比喩】方法・経路・ルート
量 个、条

□ 171
椭圆
tuǒyuán
图 楕円
量 个
圆 圆 yuán（円）

□ 172
外行
wàiháng
图 素人
形 素人である、経験がない
➡ 内行 nèiháng（玄人、玄人である）

□ 173
往常
wǎngcháng
图 普段、日ごろ、いままで

□ 174
威望
wēiwàng
图 人望、声望、威信

□ 175
膝盖
xīgài
图 ひざ、ひざ頭
量 个、只、双

□ 176
夕阳
xīyáng
图 夕日
形 斜陽の

1 週目
2 週目
3 週目
4 週目
5 週目
6 週目
7 週目
8 週目
9 週目
10～14 週目

他说话做事很有条理**，颇得上司赏识。**
Tā shuōhuà zuòshì hěn yǒu tiáolǐ, pō dé shàngsī shǎngshí.
彼は物言いや仕事の処理の段取りがよく、上司の受けがすこぶるよい。

学习外语是了解异国文化的途径**之一。**
Xuéxí wàiyǔ shì liǎojiě yìguó wénhuà de tújìng zhī yī.
外国語を学ぶことは、異国の文化を理解する方法の一つである。

美国白宫的椭圆**形办公室建成于 1909 年。**
Měiguó Bái Gōng de tuǒyuánxíng bàngōngshì jiànchéng yú yī jiǔ líng jiǔ nián.
アメリカのホワイトハウスのオーバルオフィス（大統領執務室）は 1909 年に建てられた。

他是学建筑出身的，在经济方面几乎是个外行**。** Tā shì xué jiànzhù chūshēn de, zài jīngjì fāngmiàn jīhū shì ge wàiháng. 彼は建築畑の出身なので、経済についてはほとんど素人だ。 **有人说西药治标不治本，这显然是**外行**话。** Yǒu rén shuō xīyào zhìbiāo bú zhìběn, zhè xiǎnrán shì wàiháng huà. 西洋薬は対症療法であり、根本的に病気を治せないというのは、いかにも素人くさい物言いだ。

长假期间，高速公路上的车辆是往常**的好几倍。**
Chángjià qījiān, gāosù gōnglù shang de chēliàng shì wǎngcháng de hǎo jǐ bèi.
連休中、高速道路の車は普段の何倍にもなる。

历史上的包公为官清廉，在百姓中享有很高的威望**。**
Lìshǐ shang de Bāogōng wéi guān qīnglián, zài bǎixìng zhōng xiǎngyǒu hěn gāo de wēiwàng.
歴史上の包公は清廉な官吏で、庶民から高い人望を得ていた。

他的膝盖**上个月打篮球时受了伤，现在还没完全好。**
Tā de xīgài shàng ge yuè dǎ lánqiú shí shòule shāng, xiànzài hái méi wánquán hǎo.
彼は先月バスケットボールをしたときにひざを負傷し、今もまだ完治していない。

山村笼罩在夕阳**的余辉中，显得格外宁静。** Shāncūn lǒngzhào zài xīyáng de yúhuī zhōng, xiǎnde géwài níngjìng. 山村は夕日の残光に覆われて、とりわけ静かに見える。 **蜡烛制造行业已沦为**夕阳**产业。** Làzhú zhìzào hángyè yǐ lúnwéi xīyáng chǎnyè. ろうそく製造業は、もはや斜陽産業に没落している。

□ 全体の局面　　　□ 世間　　　　□ 姿　　　　　　□ 生き残るチャンス
□ 不足部分　　　　□ 稲妻　　　　□ 表情　　　　　□ 勢い
□ 欠陥　　　　　　□ 傷口　　　　□ 表情　　　　　□ 名声
□ グループ　　　　□ 上位　　　　□ 表情と態度　　□ 省都

Check 1	🎧 012

☐ 177
细节
xìjié

名 **細部**
量 个

☐ 178
闲话
xiánhuà

名 **無駄話、陰口**
量 句

☐ 179
线索
xiànsuǒ

名 **糸口、手がかり**
量 条、个

☐ 180
项链
xiàngliàn

名 **ネックレス、首輪**
量 条、根、串

☐ 181
心灵
xīnlíng

名 **心、精神、考え**
量 颗

☐ 182
心思
xīnsi

名 **考え、頭の働き、（何かをしたい）気持ち、興味、やる気**
量 个、门

☐ 183
心态
xīntài

名 **心理状態**
量 种

☐ 184
心眼儿
xīnyǎnr

名 **気立て、心根、心の中、知恵、気遣い、度量**
量 个

继续
▼

日本語でも「閑話休題」と言いますが、中国語で"休"は「～するな」という意味です。

Check 2

🎧 110

细节往往会成为决定事情成败的关键。

Xìjié wǎngwǎng huì chéngwéi juédìng shìqing chéngbài de guānjiàn.

細部が事の成否を決定する鍵となる。

现在是工作时间，你们怎么还在说闲话?

Xiànzài shì gōngzuò shíjiān, nǐmen zěnme hái zài shuō xiánhuà?

いまは仕事の時間だというのに、あなたたちはどうしてまだ無駄話をしているんだ。

市民的举报电话为警方提供了破案的线索。

Shìmín de jǔbào diànhuà wèi jǐngfāng tígōngle pò'àn de xiànsuǒ.

市民からの通報が警察の事件解決の糸口を与えた。

她是过敏性皮肤，所以从不戴金属项链。

Tā shì guòmǐnxìng pífū, suǒyǐ cóng bú dài jīnshǔ xiàngliàn.

彼女は敏感肌なので、金属のネックレスを身に付けたことがない。

相较外貌而言，美好的心灵才是恒久的魅力。

Xiāngjiào wàimào ér yán, měihǎo de xīnlíng cái shì héngjiǔ de mèilì.

外見よりも、むしろ美しい心こそが普遍的な魅力だ。

多年来，他把心思都花在工作上面了。

Duōnián lái, tā bǎ xīnsi dōu huāzài gōngzuò shàngmiàn le.

長年の間、彼は全ての考えを仕事に注いできた。

不管是顺境还是逆境，都要保持良好的心态。

Bùguǎn shì shùnjìng háishi nìjìng, dōu yào bǎochí liánghǎo de xīntài.

順境でも逆境でも、健全な心理状態でなければならない。

她不仅人长得漂亮，心眼儿也特别好。

Tā bùjǐn rén zhǎngde piàoliang, xīnyǎnr yě tèbié hǎo.

彼女は容姿が美しいだけでなく、気立ても大変よい。

继续
▼

Check 1　　　　　　　　　　　　　　　　　　🎧 012

□ 185
心愿
xīnyuàn
名 **願い、願望**
量 个

□ 186
信誉
xìnyù
名 **信用と名誉**

□ 187
性命
xìngmìng
名 **生命、命**
量 条
➡ 生命 shēngmìng（あらゆる生物の命）

□ 188
性情
xìngqíng
名 **性格、性質**

□ 189
胸膛
xiōngtáng
名 **胸**

□ 190
畜牧
xùmù
名 **牧畜**

□ 191
眼福
yǎnfú
名 **目の保養**
慣 "饱眼福" 目の保養をする（『改訂版キクタン中国語【中級編】』慣用句）

□ 192
眼色
yǎnsè
名 **目配せ、機を見て物事を処理する能力**
量 个

11日目 🎧 011
Quick Review
答えは次頁

□ 盛情	□ 数额	□ 条理	□ 往常
□ 时光	□ 水龙头	□ 途径	□ 威望
□ 时机	□ 台阶	□ 椭圆	□ 膝盖
□ 手势	□ 田径	□ 外行	□ 夕阳

去偏远的山村支教是他多年来的心愿。

Qù piānyuǎn de shāncūn zhījiào shì tā duō nián lái de xīnyuàn.

辺びな山村に行って教育を支援することは、彼の長年の願いだった。

在信誉好的商店买东西，贵点儿也值得。

Zài xìnyù hǎo de shāngdiàn mǎi dōngxi, guìdiǎnr yě zhíde.

信用ある店での買い物は、多少値が張ったとしても値打ちがある。

他误食了有毒的蘑菇，差点儿丢了性命。

Tā wùshíle yǒu dú de mógu, chàdiǎnr diūle xìngmìng.

彼は誤って毒キノコを食べ、もう少しで命を落とすところだった。

中国人认为练习书画可以陶冶一个人的性情。

Zhōngguórén rènwéi liànxí shūhuà kěyǐ táoyě yí ge rén de xìngqíng.

中国人は、書画の練習は人格を陶冶［とうや］できるものだと考えている。

一个少年挺起胸膛，大声向来宾介绍学校的情况。

Yí ge shàonián tǐngqǐ xiōngtáng, dàshēng xiàng láibīn jièshào xuéxiào de qíngkuàng.

一人の少年が胸を張り、大きな声で来賓に学校の状況を紹介した。

这片草原上的原住民以前都是以畜牧业为生的。

Zhè piàn cǎoyuán shang de yuánzhùmín yǐqián dōu shì yǐ xùmùyè wéishēng de.

この草原の原住民はかつて皆牧畜業で生計を立てていた。

卢浮宫里的世界名画让参观者们大饱眼福。

Lúfúgōng li de shìjiè mínghuà ràng cānguānzhěmen dà bǎo yǎnfú.

ルーブルにある世界の名画は、見学者の目を大いに楽しませている。

他们交换了一个眼色，就匆匆地离开了。

Tāmen jiāohuànle yí ge yǎnsè, jiù cōngcōng de líkāi le.

彼らは目配せして、慌ただしく立ち去った。

☐ 厚意	☐ 一定の数	☐ 筋道	☐ 普段
☐ 時間	☐ 蛇口	☐ 方法	☐ 人望
☐ 時機	☐ 階段	☐ 楕円	☐ ひざ
☐ ジェスチャー	☐ 陸上競技	☐ 素人	☐ 夕日

□ 193

眼神
yǎnshén

名 **目つき**
量 个、种

□ 194

氧气
yǎngqì

名 **酸素**
🔄 氧 yǎng

□ 195

夜间
yèjiān

名 **夜、夜間**

□ 196

以往
yǐwǎng

名 **昔、以前**

□ 197

义工
yìgōng

名 **ボランティア活動、ボランティア活動をする人**
量 个、名
🔄 志愿者 zhìyuànzhě

□ 198

毅力
yìlì

名 **強い意志、根気のある気力**
量 种

□ 199

意愿
yìyuàn

名 **望み、願い**

□ 200

因素
yīnsù

名 **要素、要件**

继续
▼

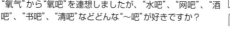

"氧气"から"氧吧"を連想しましたが、"水吧"、"网吧"、"酒吧"、"书吧"、"清吧"などどんな"〜吧"が好きですか？

1週目

2週目

3週目

4週目

5週目

6週目

7週目

8週目

9週目

10〜14週目

Check 2　　　　🎧 111

他从家人的眼神中觉察到了事情的严重性。
Tā cóng jiārén de yǎnshén zhōng juéchádàole shìqing de yánzhòngxìng.
彼は家族の目つきから事の重大さを察した。

高原上氧气稀薄，人非常容易疲劳。
Gāoyuán shang yǎngqì xībó, rén fēicháng róngyì píláo.
高原は酸素が希薄なので、人は非常に疲労を感じやすい。

我怕黑，不敢一个人在夜间走路。
Wǒ pà hēi, bùgǎn yí ge rén zài yèjiān zǒulù.
私は暗いのが怖くて、夜に1人で歩くことができません。

因为一次误解，两人再也无法恢复以往的友情了。
Yīnwei yí cì wùjiě, liǎng rén zài yě wúfǎ huīfù yǐwǎng de yǒuqíng le.
一度の誤解のために、2人は昔の友情をもう二度と取り戻すことはできなかった。

在医院做义工的经历让她学会了珍惜生命。
Zài yīyuàn zuò yìgōng de jīnglì ràng tā xuéhuìle zhēnxī shēngmìng.
病院でボランティア活動をした経験によって、彼女は命を大切にすることを学んだ。

与智力相比，毅力对于事业的成功更加重要。
Yǔ zhìlì xiāngbǐ, yìlì duìyú shìyè de chénggōng gèngjiā zhòngyào.
知力に比べて強い意志が事業の成功にとっていっそう重要である。

老赵违背了父母的意愿，当了一名战地记者。
Lǎo-Zhào wéibèile fùmǔ de yìyuàn, dāngle yì míng zhàndì jìzhě.
趙さんは両親の望みに反して、戦場記者になった。

成功最重要的因素在于努力。
Chénggōng zuì zhòngyào de yīnsù zàiyú nǔlì.
成功の最も重要な要素は努力にある。

继续
▼

64 ▸ 65

□ 201

隐患
yǐnhuàn

名 隠れた危険、隠れた災い
量 个

□ 202

引擎
yǐnqíng

名 エンジン、発動機

□ 203

隐私
yǐnsī

名 プライバシー、個人の秘密

□ 204

盈利
yínglì

名 利益、利潤
≒ 赢利 yínglì

□ 205

油漆
yóuqī

名 ペンキ
動 ペンキを塗る
量 道、罐

□ 206

羽绒服
yǔróngfú

名 ダウンジャケット
量 件

□ 207

原先
yuánxiān

名 以前、初め

□ 208

灾区
zāiqū

名 被災地区
関 灾民 zāimín（被災者）

12日目 🎧 012 Quick Review 答えは次頁	□ 细节	□ 心灵	□ 心愿	□ 胸膛
	□ 闲话	□ 心思	□ 信誉	□ 畜牧
	□ 线索	□ 心态	□ 性命	□ 眼福
	□ 项链	□ 心眼儿	□ 性情	□ 眼色

1 週目

2 週目

3 週目

4 週目

5 週目

6 週目

7 週目

8 週目

9 週目

10～14 週目

为消除山林火灾的隐患**，林业部门加强了巡逻。**

Wèi xiāochú shānlín huǒzāi de yǐnhuàn, línyè bùmén jiāqiángle xúnluó.

山火事の潜在的な危険性を排除するため、林業部門はパトロールを強化した。

很多国产车的引擎**都是从国外进口的。**

Hěn duō guóchǎnchē de yǐnqíng dōu shì cóng guówài jìnkǒu de.

国産車のエンジンの多くは外国から輸入したものである。

这件事涉及个人隐私**，还是少谈为妙。**

Zhè jiàn shì shèjí gèrén yǐnsī, háishi shǎo tán wéi miào.

この件は個人のプライバシーの問題に及ぶので、やはりあまり話さないほうがよい。

经过不断努力，她的淘宝小店开始盈利**了。**

Jīngguò búduàn nǔlì, tā de Táobǎo xiǎo diàn kāishǐ yínglì le.

不断の努力を経て、彼女の淘宝ショップは利益を上げ始めた。

公园里的长椅刚刷了油漆**，现在不能使用。** Gōngyuán li de chángyǐ gāng shuāle yóuqī, xiànzài bù néng shǐyòng.　公園のベンチはペンキ塗り立てで、今は使用できない。

为了迎接新年，家里重新油漆**了一下门窗。** Wèile yíngjiē xīnnián, jiāli chóngxīn yóuqīle yíxià ménchuāng.　新年を迎えるために家のドアと窓をペンキで塗り直した。

没有羽绒服**是抵挡不了北方的严寒的。**

Méiyǒu yǔróngfú shì dǐdǎngbuliǎo běifāng de yánhán de.

ダウンジャケットなしでは北国の厳しい寒さは防ぎきれない。

相声大师们原先**大都在北京的天桥献过艺。**

Xiàngsheng dàshīmen yuánxiān dàdōu zài Běijīng de Tiānqiáo xiànguo yì.

今の大御所漫才師のほとんどは以前、北京の天橋で芸を披露したことがある。

灾区的情况紧紧地牵动着全国人民的心。**

Zāiqū de qíngkuàng jǐnjǐn de qiāndòngzhe quánguó rénmín de xīn.

被災地の状況が全国民の心を強く動かした。

□ 細部	□ 心	□ 願い	□ 胸
□ 無駄話	□ 考え	□ 信用と名誉	□ 牧畜
□ 糸口	□ 心理状態	□ 生命	□ 目の保養
□ ネックレス	□ 気立て	□ 性格	□ 目配せ

□ 209
载体
zàitǐ
名（情報を伝達する）媒体、キャリヤー
量 个、种

□ 210
闸
zhá
名 水門、ブレーキ、大型スイッチ
動 水を堰 [せき] 止める

□ 211
章程
zhāngchéng
名（組織・業務の）規定、規約
量 个

□ 212
账户
zhànghù
名 口座
量 个

□ 213
帐篷
zhàngpeng
名 テント
量 个、顶

□ 214
争端
zhēngduān
名 争いの発端、紛争
量 个、场 cháng

□ 215
整体
zhěngtǐ
名（集団・物事の）全体、総体

□ 216
执照
zhízhào
名 許可書、免許証
量 个、张

継続
▼

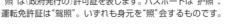
Check 2 🎧 112

语言文字是一个国家或民族的文化载体之一。
Yǔyán wénzì shì yí ge guójiā huò mínzú de wénhuà zàitǐ zhī yī.
言語や文字は国や民族の文化媒体の一つである。

巨大的投资回报使热钱如开闸的洪水涌入中国。 Jùdà de tóuzī huíbào shǐ rèqián rú kāi zhá de hóngshuǐ yǒngrù Zhōngguó.　莫大な投資利益のために、ホットマネーが堰を切ったように中国に流れ込んでいる。　**这道新式闸门汛期可以闸住上游的洪水。** Zhè dào xīnshì zhámén xùnqī kěyǐ zházhù shàngyóu de hóngshuǐ.　この新式の水門は増水時に上流の洪水を堰止めることができる。

所有工作人员都要按政府章程办事。
Suǒyǒu gōngzuò rényuán dōu yào àn zhèngfǔ zhāngchéng bànshì.
全ての職員は政府の規定どおりに職務を遂行しなければならない。

为了培养他的理财观念，父亲早早替他开设了银行账户。
Wèile péiyǎng tā de lǐcái guānniàn, fùqin zǎozǎo tì tā kāishèle yínháng zhànghù.
経済観念を養うために、父は早くから彼に銀行口座を作ってやった。

考古工作者经常在野外搭帐篷过夜。
Kǎogǔ gōngzuòzhě jīngcháng zài yěwài dā zhàngpeng guòyè.
考古学者はよく野外にテントを張って夜を過ごす。

政治理念的不同引起了两派之间的争端。
Zhèngzhì lǐniàn de bùtóng yǐnqǐle liǎng pài zhījiān de zhēngduān.
政治的理念の違いから、両派の間でいさかいが起こった。

在国外，个人的行为往往代表着国家的整体。
Zài guówài, gèrén de xíngwéi wǎngwǎng dàibiǎozhe guójiā de zhěngtǐ.
国外では、個人の行動がよく国全体を代表することになる。

他喜欢冒险，前不久刚取得了小型飞机的驾驶执照。
Tā xǐhuan màoxiǎn, qián bùjiǔ gāng qǔdéle xiǎoxíng fēijī de jiàshǐ zhízhào.
彼は冒険が好きで、最近小型飛行機の免許を取得した。

继续
▼

1 週目
2 週目
3 週目
4 週目
5 週目
6 週目
7 週目
8 週目
9 週目
10～14 週目

Check 1

□ 217

指甲
zhǐjia

名 (手足の) つめ
量 片

□ 218

指南针
zhǐnánzhēn

名 羅針盤、コンパス、【比喩】(正しい方向を判別する) 根拠・指針
量 个

□ 219

智商
zhìshāng

名 IQ、知能指数
関 情商 qíngshāng　EQ

□ 220

志愿者
zhìyuànzhě

名 ボランティア
量 个、位
≒ 义工 yìgōng

□ 221

终点
zhōngdiǎn

名 ゴール、終点、決勝点

□ 222

中外
zhōngwài

名 中国と外国

□ 223

肿瘤
zhǒngliú

名 腫瘍
量 个

□ 224

周折
zhōuzhé

名 紆余曲折、手間
量 番

| 13日目 🎧 013
Quick Review
答えは次頁 | □ 眼神
□ 氧气
□ 夜间
□ 以往 | □ 义工
□ 毅力
□ 意愿
□ 因素 | □ 隐患
□ 引擎
□ 隐私
□ 盈利 | □ 油漆
□ 羽绒服
□ 原先
□ 灾区 |

中医认为，指甲的情况反映着人类内脏的健康状况。
Zhōngyī rènwéi, zhǐjia de qíngkuàng fǎnyìngzhe rénlèi nèizàng de jiànkāng zhuàngkuàng.
中医学では、つめは人の内臓の健康状態を表していると考えられている。

造纸术、火药、指南针和印刷术是中国的四大发明。 Zàozhǐ shù、huǒyào、zhǐnánzhēn hé
yìnshuā shù shì Zhōngguó de sì dà fāmíng.　製紙術、火薬、羅針盤、印刷術は中国四大発明である。
低能源消耗成为众多城市经济发展的指南针。 Dī néngyuán xiāohào chéngwéi zhòngduō
chéngshì jīngjì fāzhǎn de zhǐnánzhēn.　低エネルギー消費が多くの都市で経済発展の指針となっている。

他虽然智商超群，但孤傲的性格阻碍了他的成功。
Tā suīrán zhìshāng chāoqún, dàn gū'ào de xìnggé zǔ'àile tā de chénggōng.
彼は IQ こそ群を抜いているが、ごう慢な性格が成功の妨げとなっている。

近年来，活跃在全国各地的志愿者越来越多。
Jìnnián lái, huóyuèzài quánguó gè dì de zhìyuànzhě yuè lái yuè duō.
近年、全国各地で活躍するボランティアが増え続けている。

大学毕业并不是学习的终点，而是新的起点。 Dàxué bìyè bìng bú shì xuéxí de
zhōngdiǎn, ér shì xīn de qǐdiǎn.　大学卒業は学習のゴールではなく、新たな起点である。
刘超像一阵风一样冲向了终点。 Liú Chāo xiàng yízhènfēng yíyàng chōngxiàngle
zhōngdiǎn.　劉超は一陣の風のようにゴールに向かった。

张芳十分喜欢文学，很多中外名著她都读过。
Zhāng Fāng shífēn xǐhuan wénxué, hěn duō zhōngwài míngzhù tā dōu dúguo.
張芳は文学が大好きで、多くの国内外の名作を読んだことがある。

只要发现得早，有些恶性肿瘤是可以治愈的。
Zhǐyào fāxiànde zǎo, yǒuxiē èxìng zhǒngliú shì kěyǐ zhìyù de.
早期発見できれば、一部の悪性の腫瘍は治癒可能である。

在几经周折之后，他终于成功开办了个人画展。
Zài jǐ jīng zhōuzhé zhīhòu, tā zhōngyú chénggōng kāibànle gèrén huàzhǎn.
幾多の紆余曲折を経て、彼はようやく個展の開催に成功した。

☐ 目つき	☐ ボランティア活動	☐ 隠れた危険	☐ ペンキ
☐ 酸素	☐ 強い意志	☐ エンジン	☐ ダウンジャケット
☐ 夜	☐ 望み	☐ プライバシー	☐ 以前
☐ 昔	☐ 要素	☐ 利益	☐ 被災地区

状態形容詞のまとめ②

黄澄澄　　huángdēngdēng　　黄金色である

黄澄澄的梨子挂在树上，把树枝都压弯了。
Huángdēngdēng de lízi guàzài shù shang, bǎ shùzhī dōu yāwān le.
黄金色の梨が実り、枝がたわんでいる。

灰溜溜　　huīliūliū　　薄暗い灰色である、がっかりしている

他看到自己的谎言被戳穿了，只好灰溜溜地离开了。
Tā kàndào zìjǐ de huǎngyán bèi chuōchuān le, zhǐhǎo huīliūliū de líkāi le.
彼は自分のうそがばれたのを見て、がっかりして立ち去った。

火辣辣　　huǒlàlà　　焼けつくように熱いさま

太阳火辣辣的，花儿都被晒蔫了。
Tàiyáng huǒlàlà de, huār dōu bèi shàiniān le.
焼けつくような日差しのために、花がしおれてしまった。

紧巴巴　　jǐnbābā　　窮屈である、(生活が) ひっ迫する

他近来日子过得紧巴巴的，我们帮他一把吧。
Tā jìnlái rìzi guòde jǐnbābā de, wǒmen bāng tā yì bǎ ba.
彼は近頃生活が苦しいらしいから、ちょっと助けてあげよう。

静悄悄　　jìngqiāoqiāo　　静まり返っている、ひっそりしている

同学们都还没来，教室里静悄悄的。
Tóngxuémen dōu hái méi lái, jiàoshì li jìngqiāoqiāo de.
学生たちがまだ誰も来ていないので、教室は静まり返っている。

冷冰冰　　lěngbīngbīng　　冷ややかである、ひんやりしている

你别太往心里去，他对谁都冷冰冰的。
Nǐ bié tài wǎng xīnli qù, tā duì shéi dōu lěngbīngbīng de.
あまり気にすることはないよ、彼は誰に対しても冷たいんだ。

冷清清　　lěngqīngqīng　　ひっそりしている

新开业的商场冷清清的，并没什么人去。
Xīn kāiyè de shāngchǎng lěngqīngqīng de, bìng méi shénme rén qù.
新しくオープンした商業施設は閑散としていて、訪れる人があまりいない。

冷森森　　lěngsēnsēn　　(恐ろしさで) ひやりと身にしみる

众人听了这冷森森的话，背后均感到一阵凉意。
Zhòngrén tīngle zhè lěngsēnsēn de huà, bèihòu jūn gǎndào yízhèn liángyì.
そのおぞましい話を聞いて、人々は背筋が寒くなる思いをした。

キクタン中国語
3 週目

✔ 学習したらチェック！

中国語で言ってみよう！

寒くなったので、彼女は敷布団の下に もう 1 枚毛布を敷いた。

（答えは 331）

Check 1 🎧 015

□ 225
皱纹
zhòuwén

名 しわ
量 条、道

□ 226
主角
zhǔjué

名 (芝居・映画の) 主役、【比喩】主要人物・中心人物
反 配角 pèijué (脇役)

□ 227
主流
zhǔliú

名 主流

□ 228
专长
zhuāncháng

名 専門知識、特技
量 个、项

□ 229
准则
zhǔnzé

名 原則、準則、行動規範
量 个、项、条

□ 230
姿态
zītài

名 姿勢、姿、態度
量 个、种

□ 231
滋味
zīwèi

名 味、【比喩】味わい
量 种、番

□ 232
踪迹
zōngjì

名 痕跡、跡形
量 点、些、丝

继续
▼

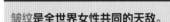

Check 2 🎧 113

皱纹是全世界女性共同的天敌。
Zhòuwén shì quán shìjiè nǚxìng gòngtóng de tiāndí.
しわは世界中の女性共通の天敵だ。

剧团正在为新的话剧挑选男女主角。Jùtuán zhèngzài wèi xīn de huàjù tiāoxuǎn nánnǚ zhǔjué. 劇団は新たな演目のために男女の主役を選んでいる。 无论在什么时代，年轻人都是历史舞台上的主角。Wúlùn zài shénme shídài, niánqīngrén dōu shì lìshǐ wǔtái shang de zhǔjué. いつの時代でも若者は歴史の舞台の主役である。

尽管战争依然存在，但和平仍是世界形势的主流。
Jǐnguǎn zhànzhēng yīrán cúnzài, dàn hépíng réng shì shìjiè xíngshì de zhǔliú.
戦争は相変わらず存在するが、平和は依然として世界情勢の主流である。

有专长的人在人才市场上非常抢手。
Yǒu zhuāncháng de rén zài réncái shìchǎng shang fēicháng qiǎngshǒu.
専門知識を持つ人は、人材市場で引く手あまただ。

每个学生都应该遵守学校制定的行为准则。
Měi ge xuésheng dōu yīnggāi zūnshǒu xuéxiào zhìdìng de xíngwéi zhǔnzé.
生徒一人一人が学校の定めた行動規範を遵守しなければならない。

她不愧是明星，在舞台上的姿态真是优美极了！
Tā búkuì shì míngxīng, zài wǔtái shang de zītài zhēn shì yōuměi jíle!
さすがはスター、彼女の舞台上での姿は実に美しい！

他过于争强好胜，结果最终尝到了失败的滋味。
Tā guòyú zhēngqiáng hàoshèng, jiéguǒ zuìzhōng chángdàole shībài de zīwèi.
彼は負けず嫌いがすぎて、結局失敗の味を知ることになった。

一些探险家声称在神农架发现了野人的踪迹。
Yìxiē tànxiǎnjiā shēngchēng zài Shénnóngjià fāxiànle yěrén de zōngjì.
一部の探検家が、神農架（湖北省の森林地帯）で野人の痕跡を発見したと発表した。

継続
▼

Check 1　🎧 015

名

□ 233
钻石
zuànshí

名 ダイヤモンド
量 颗、粒

動

□ 234
挨
ái

動 〜を受ける、〜される、〜の目にある

□ 235
爱戴
àidài

動（指導者などを）敬愛する

□ 236
熬
áo

動（穀類をのり状に）煮詰める、長時間煮る、【比喩】（痛みや苦痛を）耐え忍ぶ

□ 237
扒
bā

動 かき分ける、かき出す、掘り出す、はがす、脱ぎ捨てる、すがりつく、つかまる

□ 238
把关
bǎ▾guān

動【比喩】（既定基準に照らして）検査する、関所を守る

□ 239
罢工
bà▾gōng

動 ストライキをする

□ 240
霸占
bàzhàn

動（力づくで）巻き上げる、占拠する

14日目 🎧 014 Quick Review 答えは次頁	□ 载体	□ 帐篷	□ 指甲	□ 终点
	□ 闸	□ 争端	□ 指南针	□ 中外
	□ 章程	□ 整体	□ 智商	□ 肿瘤
	□ 账户	□ 执照	□ 志愿者	□ 周折

王冠上镶满了钻石，在灯光下熠熠闪光。

Wángguān shang xiāngmǎnle zuànshí, zài dēngguāng xià yìyì shǎnguāng.

王冠にはダイヤモンドがびっしりとはめこまれ、明かりのもとでキラキラと輝いている。

孙立因为上课睡觉，挨了老师的批评。

Sūn Lì yīnwei shàngkè shuìjiào, áile lǎoshī de pīpíng.

孫立は授業で寝ていたので、先生に叱られた。

他是一位深受学生爱戴的老师。

Tā shì yí wèi shēn shòu xuésheng àidài de lǎoshī.

彼は学生から深く敬愛されている教師だ。

他身体还很虚弱，熬点鸡汤给他补补吧。Tā shēntǐ hái hěn xūruò, áo diǎn jītāng gěi tā bǔbu ba. 彼は体が弱っているので、鶏のスープを煮て栄養を補給してあげよう。 正是由于有坚强的信念，他才从艰苦的岁月中熬了过来。Zhèng shì yóuyú yǒu jiānqiáng de xìnniàn, tā cái cóng jiānkǔ de suìyuè zhōng áole guòlai. 強い信念があったからこそ、彼は苦しい歳月に耐えてきたのだ。

我扒开草丛，寻找丢失的钥匙。

Wǒ bākāi cǎocóng, xúnzhǎo diūshī de yàoshi.

私は草むらをかき分け、なくした鍵を探した。

这批产品是由上级部门把关的，质量没问题。

Zhè pī chǎnpǐn shì yóu shàngjí bùmén bǎguān de, zhìliàng méi wèntí.

この商品は上の部門によって検査されたもので、品質に問題はない。

为了提高工资，工人们举行了为期三天的罢工。

Wèile tígāo gōngzī, gōngrénmen jǔxíngle wéiqī sān tiān de bàgōng.

給料引き上げを求め、労働者たちは3日間のストライキを決行した。

他用欺骗的手段霸占了朋友的财产。

Tā yòng qīpiàn de shǒuduàn bàzhànle péngyou de cáichǎn.

彼はペテンに掛けて友人の財産を巻き上げた。

☐ 媒体	☐ テント	☐ つめ	☐ ゴール
☐ 水門	☐ 争いの発端	☐ 羅針盤	☐ 中国と外国
☐ 規定	☐ 全体	☐ IQ	☐ 腫瘍
☐ 口座	☐ 許可書	☐ ボランティア	☐ 紆余曲折

Check 1	🎧 016

□ 241
掰
bāi

🔲(手で)二つに割る

□ 242
摆脱
bǎituō

🔲(圧力、束縛、困難などから)抜け出す、逃れる

□ 243
败坏
bàihuài

🔲(名誉、風紀などを)損なう、破壊する
🔲(道徳意識、規律の順守状況などが)極めて悪い

□ 244
拜年
bài▾nián

🔲新年のあいさつをする、年始回りをする

□ 245
颁发
bānfā

🔲(勲章、賞金などを)授与する、(命令、政策などを)公布する

□ 246
伴随
bànsuí

🔲伴う、付き従う

□ 247
扮演
bànyǎn

🔲(芝居で役を)演じる、役割を果たす

□ 248
包庇
bāobì

🔲(悪事、悪人を)かばう、かばいだてする

继续
▼

新年のあいさつを意味する"拜年"は旧正月の大事な活動の一つで、家族、親戚、友人などに対して行います。

1 週目

2 週目

3 週目

4 週目

5 週目

6 週目

7 週目

8 週目

9 週目

10〜14 週目

Check 2　　　　　　　　　　　　　　🎧 114

小男孩把面包掰成两半，分一半给妹妹吃。
Xiǎo nánhái bǎ miànbāo bāichéng liǎng bàn, fēn yíbàn gěi mèimei chī.
男の子はパンを手で二つに割ると、半分を妹に食べさせた。

在法律的帮助下，她终于摆脱了新兴宗教的控制。
Zài fǎlǜ de bāngzhù xià, tā zhōngyú bǎituōle xīnxīng zōngjiào de kòngzhì.
法律の支援を受け、彼女はついに新興宗教の支配から逃れた。

产品出现质量问题是会败坏公司声誉的。 Chǎnpǐn chūxiàn zhìliàng wèntí shì huì bàihuài gōngsī shēngyù de. 製品の品質に問題が生じたら会社の信頼を損なうことになる。　**大多数人都认为婚外恋是一种道德败坏的行为。** Dàduōshù rén dōu rènwéi hūnwàiliàn shì yì zhǒng dàodé bàihuài de xíngwéi. 多くの人が、不倫は道徳にもとる行為だと考えている。

春节的时候，很多人去亲戚朋友家拜年。
Chūnjié de shíhou, hěn duō rén qù qīnqi péngyou jiā bàinián.
旧正月、多くの人々は親戚や友人宅に新年のあいさつに行く。

大会主席为比赛的获胜者颁发了奖牌。
Dàhuì zhǔxí wèi bǐsài de huòshèngzhě bānfāle jiǎngpái.
大会委員長は競技の勝者にメダルを授与した。

伴随着社会的发展，人们越来越重视环保问题。
Bànsuízhe shèhuì de fāzhǎn, rénmen yuè lái yuè zhòngshì huánbǎo wèntí.
社会の発展に伴い、人々はますます環境問題を重視するようになっている。

他经常在电影中扮演反派角色。
Tā jīngcháng zài diànyǐng zhōng bànyǎn fǎnpài juésè.
彼はよく映画で悪役を演じる。

他因为包庇下属的过失而被领导撤职。
Tā yīnwei bāobì xiàshǔ de guòshī ér bèi lǐngdǎo chèzhí.
彼は部下の過失をかばったために、上役に解職された。

继续
▼

Check 1　🎧 016

□ 249
保重
bǎozhòng
動 体に気をつける

□ 250
曝光
bào▾guāng
動【比喩】(醜聞などを) 暴露する、露出する、感光する

□ 251
抱怨
bàoyuàn
動 不平を言う、不満に思う

□ 252
背叛
bèipàn
動 裏切る、背く

□ 253
备用
bèiyòng
動 必要に備える

□ 254
奔波
bēnbō
動 奔走する、駆けずり回る

□ 255
崩溃
bēngkuì
動 崩壊する、つぶれる

□ 256
迸发
bèngfā
動 噴き出る、ほとばしる、飛び散る

你去那么远的地方，一定要保重身体。

Nǐ qù nàme yuǎn de dìfang, yídìng yào bǎozhòng shēntǐ.

あんなに遠い所に行くのだから、必ず体を大事にしてください。

他的丑闻被媒体曝光后，不得不辞去了政府的职务。

Tā de chǒuwén bèi méitǐ bàoguāng hòu, bùdé bù cíqùle zhèngfǔ de zhíwù.

スキャンダルがメディアに暴露された後、彼は政府の職務からの辞職を余儀なくされた。

他对现在的工作很不满意，经常向朋友抱怨。

Tā duì xiànzài de gōngzuò hěn bù mǎnyì, jīngcháng xiàng péngyou bàoyuàn.

彼は今の仕事に不満で、しょっちゅう友達に不平を言っている。

为了追求自己的利益，他背叛了朋友。

Wèile zhuīqiú zìjǐ de lìyì, tā bèipànle péngyou.

自分の利益を追求するために、彼は友達を裏切った。

请你准备两套衣服，一套留作备用。

Qǐng nǐ zhǔnbèi liǎng tào yīfu, yí tào liúzuò bèiyòng.

衣類を2組用意し、1組は予備にしてください。

为了让我们生活得更好，父亲常年在外地奔波。

Wèile ràng wǒmen shēnghuóde gèng hǎo, fùqin chángnián zài wàidì bēnbō.

私たちがよい生活を送れるよう、父は年がら年中よその土地を駆けずり回っている。

这场战争几乎使这个国家的经济崩溃了。

Zhè cháng zhànzhēng jīhū shǐ zhège guójiā de jīngjì bēngkuì le.

今度の戦争によって、この国の経済はほとんど壊滅した。

他在做自己喜欢的事情时，总能迸发出巨大的热情。

Tā zài zuò zìjǐ xǐhuan de shìqing shí, zǒng néng bèngfāchū jùdà de rèqíng.

彼は自分の好きなことをしているときは、いつもみなぎる情熱をほとばしらせている。

☐ しわ	☐ 原則	☐ ダイヤモンド	☐ かき分ける
☐ 主役	☐ 姿勢	☐ ～を受ける	☐ 検査する
☐ 主流	☐ 味	☐ 敬愛する	☐ ストライキをする
☐ 専門知識	☐ 痕跡	☐ 煮詰める	☐ 巻き上げる

1 週目
2 週目
3 週目
4 週目
5 週目
6 週目
7 週目
8 週目
9 週目
10~14 週目

□ 257 **逼迫** bīpò	動 無理強いする、強く迫る
□ 258 **鄙视** bǐshì	動 軽蔑する、見下す
□ 259 **鞭策** biāncè	動 鞭撻する、励ます、むち打つ
□ 260 **编造** biānzào	動 作成する、(想像で) 作り出す、でっち上げる、捏造する
□ 261 **贬低** biǎndī	動 (故意に) 低く評価する、けなす ⇄ 拔高 bá▼gāo (実力以上に評価する)
□ 262 **辨认** biànrèn	動 見分ける、識別する
□ 263 **表态** biǎo▼tài	動 態度を示す
□ 264 **并存** bìngcún	動 併存する、共存する

継続
▼

Check 2 🎧 115

在生活的逼迫下，他离开家乡去外地打工。

Zài shēnghuó de bīpò xià, tā líkāi jiāxiāng qù wàidì dǎgōng.

生活に追われているため、彼は故郷を離れよその土地に働きに行く。

我鄙视那种为了达到目的而不择手段的人。

Wǒ bǐshì nà zhǒng wèile dádào mùdì ér bù zé shǒuduàn de rén.

私は、目的のためには手段を選ばないあのような人物を軽蔑する。

在老师和朋友们的鼓励和鞭策下，我有了一些进步。

Zài lǎoshī hé péngyoumen de gǔlì hé biāncè xià, wǒ yǒule yìxiē jìnbù.

先生や友達の叱咤[しった]激励のおかげで私は少しばかり進歩した。

这本小说的情节是作者编造出来的。

Zhè běn xiǎoshuō de qíngjié shì zuòzhě biānzàochulai de.

この小説のプロットは作者が作り出したものだ。

你要有自信，不要自己贬低自己。

Nǐ yào yǒu zìxìn, búyào zìjǐ biǎndī zìjǐ.

自信を持ちなさい、自分で自分をおとしめないで。

他的字写得太潦草了，很难辨认。

Tā de zì xiěde tài liáocǎo le, hěn nán biànrèn.

彼の字は書き方が乱雑で、かなり判別しにくい。

在会上，大家纷纷表态，支持公司的发展计划。

Zài huì shang, dàjiā fēnfēn biǎotài, zhīchí gōngsī de fāzhǎn jìhuà.

会の席上、皆は次々に会社の発展計画を支持する態度を示した。

在这座历史名城中，现代文明与古老传统并存。

Zài zhè zuò lìshǐ míngchéng zhōng, xiàndài wénmíng yǔ gǔlǎo chuántǒng bìngcún.

この歴史ある名城には、現代文明と古い伝統とが共存している。

继续
▼

1 週目
2 週目
3 週目
4 週目
5 週目
6 週目
7 週目
8 週目
9 週目
10～14 週目

Check 1　　　🎧 017

□ 265 **剥削** bōxuē	動 搾取する

□ 266 **播种** bōzhǒng	動 種をまく

□ 267 **搏斗** bódòu	動（素手や武器で）格闘する、取っ組み合う、【比喩】激しく闘争する

□ 268 **补救** bǔjiù	動（誤り、失敗を）挽回(ばんかい)する、取り返す

□ 269 **补贴** bǔtiē	動 助成する、（財政的）補助をする 名 補助金

□ 270 **布置** bùzhì	動（部屋や会場を）しつらえる、物などを配置する、手配する、段取りをする

□ 271 **裁员** cáiyuán	動 人員を整理する、リストラする

□ 272 **采纳** cǎinà	動（意見、提案、要求などを）受け入れる、取り入れる

某些企业的利润很大程度上是靠剥削工人得来的。

Mǒuxiē qǐyè de lìrùn hěn dà chéngdù shang shì kào bōxuē gōngrén délai de.

一部の企業の利益は、大部分は労働者を搾取することによって得たものである。

冬小麦一般在冬天播种，夏天收获。

Dōng xiǎomài yìbān zài dōngtiān bōzhǒng, xiàtiān shōuhuò.

冬小麦は一般に冬に種をまき、夏に収穫する。

面对歹徒的匕首，潘星挺身而出，与歹徒展开了殊死搏斗。 Miànduì dǎitú de bǐshǒu, Pān Xīng tǐngshēn ér chū, yǔ dǎitú zhǎnkāile shūsǐ bódòu. 悪人の短刀を前に、潘星は身を挺して悪人と戦いを繰り広げた。 **他身患重病，每天都在与死神搏斗。** Tā shēn huàn zhòngbìng, měi tiān dōu zài yǔ sǐshén bódòu. 彼は重病を患っており、毎日死と闘っている。

既然已经出现问题了，我们就应该想办法补救。

Jìrán yǐjīng chūxiàn wèntí le, wǒmen jiù yīnggāi xiǎng bànfǎ bǔjiù.

すでに問題が生じた以上、我々は方法を講じ挽回すべきだ。

公司每个月补贴我五百块钱的交通费。 Gōngsī měi ge yuè bǔtiē wǒ wǔbǎi kuài qián de jiāotōngfèi. 会社は毎月交通費を500元補助してくれる。 **低收入者可以向政府申请生活补贴。** Dī shōurùzhě kěyǐ xiàng zhèngfǔ shēnqǐng shēnghuó bǔtiē. 低所得者は政府に生活補助を申請できる。

她把自己的房间布置得整洁而舒适。

Tā bǎ zìjǐ de fángjiān bùzhìde zhěngjié ér shūshì.

彼女は自分の部屋を清潔で居心地よくしつらえた。

最近经济不景气，很多公司都开始裁员了。

Zuìjìn jīngjì bù jǐngqì, hěn duō gōngsī dōu kāishǐ cáiyuán le.

最近は不景気で、多くの会社が人員整理を始めた。

他的新建议最终被董事会采纳了。

Tā de xīn jiànyì zuìzhōng bèi dǒngshìhuì cǎinà le.

彼の新しい提案は最終的に理事会に受け入れられた。

□ 二つに割る　□ 授与する　□ 体に気をつける　□ 必要に備える
□ 抜け出す　□ 伴う　□ 暴露する　□ 弃走する
□ 損なう　□ 演じる　□ 不平を言う　□ 崩壊する
□ 新年のあいさつをする　□ かばう　□ 裏切る　□ 噴き出る

84 ▾ 85

□ 273
操劳
cāoláo

🔟 あくせく働く、苦心して処理する

□ 274
操纵
cāozòng

🔟 操縦する、操作する、【比喩】（不当な手段で人や事物を）支配する・操る

□ 275
策划
cèhuà

🔟 企画する、画策する

□ 276
插手
chā▾shǒu

🔟 関与する、介入する
📖 「手を出す、手伝う、おせっかいをする」という意味から比喩的に使われることが多い

□ 277
搀
chān

🔟 （手で体を）支える、手を貸す、助ける

□ 278
缠绕
chánrào

🔟 巻きつく、からみつく、つきまとう

□ 279
阐述
chǎnshù

🔟 詳しく述べる

□ 280
颤抖
chàndǒu

🔟 身震いする、震える
🔁 发抖 fādǒu、哆嗦 duōsuo

継続
▼

1935年から中国の漫画家"张乐平"が描き始めた《三毛流浪记》という作品をご存じですか？

Check 2 🎧 116

母亲为了子女日夜操劳，十分辛苦。
Mǔqin wèile zǐnǚ rìyè cāoláo, shífēn xīnkǔ.
母親は子どものために日夜あくせく働き、本当に苦労している。

为了如期完工，工人们轮流操纵挖掘机进行挖掘，日夜不停。 Wèile rúqī wángōng, gōngrénmen lúnliú cāozòng wājuéjī jìnxíng wājué, rìyè bù tíng. 期日どおりに完成させるために、作業員たちは日夜休まず交代で掘削機を操作して掘削を行った。**做人要有主见，不能随便受人操纵。** Zuòrén yào yǒu zhǔjiàn, bù néng suíbiàn shòu rén cāozòng. 人として自分の考えを持っていなければならない。他人に好きなように操られてはいけない。

我们的婚礼是朋友帮忙策划的，非常成功。
Wǒmen de hūnlǐ shì péngyou bāngmáng cèhuà de, fēicháng chénggōng.
私たちの結婚式は友達が企画の作成を手伝ってくれて、大成功だった。

这是我们家庭内部的事，不用外人插手。
Zhè shì wǒmen jiātíng nèibù de shì, búyòng wàirén chāshǒu.
これは私たちの家庭内の事なので、他人は手出し無用だ。

老人的年纪太大了，需要别人搀着才能走路。
Lǎorén de niánjì tài dà le, xūyào biérén chānzhe cái néng zǒulù.
老人は大変な高齢で、誰かが支えなくては歩くこともできない。

痛苦的回忆缠绕着他，让他无法入睡。
Tòngkǔ de huíyì chánràozhe tā, ràng tā wúfǎ rùshuì.
苦しい記憶が頭につきまとい、彼は眠ることができない。

请阐述一下你对这个问题的看法。
Qǐng chǎnshù yíxià nǐ duì zhège wèntí de kànfa.
この問題に関して、あなたの見解を詳しく話してください。

她紧张得连声音都在颤抖。
Tā jǐnzhāngde lián shēngyīn dōu zài chàndǒu.
彼女は声が震えるほど緊張していた。

继续
▼

Check 1 🎧 018

□ 281 **偿还** chánghuán	動 (債務を) 返済する、償還する

| □ 282 **尝试** chángshì | 動 試みる、試す |

| □ 283 **倡议** chàngyì | 動 提案する、提唱する |

| □ 284 **撤销** chèxiāo | 動 取り消す、撤回する |

| □ 285 **沉思** chénsī | 動 考え込む、沈思する |

| □ 286 **承办** chéngbàn | 動 請け負う、引き受ける |

| □ 287 **承包** chéngbāo | 動 (工事、注文、生産などを) 請け負う、引き受ける
 💬 大口の注文というニュアンスで使われることが多い |

| □ 288 **承诺** chéngnuò | 動 承諾する、約束する |

公司最近情况不好，还要偿还一笔债务。

Gōngsī zuìjìn qíngkuàng bù hǎo, hái yào chánghuán yì bǐ zhàiwù.

最近、会社の状況が芳しくなく、その上いくらかの債務を返済しなくてはならない。

下次比赛，我们可以尝试一下新的战术。

Xià cì bǐsài, wǒmen kěyǐ chángshì yíxià xīn de zhànshù.

次の試合で新しい戦術を試してみよう。

环保志愿者倡议大家从自己做起，实现低碳生活。

Huánbǎo zhìyuànzhě chàngyì dàjiā cóng zìjǐ zuòqǐ, shíxiàn dītàn shēnghuó.

環境保護ボランティアは、皆が自分から始めることによって、低炭素生活を実現しようと提案している。

经过开会讨论，学校决定撤销对他的处分。

Jīngguò kāihuì tǎolùn, xuéxiào juédìng chèxiāo duì tā de chǔfèn.

会議での討論を経て、学校側は彼への処分を撤回することを決定した。

那个漫画家坐在咖啡馆里，静静地沉思着。

Nàge mànhuàjiā zuòzài kāfēiguǎn li, jìngjìng de chénsīzhe.

その漫画家は喫茶店に座り、静かに考え込んでいる。

2022 年北京承办了第 24 届冬季奥运会，并取得了巨大成功。

Èr líng èr èr nián Běijīng chéngbànle dì èrshísì jiè dōngjì Àoyùnhuì, bìng qǔdéle jùdà chénggōng.

2022 年北京は第 24 回冬季オリンピックの開催を請け負って、大成功を収めた。

我们公司今年承包了一个大型建设项目。

Wǒmen gōngsī jīnnián chéngbāole yí ge dàxíng jiànshè xiàngmù.

我が社は今年大型の建設プロジェクトを請け負った。

不要轻易承诺，一旦承诺了，就要守信。

Búyào qīngyì chéngnuò, yídàn chéngnuò le, jiù yào shǒuxìn.

簡単に承諾しないで、いったん承諾したら、信用を守らなければならない。

☐ 無理強いする	☐ 低く評価する	☐ 搾取する	☐ 助成する
☐ 軽蔑する	☐ 見分ける	☐ 種をまく	☐ しつらえる
☐ 鞭撻する	☐ 態度を示す	☐ 格闘する	☐ 人員を整理する
☐ 作成する	☐ 併存する	☐ 挽回する	☐ 受け入れる

□ 289 **承受** chéngshòu	動（重圧に）耐える、（試練を）受け入れる、（財産、権利を）相続する、受け継ぐ
□ 290 **呈现** chéngxiàn	動（状態などが）現れる、呈する
□ 291 **迟疑** chíyí	動ためらう、躊躇する
□ 292 **重建** chóngjiàn	動再建する、復興する
□ 293 **抽空** chōu▼kòng	動暇を見つける、時間を作る
□ 294 **筹备** chóubèi	動（業務、事業、組織設立を）準備する、段取りする
□ 295 **筹集** chóují	動（資金などを）調達する、工面する
□ 296 **出卖** chūmài	動売る、売り出す、【比喩】（国、友人、家族を）売り渡す・裏切る

継続
▼

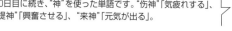

Check 2　　　　　　　　　　　　　　　　　　　　　🎧 117

比赛失利以后，作为教练的他一直承受着巨大的压力。

Bǐsài shīlì yǐhòu, zuòwéi jiàoliàn de tā yìzhí chéngshòuzhe jùdà de yālì.

試合に敗れてから、彼は監督として大きなプレッシャーに耐え続けている。

雪地在灯光照射下呈现出一片橘黄色。

Xuě dì zài dēngguāng zhàoshè xià chéngxiànchū yí piàn júhuángsè.

雪原は照明に照らされてオレンジ色になっている。

对于要不要接受这份工作，他一直迟疑不决。

Duìyú yào bu yào jiēshòu zhè fèn gōngzuò, tā yìzhí chíyí bù jué.

この仕事を引き受けるべきかどうか、彼はずっと決めかねている。

政府划拨了大量资金帮助灾区的人们重建家园。

Zhèngfǔ huàbōle dàliàng zījīn bāngzhù zāiqū de rénmen chóngjiàn jiāyuán.

政府は被災地の人々が郷里を復興する支援のために多額の資金を割り当てた。

最近他学习很忙，只能抽空练习钢琴。

Zuìjìn tā xuéxí hěn máng, zhǐ néng chōukòng liànxí gāngqín.

最近彼は勉強が忙しく、時間を作ってピアノの練習をするほかない。

我们用了很长时间来筹备这次活动。

Wǒmen yòngle hěn cháng shíjiān lái chóubèi zhè cì huódòng.

我々は長い時間をかけて今回の活動を準備した。

这次义卖筹集到的资金将用于建造希望小学。

Zhè cì yìmài chóujídào de zījīn jiāng yòng yú jiànzào Xīwàng Xiǎoxué.

今回のチャリティーバザーで集めた資金は希望小学校の建設に使われる。

为了获利而出卖器官是绝大多数人不能接受的。Wèile huòlì ér chūmài qìguān shì juédà duōshù rén bù néng jiēshòu de.　利益を得るために臓器を売るのは大多数の人には受け入れられない。　我再困难也不会为了金钱而出卖灵魂。Wǒ zài kùnnan yě bú huì wèile jīnqián ér chūmài línghún.　私はさらに苦しくなろうとも金のために魂を売り渡すようなことはしない。

继续
▼

Check 1 　　　　　　　　　　　　　　　　🎧 019

□ 297
出神
chū▾shén

動 ぼんやりする、うっとりする、放心する

□ 298
储存
chǔcún

動 蓄える、保存する、貯蔵する

□ 299
触犯
chùfàn

動 法に触れる、犯す

□ 300
触摸
chùmō

動 (手で軽く) 触れる

□ 301
揣摩
chuǎimó

動 繰り返し考える、推測する、吟味する

□ 302
穿越
chuānyuè

動 通り抜ける

□ 303
传递
chuándì

動 次々と伝える、順に手渡す

□ 304
喘气
chuǎn▾qì

動 呼吸する、一息入れる、休息する、深呼吸する

18日目 🎧 018 Quick Review 答えは次頁	□ 操劳	□ 搀	□ 偿还	□ 沉思
	□ 操纵	□ 缠绕	□ 尝试	□ 承办
	□ 策划	□ 阐述	□ 倡议	□ 承包
	□ 插手	□ 颤抖	□ 撤销	□ 承诺

她好像有什么心事，望着窗外出神。

Tā hǎoxiàng yǒu shénme xīnshì, wàngzhe chuāng wài chūshén.

彼女は何か心配事があるようで、窓の外を眺めてぼんやりとしている。

人的大脑就像一个仓库，储存着各种各样的知识。

Rén de dànǎo jiù xiàng yí ge cāngkù, chǔcúnzhe gèzhǒng-gèyàng de zhīshi.

人の大脳は倉庫のようなもので、さまざまな知識を蓄えている。

他触犯了法律，得到了应有的惩罚。

Tā chùfànle fǎlǜ, dédàole yīng yǒu de chéngfá.

彼は法律に抵触したので、しかるべき懲罰を受けた。

盲人看不到，但是可以通过触摸来阅读书籍。

Mángrén kànbudào, dànshì kěyǐ tōngguò chùmō lái yuèdú shūjí.

盲人は見えないが、触れることによって書籍を読むことができる。

他的作品写得很隐晦，必须仔细揣摩。

Tā de zuòpǐn xiěde hěn yǐnhuì, bìxū zǐxì chuǎimó.

彼の作品は難解なので、じっくり吟味しなければならない。

我们从北京出发，开始了穿越欧亚大陆的旅行。

Wǒmen cóng Běijīng chūfā, kāishǐle chuānyuè Ōu-Yà dàlù de lǚxíng.

我々は北京から出発し、ユーラシア大陸を通り抜ける旅行を開始した。

随着高科技的发展，人们传递信息的手段越来越多了。

Suízhe gāokējì de fāzhǎn, rénmen chuándì xìnxī de shǒuduàn yuè lái yuè duō le.

ハイテク技術の発展によって、人々が情報を伝える手段がますます多くなった。

他今天忙得连喘气的工夫都没有。

Tā jīntiān mángde lián chuǎnqì de gōngfu dōu méiyǒu.

彼は今日は忙しくて、一息入れる暇さえない。

□ あくせく働く	□ 支える	□ 返済する	□ 考え込む
□ 操縦する	□ 巻きつく	□ 試みる	□ 請け負う
□ 企画する	□ 詳しく述べる	□ 提案する	□ 請け負う
□ 関与する	□ 身震いする	□ 取り消す	□ 承諾する

Check 1	🎧 020

□ 305
闯
chuǎng

動 突き進む、(実社会で) 経験を積む、(目的に向けて) 奔走する、(災いや混乱を) 引き起こす

□ 306
吹牛
chuī⌄niú

動 ほらを吹く、大風呂敷を広げる

□ 307
吹捧
chuīpěng

動 ほめそやす、おだてる、ごまをする

□ 308
伺候
cìhou

動 世話をする、仕える

□ 309
凑合
còuhe

動 間に合わせる、我慢する、集まる、集う、かき集める、寄せ集める

□ 310
促使
cùshǐ

動 〜するよう促す

□ 311
摧残
cuīcán

動 (政治・経済・文化・身体・精神などに) 損害を与える、壊す

□ 312
搓
cuō

動 (両手で) こする、もむ、手をすり合わせる、(両手のひらで) 糸などをよる

継続
▼

"吹牛"、"黄牛"、"笨牛"のように悪い意味で使われる"～牛"が多いですが、"太牛了"や"社牛"のように良い意味で使われる"～牛"もあります。

Check 2

🎧 118

你怎么连门都不敲就闯进来了？太没礼貌了。 Nǐ zěnme lián mén dōu bù qiāo jiù chuǎngjinlai le？ Tài méi lǐmào le. どうしてドアもノックせずに飛び込んできたの？失礼極まりないですね。 **大学毕业以后，我想去大城市闯一闯。** Dàxué bìyè yǐhòu, wǒ xiǎng qù dà chéngshì chuǎng yi chuǎng. 大学を卒業したら、私は大都市で経験を積んでみたい。

小李是个诚实的青年，从来不吹牛说大话。

Xiǎo-Lǐ shì ge chéngshí de qīngnián, cónglái bù chuīniú shuō dàhuà.

李くんはまじめな青年で、これまでほらを吹いたことがない。

你明明知道他人品不行，为什么还要在大家面前吹捧他？

Nǐ míngmíng zhīdao tā rénpǐn bù xíng, wèi shénme hái yào zài dàjiā miànqián chuīpěng tā？ あなたは彼の人柄がよくないと知っているのに、どうしてみんなの前で彼をほめそやさなければならないのですか。

伺候父母是我们做子女的应尽的责任。

Cìhou fùmǔ shì wǒmen zuò zǐnǚ de yīng jìn de zérèn.

両親の面倒をみるのは我々子どもの果たすべき責任である。

我做菜的手艺不好，大家随便凑合凑合吧。

Wǒ zuò cài de shǒuyì bù hǎo, dàjiā suíbiàn còuhe còuhe ba.

私の料理の腕前はよくないので、皆さんどうか辛抱してください。

这个意外事件促使我对将来想了很多很多。

Zhège yìwài shìjiàn cùshǐ wǒ duì jiānglái xiǎngle hěn duō hěn duō.

この思いがけない出来事が私に、将来について多くのことを考えさせた。

校园暴力严重摧残了青少年的身心健康。

Xiàoyuán bàolì yánzhòng cuīcánle qīngshàonián de shēnxīn jiànkāng.

校内暴力は青少年の心身の健康に深刻な影響を与える。

外面的温度很低，大家不停地搓手取暖。

Wàimiàn de wēndù hěn dī, dàjiā bù tíng de cuō shǒu qǔnuǎn.

外の気温が低いので、みんなははしきりに手をこすりあわせて暖めている。

继续
▼

Check 1 🎧 020

□ 313 **磋商** cuōshāng	動 折衝する、協議する

□ 314 **搭配** dāpèi	動 （一定の目的に沿って）組み合わせる、協力する 形 似合う、釣り合う

□ 315 **答辩** dábiàn	動 答弁する、弁明する

□ 316 **打动** dǎdòng	動 （心を）揺さぶる、動かす

□ 317 **打量** dǎliang	動 （人の身なりや容ぼうを）しげしげ眺める、観察する、〜と思う、推察する

□ 318 **怠慢** dàimàn	❶ 動 そっけなくする、冷淡にあしらう、もてなしが行き届かない

□ 319 **耽误** dānwu	動 遅らせる、時間を無駄にする

□ 320 **担忧** dānyōu	動 憂える、憂慮する ⬚ 担心 dānxīn

董事长正与吉利公司磋商下一轮合作的事。

Dǒngshìzhǎng zhèng yǔ Jílì Gōngsī cuōshāng xià yì lún hézuò de shì.

会長はまさに吉利社と次の提携について協議しているところだ。

孩子们的一日三餐都很重要，应该注意搭配好营养。 Háizimen de yí rì sān cān dōu hěn zhòngyào, yīnggāi zhùyì dāpèihǎo yíngyǎng. 子供たちの1日3回の食事は重要なので、栄養の組み合わせに注意しなければならない。 **我认为小林穿黑色衣服比较酷，和她的身材更搭配。** Wǒ rènwéi Xiǎo-Lín chuān hēisè yīfu bǐjiào kù, hé tā de shēncái gèng dāpèi. 私は林さんは黒色の服を着るとかっこよく、彼女のスタイルに合っていると思う。

他已经通过了论文答辩，很快就能拿到学位了。

Tā yǐjīng tōngguòle lùnwén dábiàn, hěn kuài jiù néng nádào xuéwèi le.

彼は論文の口頭試問をパスしており、近く学位を取得する見込みだ。

这一大段描写苍白无力，并不能打动读者的心。

Zhè yí dà duàn miáoxiě cāngbái wúlì, bìng bù néng dǎdòng dúzhě de xīn.

この一段の描写は表現力がなく、読者の心を動かすことはできない。

他上上下下打量了一番那个新来的同事。

Tā shàngshàng xiàxià dǎliangle yì fān nàge xīn lái de tóngshì.

彼は新しく来たその同僚を上から下までしげしげと眺めた。

他是公司的重要客户，大家都不敢怠慢他。

Tā shì gōngsī de zhòngyào kèhù, dàjiā dōu bùgǎn dàimàn tā.

彼は会社の重要な顧客で、誰も粗略な扱いはできない。

我这几天生了一场病，耽误了很多工作。

Wǒ zhè jǐ tiān shēngle yì cháng bìng, dānwule hěn duō gōngzuò.

この数日病気にかかり、多くの仕事に遅れを生じさせた。

他去前线报道战争的情况，家人都为他的安全担忧。

Tā qù qiánxiàn bàodào zhànzhēng de qíngkuàng, jiārén dōu wèi tā de ānquán dānyōu.

彼は前線に行って戦争の状況を報道するので、家族は彼の安全を心配している。

- ☐ 耐える
- ☐ 現れる
- ☐ ためらう
- ☐ 再建する
- ☐ 暇を見つける
- ☐ 準備する
- ☐ 調達する
- ☐ 売る
- ☐ ぼんやりする
- ☐ 蓄える
- ☐ 法に触れる
- ☐ 触れる
- ☐ 繰り返し考える
- ☐ 通り抜ける
- ☐ 次々と伝える
- ☐ 呼吸する

□ 321 **倒闭** dǎobì	動 倒産する、破産する
□ 322 **捣乱** dǎo▾luàn	動 (故意に) 邪魔をする、面倒を掛ける、撹乱する、かき乱す
□ 323 **导向** dǎoxiàng	動 (ある方向に) 導く、誘導する
□ 324 **得以** déyǐ	動 (〜によって) 〜することができる
□ 325 **登陆** dēng▾lù	動 上陸する、【比喩】(商品が) 市場に登場する
□ 326 **瞪** dèng	動 目を見開く、にらみつける、目をむく
□ 327 **抵达** dǐdá	動 到着する
□ 328 **颠簸** diānbǒ	動 上下に揺れる

継続
▼

中国の"超级巨星"と言えばやはり"李小龙"でしょうか？

1週目
2週目
3週目
4週目
5週目
6週目
7週目
8週目
9週目
10~14週目

Check 2 🎧 119

最近经济不景气，很多中小公司都倒闭了。
Zuìjìn jīngjì bù jǐngqì, hěn duō zhōng xiǎo gōngsī dōu dǎobì le.
最近は景気が悪く、多くの中小企業が倒産した。

晚上我想看一会儿书，可是孩子总过来捣乱。
Wǎnshang wǒ xiǎng kàn yíhuìr shū, kěshì háizi zǒng guòlai dǎoluàn.
夜にちょっと本を読みたいのだが、子どもがいつも邪魔をしにくる。

总经理富有远见的决定把公司导向了正确的道路。
Zǒngjīnglǐ fùyǒu yuǎnjiàn de juédìng bǎ gōngsī dǎoxiàngle zhèngquè de dàolù.
社長の先を見通した決定が会社を正しい道へ導いた。

幸亏消防员及时赶到，大火才得以扑灭。
Xìngkuī xiāofángyuán jíshí gǎndào, dà huǒ cái déyǐ pūmiè.
消防隊員がタイムリーに駆けつけたおかげで、火災は鎮火できた。

天气预报说，台风马上就要登陆了，请大家做好防汛准备。 Tiānqì yùbào shuō, táifēng mǎshàng jiù yào dēnglù le, qǐng dàjiā zuòhǎo fángxùn zhǔnbèi. 天気予報によると、台風がまもなく上陸するので、水害対策をしっかりしておいてください。 **这款新开发的游戏将于年底登陆中国市场。** Zhè kuǎn xīn kāifā de yóuxì jiāng yú niándǐ dēnglù Zhōngguó shìchǎng. 新開発のこのゲームは年末に中国市場に登場する。

孩子瞪大双眼，好奇地看着水中各种各样的鱼。
Háizi dèng dà shuāng yǎn, hàoqí de kànzhe shuǐ zhōng gèzhǒng-gèyàng de yú.
子どもは大きく目を見開いて、物珍しそうに水中のさまざまな魚を見ている。

中国总理已经抵达华盛顿，开始了为期三天的访问。
Zhōngguó zǒnglǐ yǐjīng dǐdá Huáshèngdùn, kāishǐle wéiqī sān tiān de fǎngwèn.
中国の総理はすでにワシントンに到着し、3日間の訪問を開始した。

汽车在山路上颠簸了两个多小时才到达目的地。
Qìchē zài shānlù shang diānbǒle liǎng ge duō xiǎoshí cái dàodá mùdìdì.
車は山道を揺れに揺られて2時間あまり走って、ようやく目的地に着いた。

继续
▼

Check 1　　　🎧 021

□ 329 **颠倒** diāndǎo	動（上下、前後、順序を）逆さにする、ひっくり返す、動転する
□ 330 **点缀** diǎnzhuì	動 飾り立てる、あしらう、引き立たせる
□ 331 **垫** diàn	動 下に敷く、埋め合わせる、金を立て替える
□ 332 **奠定** diàndìng	動（基礎や土台を）固める、築く
□ 333 **惦记** diànjì	動 気にかける、心配する ⟷ 担心 dānxīn、挂念 guàniàn
□ 334 **叼** diāo	動 くわえる
□ 335 **调动** diàodòng	動（位置や用途を）移動する、動かす、動員する
□ 336 **跌** diē	動 転ぶ、つまずく、（物体が）落ちる、（物価などが）下がる、下落する

我把答案的顺序弄颠倒了，所以考试成绩很不理想。

Wǒ bǎ dá'àn de shùnxù nòng diāndǎo le, suǒyǐ kǎoshì chéngjì hěn bù lǐxiǎng.

解答の順番を逆にしてしまったので、テストの成績が思わしくなかった。

碧绿的田野上点缀着一簇簇黄色的蒲公英。

Bìlǜ de tiányě shang diǎnzhuìzhe yí cùcù huángsè de púgōngyīng.

濃緑の田野に一面の黄色いタンポポが彩りを添えている。

天冷了，她又在褥子下垫了一条毛毯。

Tiān lěng le, tā yòu zài rùzi xià diànle yì tiáo máotǎn.

寒くなったので、彼女は敷布団の下にもう 1 枚毛布を敷いた。

他在球场上的出色表现奠定了他超级巨星的地位。

Tā zài qiúchǎng shang de chūsè biǎoxiàn diàndìngle tā chāojí jùxīng de dìwèi.

球場での見事なプレーによって、彼はスーパースターとしての地位を確固たるものにした。

我在这里一切都好，大家不用惦记我。

Wǒ zài zhèli yíqiè dōu hǎo, dàjiā búyòng diànjì wǒ.

私はここで何もかも順調にやっているので、皆さん心配しないでください。

牧民眼睁睁地看着狼把小羊叼走了。

Mùmín yǎnzhēngzhēng de kànzhe láng bǎ xiǎoyáng diāozǒu le.

牧人は狼が子羊をくわえ去ったのをなすすべもなく見ていた。

由于家庭的原因，他想调动到上海工作。

Yóuyú jiātíng de yuányīn, tā xiǎng diàodòngdào Shànghǎi gōngzuò.

家庭の事情で、彼は上海への転勤を希望している。

早晨跑步的时候，我不小心跌了一跤。

Zǎochen pǎobù de shíhou, wǒ bù xiǎoxīn diēle yì jiāo.

朝、ジョギングをしていたとき、うっかりつまずいて転んでしまった。

□ 突き進む	□ 間に合わせる	□ 折衝する	□ しげしげ眺める
□ ほらを吹く	□ ～するよう促す	□ 組み合わせる	□ そっけなくする
□ ほめそやす	□ 損害を与える	□ 答弁する	□ 遅らせる
□ 世話をする	□ こする	□ 揺さぶる	□ 憂える

状態形容詞のまとめ③

冷飕飕　　　lěngsōusōu　　　（寒風が）肌を刺すように冷たい

一阵冷飕飕的风吹来，孙文不禁打了个寒战。

Yízhèn lěngsōusōu de fēng chuīlai, Sūn Wén bùjīn dǎle ge hánzhàn.

肌を刺すような風が吹きつけてきて、孫文は思わず身震いした。

绿莹莹　　　lǜyíngyíng　　　青々として光るさま

小猫的眼睛绿莹莹的，像会发光的宝石，真好看。

Xiǎo māo de yǎnjing lǜyíngyíng de, xiàng huì fāguāng de bǎoshí, zhēn hǎokàn.

ネコの目は青々と輝き、まるで光を放つ宝石のように美しい。

绿油油　　　lǜyóuyóu　　　青くてつやつやしているさま

春天的田野一片绿油油的，充满了生机和活力。

Chūntiān de tiányě yí piàn lǜyóuyóu de, chōngmǎnle shēngjī hé huólì.

春の田園は一面に緑が広がり、生命力と活力に満ちている。

乱哄哄　　　luànhōnghōng　　　がやがやと騒がしい

小李望着台下乱哄哄的观众，心里更慌了。

Xiǎo-Lǐ wàngzhe tái xià luànhōnghōng de guānzhòng, xīnli gèng huāng le.

李さんは舞台下でざわつく観客を見て、いっそうろうたえてしまった。

乱蓬蓬　　　luànpēngpēng　　　（髪・ひげ・草などが）ぼうぼうと乱れている

他抓了抓乱蓬蓬的头发，睡眼惺忪地坐到了餐桌前。

Tā zhuāle zhuā luànpēngpēng de tóufa, shuìyǎn xīngsōng de zuòdàole cānzhuō qián.

彼はボサボサの頭をかきながら、寝ぼけまなこで食卓についた。

乱腾腾　　　luànténgténg　　　（気持ちや部屋が）乱れている

望着眼前乱腾腾的景象，老刘一时不知道该怎么办才好。

Wàngzhe yǎnqián luànténgténg de jǐngxiàng, Lǎo-Liú yìshí bù zhīdào gāi zěnme bàn cái hǎo.

めちゃくちゃな光景を目の当たりにして、劉さんはとっさにはどうしていいかわからなかった。

乱糟糟　　　luànzāozāo　　　（物や気持ちが）混乱してごちゃごちゃである

我现在脑子乱糟糟的，你先让我自己静一静。

Wǒ xiànzài nǎozi luànzāozāo de, nǐ xiān ràng wǒ zìjǐ jìng yi jìng.

今は頭が混乱しているので、ちょっとそっとしてくれないか。

暖烘烘　　　nuǎnhōnghōng　　　ぽかぽかと暖かい

虽然外面北风呼啸，但小木屋里却暖烘烘的。

Suīrán wàimiàn běifēng hūxiào, dàn xiǎo mùwū li què nuǎnhōnghōng de.

外は北風が吹きすさんでいるが、丸太小屋の中はぽかぽかしている。

キクタン中国語

4 週目

中国語で言ってみよう！

地球温暖化は、すでに軽視できない問題になっている。

（答えは 397）

Check 1	⌂ 022

□ 337
盯
dīng
動 じっと見つめる、にらむ、凝視する

□ 338
叮嘱
dīngzhǔ
動 よく言い聞かせる

□ 339
动荡
dòngdàng
動 (情勢が) 動揺する、動く、(波などが) 揺らめく
形 不安定である、不穏である

□ 340
动身
dòng▾shēn
動 出発する、旅立つ
➡ 出发 chūfā

□ 341
抖
dǒu
動 (手で) 払う、震える、身震いする
国 抖出来 dǒuchulai (暴露する)

□ 342
逗
dòu
動 笑わせる、おどける、あやす
形 おもしろい

□ 343
堵塞
dǔsè
動 (穴や道を) ふさぐ

□ 344
杜绝
dùjué
動 (悪事などを) 根絶する

継続
▼

身近で"兑现"できるものはと考えて思い出した"旅行支票"ですが、今はもう発行していないそうです。

Check 2 🎧 120

他双眼紧紧**盯**着电视，等待着彩票抽奖结果。
Tā shuāng yǎn jǐnjǐn dīngzhe diànshì, děngdàizhe cǎipiào chōujiǎng jiéguǒ.
彼はテレビをじっと見つめ、宝くじの抽選結果を待っている。

来美国留学之前，父母再三**叮**嘱我要注意安全。
Lái Měiguó liúxué zhīqián, fùmǔ zàisān dīngzhǔ wǒ yào zhùyì ānquán.
アメリカ留学にくる前、両親から安全に気をつけるよう繰り返し言い聞かされた。

A 国大选之后，政局**动荡**了一年多，仍然没有安定下来。A guó dàxuǎn zhīhòu, zhèngjú dòngdàngle yì nián duō, réngrán méiyou āndìngxiàlai. A国は総選挙以後、政局が1年余り動揺し、依然として安定していない。 虽然战争结束了，但是社会依然**动荡**不安。Suīrán zhànzhēng jiéshù le, dànshì shèhuì yīrán dòngdàng bù'ān. 戦争は終わったが、社会は依然として情勢が不安定である。

明天乒乓球队的队员们将**动身**前往日本参加比赛。
Míngtiān pīngpāngqiúduì de duìyuánmen jiāng dòngshēn qiánwǎng Rìběn cānjiā bǐsài.
明日卓球チームのメンバーは試合に参加するため日本へ出発する。

他站在门外，用力**抖**掉了雨衣上的雨水。
Tā zhànzài mén wài, yònglì dǒudiàole yǔyī shang de yǔshuǐ.
彼はドアの外で、レインコートについた雨粒を力いっぱい払い落とした。

孩子天真的一句话把正在生气的妈妈**逗**笑了。Háizi tiānzhēn de yí jù huà bǎ zhèngzài shēngqì de māma dòuxiào le. 子どもの天真らんまんな一言が、怒っていた母親を笑わせた。 你这人可真**逗**。Nǐ zhè rén kě zhēn dòu. あなたという人はほんとうにおもしろい。

下水道好像被污物**堵**塞了，你去修一下吧。
Xiàshuǐdào hǎoxiàng bèi wūwù dǔsè le, nǐ qù xiū yíxià ba.
下水道が汚物で詰まっているようだから、直しに行ってください。

我们必须加强生产的安全管理，**杜绝**重大事故发生。
Wǒmen bìxū jiāqiáng shēngchǎn de ānquán guǎnlǐ, dùjué zhòngdà shìgù fāshēng.
我々は必ずや生産の安全管理を強化し、重大事故の発生を根絶しなくてはならない。

继续
▼

Check 1

□ 345
堆积
duījī

動 積み上げる

□ 346
兑现
duìxiàn

動 (手形などを) 現金に換える、期日に現金を支払う、【比喩】約束を果たす

□ 347
蹲
dūn

動 しゃがむ、うずくまる、【比喩】(家などに) じっとしている、こもる

□ 348
多亏
duōkuī

動 ～のおかげである、幸いにして
🔁 幸亏 xìngkuī

□ 349
躲藏
duǒcáng

動 身を隠す、逃げ隠れる

□ 350
恶心
ěxin

動 嫌気がする、むかむかする、胸糞が悪い
形 吐き気がする、胸がむかつく

□ 351
遏制
èzhì

動 抑制する、抑える

□ 352
发布
fābù

動 (命令・指示・ニュースなどを) 発表する、公布する

---

1 週目

2 週目

3 週目

4 週目

5 週目

6 週目

7 週目

8 週目

9 週目

10～14 週目

他出差回来，发现办公桌上的文件已经堆积如山了。
Tā chūchāi huílai, fāxiàn bàngōngzhuō shang de wénjiàn yǐjīng duījī rú shān le.
彼が出張から戻ると、事務机の書類がすでに山積みになっているのに気がついた。

支票兑现是不允许代取的，必须本人亲自到银行办理。 Zhīpiào duìxiàn shì bù yǔnxǔ
dài qǔ de, bìxū běnrén qīnzì dào yínháng bànlǐ.　小切手の現金化は代理ではできません、必ず
本人が直接銀行に行って手続きしてください。　**父母一定要兑现对孩子做出的承诺。** Fùmǔ
yídìng yào duìxiàn duì háizi zuòchū de chéngnuò.　親は子どもとの約束を果たさなければならない。

记者蹲下来，和孩子们亲切地交谈着。 Jìzhě dūnxialai, hé háizimen qīnqiè de jiāotánzhe.
記者はしゃがんで、子供たちと親しく言葉を交わしていた。　**他都 20 多岁了，也不找工作，
天天蹲在家里打游戏。** Tā dōu èrshí duō suì le, yě bù zhǎo gōngzuò, tiāntiān dūnzài jiāli
dǎ yóuxì.　彼はもう 20 歳を超えたのに、仕事も探さず、毎日家にこもってゲームばかりしています。

多亏了好心人的资助，我才能顺利完成大学的学业。
Duōkuīle hǎoxīn rén de zīzhù, wǒ cái néng shùnlì wánchéng dàxué de xuéyè.　善良な
人々による経済的援助があったからこそ、私は大学での学業を無事に修了することができた。

小偷看见警察，慌忙躲藏起来。
Xiǎotōu kànjiàn jǐngchá, huāngmáng duǒcángqilai.
泥棒は警察官を見ると、慌てて身を隠した。

他对什么事都要指手画脚，真让人恶心。 Tā duì shénme shì dōu yào zhǐshǒu-
huàjiǎo, zhēn ràng rén ěxin.　彼は何事にもあれこれ口出しをして、本当にむかむかする。
我今天胃不舒服，一直觉得恶心想吐。 Wǒ jīntiān wèi bù shūfu, yìzhí juéde
ěxin xiǎng tù.　今日は胃の具合が悪く、ずっと吐き気を催している。

非法走私高档手机的势头已经被海关遏制住了。
Fēifǎ zǒusī gāodàng shǒujī de shìtou yǐjīng bèi hǎiguān èzhìzhù le.
違法な高級携帯電話の密輸の勢いはすでに税関によって抑えこまれた。

气象台提前 48 小时发布了台风警报。
Qìxiàngtái tíqián sìshíbā xiǎoshí fābùle táifēng jǐngbào.
気象台は 48 時間前に台風警報を発令した。

□ 倒産する　　　　□ 上陸する　　　　□ 逆さにする　　　□ 気にかける
□ 邪魔をする　　　□ 目を見開く　　　□ 飾り立てる　　　□ くわえる
□ 導く　　　　　　□ 到着する　　　　□ 下に敷く　　　　□ 移動する
□ ～することができる　□ 上下に揺れる　□ 固める　　　　　□ 転ぶ

Check 1	🎧 023

□ 353
发愁
fā▾chóu

動 心配する、悩む

□ 354
发抖
fādǒu

動 震える

□ 355
发放
fāfàng

動（政府や機関が）支給する、放出する

□ 356
发火
fā▾huǒ

動 怒り出す、腹を立てる
解 「火がつく、（火薬などが）発火する」という意味から比喩的に使われることが多い

□ 357
发泄
fāxiè

動（うっぷんや情欲などを）晴らす、ハつ当たりする

□ 358
罚款
fá▾kuǎn

動 罰金を取る
名 罰金

□ 359
反思
fǎnsī

動（過去を振り返って）反省する、再考する

□ 360
反问
fǎnwèn

動 問い返す、反問する

継続
▼

"演讲比赛"(スピーチコンテスト)に積極的に参加すること
も中国語上達の方法の一つです。

Check 2

🎧 121

2 週目

3 週目

4 週目

5 週目

6 週目

7 週目

8 週目

9 週目

10~14 週目

新学期马上就要开始了，可他还在为学费发愁。
Xīn xuéqī mǎshàng jiù yào kāishǐ le, kě tā hái zài wèi xuéfèi fāchóu.
新学期がもうすぐ始まるが、彼はまだ学費の心配をしている。

我是第一次参加演讲比赛，紧张得双腿直发抖。
Wǒ shì dì-yī cì cānjiā yǎnjiǎng bǐsài, jǐnzhāngde shuāng tuǐ zhí fādǒu.
初めてスピーチコンテストに参加したので、緊張のせいで両足がずっと震えている。

政府为每个种小麦的农民发放了财政补贴。
Zhèngfǔ wèi měi ge zhòng xiǎomài de nóngmín fāfàngle cáizhèng bǔtiē.
政府は小麦を作る農民全てに財政補助金を支給した。

李老师和其他的老师不一样，他从来不发火，不说重话。
Lǐ lǎoshī hé qítā de lǎoshī bù yíyàng, tā cónglái bù fāhuǒ, bù shuō zhònghuà.
李先生は他の先生と違って、決して怒ったりせず、嫌味な話をしない。

她工作出了问题，回家后就把怒气发泄在孩子身上。
Tā gōngzuò chūle wèntí, huí jiā hòu jiù bǎ nùqì fāxièzài háizi shēnshang.
彼女は仕事でトラブルがあると、帰宅後に子どもに対して八つ当たりした。

朋友因为违章停车被交警罚款二百元。Péngyou yīnwei wéizhāng tíngchē bèi
jiāojǐng fákuǎn èrbǎi yuán. 友人は駐車違反で交通警察に 200 元の罰金を取られた。
乘地铁逃票将会被处以票价十倍的罚款。Chéng dìtiě táopiào jiāng huì bèi chǔ yǐ
piàojià shí bèi de fákuǎn. 地下鉄で不正乗車をすると正規料金の10倍の罰金を徴収される。

我们需要反思，为什么生态环境会受到这么严重的破坏。
Wǒmen xūyào fǎnsī, wèi shénme shēngtài huánjìng huì shòudào zhème yánzhòng de
pòhuài.
私たちは、生態系がなぜこれほど深刻な破壊を受けたのか、反省する必要がある。

我等他说完问题后，反问他这些问题该如何解决。
Wǒ děng tā shuōwán wèntí hòu, fǎnwèn tā zhèxiē wèntí gāi rúhé jiějué.
私は彼が問題を言い終えると、これらの問題をどう解決すればいいのかと問い返した。

继续
▼

Check 1　　　　　　　　　　　　　　　　　　　🎧 023

□ 361
泛滥
fànlàn
動（河川が）氾濫する、【比喩】はびこる・蔓延する

□ 362
贩卖
fànmài
動 販売する、【比喩】押し付ける

□ 363
妨碍
fáng'ài
動 妨げる、妨害する

□ 364
防治
fángzhì
動（災害などを）予防する、（病気などを）予防治療する

□ 365
废除
fèichú
動（法・制度・条約などを）撤廃する、廃止する

□ 366
分辨
fēnbiàn
動 見分ける、識別する

□ 367
分红
fēn▾hóng
動 利益を配当する、利益を配分する

□ 368
吩咐
fēnfu
動 言いつける、申しつける
≒ 嘱咐 zhǔfu

22日目 🎧 022 Quick Review 答えは次頁	□ 盯	□ 抖	□ 堆积	□ 躲藏
	□ 叮嘱	□ 逗	□ 兑现	□ 恶心
	□ 动荡	□ 堵塞	□ 蹲	□ 遏制
	□ 动身	□ 杜绝	□ 多亏	□ 发布

历史上黄河经常泛滥，多次给两岸人民带来灾难。Lìshǐ shang Huánghé jīngcháng fànlàn, duō cì gěi liǎng'àn rénmín dàilai zāinàn. 歴史上、黄河はたびたび氾濫し、両岸の人々に深刻な災難をもたらした。 目前网络上有害信息泛滥，十分不利于青少年的健康成长。Mùqián wǎngluò shang yǒuhài xìnxī fànlàn, shífēn búlì yú qīngshàonián de jiànkāng chéngzhǎng. 現在、インターネットには有害な情報が氾濫しており、青少年の健全な成長にとって非常にマイナスである。

这个城市的夜市很热闹，贩卖小商品的人随处可见。Zhège chéngshì de yèshì hěn rènao, fànmài xiǎo shāngpǐn de rén suíchù kě jiàn. この都市の夜店はにぎやかで、ちょっとした物を売る人を至るところで見かける。 写作就等于贩卖作者自己的故事、心情和想法。Xiězuò jiù děngyú fànmài zuòzhě zìjǐ de gùshi, xīnqíng hé xiǎngfa. 書くことは作者自身の物語や気持ち、考え方を売ることに等しい。

虽然我俩性格相差很多，但这并不妨碍我们成为朋友。
Suīrán wǒ liǎ xìnggé xiāngchà hěn duō, dàn zhè bìng bù fáng'ài wǒmen chéngwéi péngyou.
2人の性格には相違点が多いが、これは私たちが友人になるのを妨げるものではない。

防治工业污染是目前环境保护工作的重点。
Fángzhì gōngyè wūrǎn shì mùqián huánjìng bǎohù gōngzuò de zhòngdiǎn.
工業汚染の防止と除去は、目下の環境保護対策の要である。

1865 年，美国废除了臭名昭著的奴隶制度。
Yī bā liù wǔ nián, Měiguó fèichúle chòumíng zhāozhù de núlì zhìdù.
1865 年、アメリカは悪名高い奴隷制度を撤廃した。

这个瓷瓶连陶瓷专家也难以分辨真伪。
Zhège cípíng lián táocí zhuānjiā yě nányǐ fēnbiàn zhēnwěi.
この磁器の花瓶は、陶磁器の専門家でもなかなか真贋の見分けがつかない。

这家公司效益很好，三年里每股累计分红二百多元。
Zhè jiā gōngsī xiàoyì hěn hǎo, sān nián li měi gǔ lěijì fēnhóng èrbǎi duō yuán.
この会社は収益が高く、3 年間に累積で1株 200 元以上の配当をした。

家里要来客人了，妈妈吩咐我做好招待客人的准备。
Jiāli yào lái kèren le, māma fēnfu wǒ zuòhǎo zhāodài kèren de zhǔnbèi.
来客があるので、母からしっかりもてなす準備を整えるよう言いつけられた。

☐ じっと見つめる	☐ 払う	☐ 積み上げる	☐ 身を隠す
☐ よく言い聞かせる	☐ 笑わせる	☐ 現金に換える	☐ 嫌気がする
☐ 動揺する	☐ ふさぐ	☐ しゃがむ	☐ 抑制する
☐ 出発する	☐ 根絶する	☐ ～のおかげである	☐ 発表する

1 週目
2 週目
3 週目
4 週目
5 週目
6 週目
7 週目
8 週目
9 週目
10〜14 週目

Check 1	🎧 024

□ 369
封闭
fēngbì

🔘 閉鎖する、封鎖する、密封する

□ 370
扶
fú

🔘 (倒れないように) 支える、手を添える、つかまる、もたれる、助ける

□ 371
辐射
fúshè

🔘 放射する

□ 372
赋予
fùyǔ

🔘 (任務や使命を) 授ける、付与する

□ 373
腹泻
fùxiè

🔘 下痢をする
🔁 拉肚子 lā dùzi、水泻 shuǐxiè、拉稀 lāxī

□ 374
干预
gānyù

🔘 関与する、干渉する、口出しする

□ 375
感恩
gǎn▾ēn

🔘 恩に感じる

□ 376
告诫
gàojiè

🔘 戒める、訓戒する

継续
▼

かつての「自転車大国」中国、最近では"公路车"、"山地车"で通勤する人も増えているそうです。

1 週目
2 週目
3 週目
4 週目
5 週目
6 週目
7 週目
8 週目
9 週目
10 週目 ~ 14

Check 2 　　　　　　🎧 122

今天各地都出现了大雾天气，很多高速公路都封闭了。

Jīntiān gè dì dōu chūxiànle dà wù tiānqì, hěn duō gāosù gōnglù dōu fēngbì le.

今日は各地で濃霧が発生し、多くの高速道路が通行止めになった。

你帮我扶一下自行车，我要系一下鞋带。

Nǐ bāng wǒ fú yíxià zìxíngchē, wǒ yào jì yíxià xiédài.

自転車を少し支えてください、ちょっと靴ひもを結びたいので。

大气层像一把大伞，保护我们免受辐射伤害。

Dàqìcéng xiàng yì bǎ dà sǎn, bǎohù wǒmen miǎn shòu fúshè shānghài.

大気圏は大きな傘のように、放射線の被害から私たちを守ってくれる。

保卫领土完整是国家赋予军队的重要职责。

Bǎowèi lǐngtǔ wánzhěng shì guójiā fùyǔ jūnduì de zhòngyào zhízé.

領土を保全することは、国家が軍隊に与えた重要な職責である。

孩子从昨晚开始就腹泻不止，可能是食物中毒了。

Háizi cóng zuówǎn kāishǐ jiù fùxiè bùzhǐ, kěnéng shì shíwù zhòngdú le.

昨晩から子どもの下痢が止まらないのは、おそらく食中毒だろう。

为了稳定物价，政府已经开始干预原材料价格了。

Wèile wěndìng wùjià, zhèngfǔ yǐjīng kāishǐ gānyù yuáncáiliào jiàgé le.

物価を安定させるため、政府はすでに原材料価格への介入を開始した。

对生活怀有感恩之心的人才能体会到真正的幸福。

Duì shēnghuó huáiyǒu gǎn'ēn zhī xīn de rén cái néng tǐhuìdào zhēnzhèng de xìngfú.

日々の暮らしに感謝の念を抱く人だけが本当の幸せを感じることができる。

专家们告诫年轻人应该注意劳逸结合。

Zhuānjiāmen gàojiè niánqīngrén yīnggāi zhùyì láoyì jiéhé.

専門家たちは若者に労働と休息のバランスに気をつけるよう戒めた。

继续
▼

Check 1　🎧 024

□ 377 **歌颂** gēsòng	動 (詩・音楽・文学などで) 讃える、賛美する
□ 378 **跟随** gēnsuí	動 付き従う、後につく
□ 379 **跟踪** gēnzōng	動 追跡する、後を追う
□ 380 **攻克** gōngkè	動 (難関を) 克服する、解決する 📝「攻め落とす」という意味から比喩的に使われることが多い
□ 381 **共计** gòngjì	動 合計する、合わせて〜である、一緒に相談する
□ 382 **共鸣** gòngmíng	動 共感する、共鳴する
□ 383 **勾结** gōujié	動 結託する、ぐるになる
□ 384 **沟通** gōutōng	動 コミュニケーションを取る、意思疎通する、交流する、橋渡しをする

23日目 🎧 023 **Quick Review** 答えは次頁	□ 发愁 □ 发抖 □ 发放 □ 发火	□ 发泄 □ 罚款 □ 反思 □ 反问	□ 泛滥 □ 贩卖 □ 妨碍 □ 防治	□ 废除 □ 分辨 □ 分红 □ 吩咐

♫ 122

这首诗歌颂了一对青年男女勇敢追求爱情的精神。

Zhè shǒu shī gēsòngle yí duì qīngnián nánnǚ yǒnggǎn zhuīqiú àiqíng de jīngshén.

この詩は、1組の若い男女が果敢に愛を追い求めた精神を賛美している。

父母离婚以后，他跟随母亲一起生活。

Fùmǔ líhūn yǐhòu, tā gēnsuí mǔqin yìqǐ shēnghuó.

両親の離婚後、彼は母親と共に暮らしている。

警方跟踪了他一个月，确认他就是犯罪嫌疑人。

Jǐngfāng gēnzōngle tā yí ge yuè, quèrèn tā jiùshì fànzuì xiányírén.

警察は1カ月間彼を追跡し、犯罪の容疑者であることを確認した。

经过多年研究，他攻克了一道世界性数学难题。

Jīngguò duō nián yánjiū, tā gōngkèle yí dào shìjièxìng shùxué nántí.

長年の研究を経て、彼は世界的な数学の難問を解いた。

本次参展的馆藏品分为四类，共计三百多件。

Běn cì cānzhǎn de guǎncángpǐn fēnwéi sì lèi, gòngjì sānbǎi duō jiàn.

今回出品した所蔵品は4種類、計300点余りである。

这段真情对白引起了观众的共鸣。

Zhè duàn zhēnqíng duìbái yǐnqǐle guānzhòng de gòngmíng.

このリアルな対話は視聴者の共感を呼んだ。

抢劫者和银行职员勾结，短时间内抢走了大量现金。

Qiǎngjiézhě hé yínháng zhíyuán gōujié, duǎn shíjiān nèi qiǎngzǒule dàliàng xiànjīn.

強盗は行員と結託して、短時間のうちに大量の現金を奪い去っていった。

很多家长不知道该如何与青春期的孩子沟通。

Hěn duō jiāzhǎng bù zhīdào gāi rúhé yǔ qīngchūnqī de háizi gōutōng.

多くの保護者が思春期の子どもとどうやってコミュニケーションを取ればいいか分からないでいる。

□ 心配する	□ 晴らす	□ 氾濫する	□ 撤廃する
□ 震える	□ 罰金を取る	□ 販売する	□ 見分ける
□ 支給する	□ 反省する	□ 妨げる	□ 利益を配当する
□ 怒り出す	□ 問い返す	□ 予防する	□ 言いつける

Check 1	🎧 025

□ 385
构思
gòusī

動 構想する

□ 386
鼓动
gǔdòng

❗ 動 奮い立たせる、煽動する、ばたつかせる

□ 387
拐弯
guǎi▾wān

動 角を曲がる、カーブする

□ 388
跪
guì

動 ひざまずく

□ 389
滚
gǔn

動 転がる、（命令に用い）出ていく、消え失せる、湯がたぎる

□ 390
过滤
guòlǜ

動 濾過する、こす

□ 391
捍卫
hànwèi

動 守る、防衛する

□ 392
航天
hángtiān

動 宇宙飛行する
🈁 航天站 hángtiānzhàn（宇宙ステーション）

継続
▼

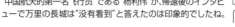

"中国航天的第一名飞行员"である"杨利伟"が、帰還後のインタビューで万里の長城は"没有看到"と答えたのは印象的でしたね。

1週目
2週目
3週目
4週目
5週目
6週目
7週目
8週目
9週目
10～14週目

Check 2   🎧 123

他以这个事件为素材，构思了一部电视剧。

Tā yǐ zhège shìjiàn wéi sùcái, gòusīle yí bù diànshìjù.

彼はこの出来事を素材に、テレビドラマを構想した。

朋友们鼓动他去参加全国歌唱比赛。

Péngyoumen gǔdòng tā qù cānjiā quánguó gēchàng bǐsài.

友人たちに励まされて、彼は全国歌唱コンクールに出場した。

这种导航仪能用语音提前提示司机该在什么地方拐弯。

Zhè zhǒng dǎohángyí néng yòng yǔyīn tíqián tíshì sījī gāi zài shénme dìfang guǎiwān.

このカーナビは、音声で事前に運転手に曲がるべき場所を教えることができる。

她跪在佛像前，为家人祈求幸福平安。

Tā guìzài fóxiàng qián, wèi jiārén qíqiú xìngfú píng'ān.

彼女は仏像の前でひざまずいて、家族の幸せと平穏を祈った。

大雨中，山上的石头随着雨水滚下来了。

Dàyǔ zhōng, shān shang de shítou suízhe yǔshuǐ gǔnxialai le.

大雨の中、山の石が雨水とともに転がり落ちてきた。

这里的水质不好，要用净水器过滤后才能喝。

Zhèli de shuǐzhì bù hǎo, yào yòng jìngshuǐqì guòlǜ hòu cái néng hē.

ここの水質は悪いので、浄水器で濾過しなければ飲むことができない。

消费者应该用法律手段来捍卫自己的权益。

Xiāofèizhě yīnggāi yòng fǎlǜ shǒuduàn lái hànwèi zìjǐ de quányì.

消費者は法的手段によって自分の権利を守るべきだ。

为了发展航天技术，美国投入了大量的人力物力。

Wèile fāzhǎn hángtiān jìshù, Měiguó tóurùle dàliàng de rénlì wùlì.

宇宙飛行技術発展のため、米国は大量の人員と物資をつぎ込んだ。

继续
▼

Check 1	🎧 025

□ 393

耗费
hàofèi

動 消費する、消耗する

□ 394

合伙
héhuǒ

動 共同で行う、組む

□ 395

轰动
hōngdòng

動 沸き立たせる、センセーションを巻き起こす、あっと言わせる
🔁 哄动 hōngdòng

□ 396

哄
hǒng

動 あやす、だます、欺く

□ 397

忽视
hūshì

動 軽視する、無視する

□ 398

呼吁
hūyù

動 呼びかける、アピールする

□ 399

划分
huàfēn

動 (全体をいくつかに) 区分する、分ける、(差異を) 区別する

□ 400

化验
huàyàn

動 化学検査をする

秦始皇为修建万里长城耗费了大量的人力物力。

Qínshǐhuáng wèi xiūjiàn Wàn Lǐ Chángchéng hàofèile dàliàng de rénlì wùlì.

秦の始皇帝は万里の長城建設に莫大な人員と物資を費やした。

他和朋友合伙开了个饭馆，生意挺好的。

Tā hé péngyou héhuǒ kāile ge fànguǎn, shēngyi tǐng hǎo de.

彼は友人と共同でレストランを開き、商売はなかなかうまくいっている。

秦始皇兵马俑的发现在当时轰动了世界。

Qínshǐhuáng bīngmǎyǒng de fāxiàn zài dāngshí hōngdòngle shìjiè.

秦の始皇帝の兵馬俑発見は、当時世界的なセンセーションを巻き起こした。

孩子好像病了，哭了一夜，怎么哄也不睡觉。

Háizi hǎoxiàng bìng le, kūle yí yè, zěnme hǒng yě bú shuìjiào.

子どもは病気になったようで、一晩中泣いて、どれだけあやしても寝てくれない。

全球气候变暖已成为一个不容忽视的问题。

Quánqiú qìhòu biànnuǎn yǐ chéngwéi yí ge bùróng hūshì de wèntí.

地球温暖化は、すでに軽視できない問題になっている。

动物保护组织呼吁大家停止猎杀野生动物的行为。

Dòngwù bǎohù zǔzhī hūyù dàjiā tíngzhǐ lièshā yěshēng dòngwù de xíngwéi.

動物保護団体は、狩猟による野生動物の殺害をやめるよう呼びかけている。

一年可以划分为春、夏、秋、冬四个季节。

Yì nián kěyǐ huàfēnwéi chūn、xià、qiū、dōng sì ge jìjié.

1年は春、夏、秋、冬の4つの季節に分けることができる。

抽血化验是健康检查的一个重要项目。

Chōuxiě huàyàn shì jiànkāng jiǎnchá de yí ge zhòngyào xiàngmù.

採血検査は健康診断の重要な1項目だ。

□ 閉鎖する　　　　□ 下痢をする　　　□ 讃える　　　　□ 合計する
□ 支える　　　　　□ 関与する　　　　□ 付き従う　　　□ 共感する
□ 放射する　　　　□ 恩に感じる　　　□ 追跡する　　　□ 結託する
□ 授ける　　　　　□ 戒める　　　　　□ 克服する　　　□ コミュニケーションを取る

□ 401
怀念
huáiniàn
🔲 懐かしく思う、しのぶ
🔁 想念 xiǎngniàn、思念 sīniàn

□ 402
还原
huán‸yuán
🔲 復元する、元に戻す、還元する

□ 403
缓解
huǎnjiě
🔲 和らげる、緩和する

□ 404
唤醒
huànxǐng
🔲 呼び覚ます、【比喩】我に返らせる・目を覚まさせる

□ 405
挥霍
huīhuò
🔲 金を浪費する

□ 406
回报
huíbào
🔲 (恩義などに) 報いる、(任務の状況について) 報告する

□ 407
毁
huǐ
🔲 破壊する、壊す、だめにする

□ 408
毁灭
huǐmiè
🔲 壊滅する、絶滅させる

継続
▼

中国でも日本でもインターネットで情報を得る場合は、"假新闻"に気をつけましょう。

Check 2　　　　　　　　　　　　　　　　　　　　　　　🎧 124

我离开家乡很多年了，特别怀念家乡的小吃。
Wǒ líkāi jiāxiāng hěn duō nián le, tèbié huáiniàn jiāxiāng de xiǎochī.
故郷を離れてもう何年もたってしまったが、ふるさとのおやつがとりわけ懐かしい。

考古学家还原了古代人在这里生活时的场景。Kǎogǔxuéjiā huányuánle gǔdàirén
zài zhèli shēnghuó shí de chǎngjǐng.　考古学者は古代人がここで暮らしていたときの光景
を復元した。　用棱镜可以把阳光还原为光谱。Yòng léngjìng kěyǐ bǎ yángguāng
huányuán wéi guāngpǔ.　プリズムを使うと太陽光をスペクトルに戻すことができる。

周末和朋友出去唱唱歌可以缓解一周的工作压力。
Zhōumò hé péngyou chūqu chàngchang gē kěyǐ huǎnjiě yì zhōu de gōngzuò yālì.
週末に友人と歌いに行くと1週間の仕事のストレスを発散できる。

一阵急促的敲门声把我从睡梦中唤醒了。Yízhèn jícù de qiāoménshēng bǎ wǒ cóng
shuìmèng zhōng huànxǐng le. 急なノックの音が私を眠りから目覚めさせた。　越来越严重的
环境问题唤醒了人们的环保意识。Yuè lái yuè yánzhòng de huánjìng wèntí huànxǐngle
rénmen de huánbǎo yìshi.　深刻さを増す環境問題が、人々のエコロジー意識を目覚めさせた。

他不懂劳动的艰辛，任意挥霍父母的血汗钱。
Tā bù dǒng láodòng de jiānxīn, rènyì huīhuò fùmǔ de xuèhànqián.
彼は働くことの大変さを知らず、好き勝手に両親が汗水たらして稼いだお金を浪費している。

他现在事业有成，想尽自己的能力回报社会。
Tā xiànzài shìyè yǒuchéng, xiǎng jìn zìjǐ de nénglì huíbào shèhuì.
彼は今の事業がうまくいっているので、自分の力を尽くして社会に還元しようとしている。

再这样好吃懒做，只会毁了你的一生。
Zài zhèyàng hàochī lǎnzuò, zhǐ huì huile nǐ de yìshēng.
そうやって食いしん坊で怠け者のままだと、あなたの一生を台無しにするだけだ。

核武器足以毁灭全世界的生命和文明。
Héwǔqì zúyǐ huǐmiè quán shìjiè de shēngmìng hé wénmíng.
核兵器は世界中の命と文明を壊滅するのに十分足りる。

继续
▼

Check 1　🎧 026

□ 409
汇报
huìbào

動（資料をまとめて上役や公に）報告する

□ 410
混淆
hùnxiáo

動 入り交じる、混同する、一緒くたにする

□ 411
获取
huòqǔ

動 得る、手に入れる

□ 412
激发
jīfā

動 かきたてる、奮い立たせる

□ 413
讥笑
jīxiào

動 あざ笑う、嘲笑(ちょうしょう)する

□ 414
挤
jǐ

動（人や物が）ぎっしり詰まる、詰め込む、（力を込めて）搾り出す
形 混んでいる、窮屈である

□ 415
计较
jìjiào

動 利害を計算する、言い争う、計画する

□ 416
寄托
jìtuō

動（希望・理想を）託す、預ける

25日目🎧 025 Quick Review 答えは次頁	□ 构思	□ 滚	□ 耗费	□ 忽视
	□ 鼓动	□ 过滤	□ 合伙	□ 呼吁
	□ 拐弯	□ 捍卫	□ 轰动	□ 划分
	□ 跪	□ 航天	□ 哄	□ 化验

1
週目

2
週目

3
週目

4
週目

5
週目

6
週目

7
週目

8
週目

9
週目

10
～
14
週目

出差回来以后，他立刻向公司汇报了工作情况。

Chūchāi huílai yǐhòu, tā lìkè xiàng gōngsī huìbàole gōngzuò qíngkuàng.

出張から戻った後、彼は直ちに業務状況を会社に報告した。

新闻媒体对这件事的报道不真实，混淆了是非。

Xīnwén méitǐ duì zhè jiàn shì de bàodào bù zhēnshí, hùnxiáole shìfēi.

ニュースメディアによるこの事件の報道は真実ではなく、是非が入り交じっている。

互联网已成为人们日常获取信息的主要途径。

Hùliánwǎng yǐ chéngwéi rénmen rìcháng huòqǔ xìnxī de zhǔyào tújìng.

インターネットはすでに人々が日常的に情報を得るための主要な手段となっている。

模型比赛激发了学生们学习科学的兴趣和热情。

Móxíng bǐsài jīfāle xuéshēngmen xuéxí kēxué de xìngqù hé rèqíng.

模型コンテストが学生の科学への興味と情熱をかきたてた。

我曾经因为普通话不好而被同学讥笑。

Wǒ céngjīng yīnwei pǔtōnghuà bù hǎo ér bèi tóngxué jīxiào.

私はかつて普通話をうまく話せなかったために、クラスメイトに笑われたことがある。

早高峰的地铁上总是挤满了人。 Zǎo gāofēng de dìtiě shang zǒngshì jǐmǎnle rén.

朝のピークの地下鉄はいつも人でいっぱいだ。

这个房间两个人合租的话会有点儿挤。 Zhège fángjiān liǎng ge rén hézū dehuà huì yǒudiǎnr jǐ. この部屋は、2人で借りて住むには少し窮屈です。

他总是热情地帮助别人，从不计较个人得失。

Tā zǒngshì rèqíng de bāngzhù biéren, cóng bú jìjiào gèrén déshī.

彼はいつも熱心に人助けをし、個人的な損得勘定などしたことがない。

父母把全家的希望都寄托在了他身上。

Fùmǔ bǎ quánjiā de xīwàng dōu jìtuōzàile tā shēnshang.

両親は家族全員の希望を彼の身に託した。

□ 構想する	□ 転がる	□ 消費する	□ 軽視する
□ 奮い立たせる	□ 濾過する	□ 共同で行う	□ 呼びかける
□ 角を曲がる	□ 守る	□ 沸き立たせる	□ 区分する
□ ひざまずく	□ 宇宙飛行する	□ あやす	□ 化学検査をする

□ 417
加剧
jiājù
動 激化する、激化させる

□ 418
加以
jiāyǐ
動 行う、～する

□ 419
夹杂
jiāzá
動 入り交じる

□ 420
驾驶
jiàshǐ
動 運転する、操縦する

□ 421
拣
jiǎn
動 選ぶ、より分ける

□ 422
捡
jiǎn
動 拾う

□ 423
溅
jiàn
動 (液体が) 飛び散る、はねる

□ 424
践踏
jiàntà
動 踏む、踏みつける

継続
▼

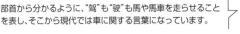
部首から分かるように、"驾"も"驶"も馬や馬車を走らせること
を表し、そこから現代では車に関する言葉になっています。

1週目

2週目

3週目

4週目

5週目

6週目

7週目

8週目

9週目

10～14週目

Check 2　　　　　　　　　　　　　　　　　　　🎧 125

夫妻俩的矛盾日益加剧，最后只能离婚了。

Fūqī liǎ de máodùn rìyì jiājù, zuìhòu zhǐ néng líhūn le.

夫婦の対立が日増しに激しくなり、ついには離婚するしかなくなった。

老师应对落后学生加以关注，帮助他们迅速赶上进度。

Lǎoshī yīng duì luòhòu xuésheng jiāyǐ guānzhù, bāngzhù tāmen xùnsù gǎnshàng jìndù.

先生は遅れをとっている学生に注意をはらい、彼らが早く追いつくように手助けするべきだ。

他是美籍华人，说话时中文里总夹杂着英文单词。

Tā shì Měijí huárén, shuōhuà shí Zhōngwén li zǒng jiāzázhe Yīngwén dāncí.

彼は米国籍の華人で、話すときはいつも中国語に英単語が交じる。

他是第一个驾驶宇宙飞船上天的中国人。

Tā shì dì-yī ge jiàshǐ yǔzhòu fēichuán shàngtiān de Zhōngguórén.

彼は宇宙船を操縦した最初の中国人だ。

妈妈很节俭，买东西的时候总是拣便宜的买。

Māma hěn jiéjiǎn, mǎi dōngxi de shíhou zǒngshì jiǎn piányi de mǎi.

母は倹約家で、買い物のときにはいつも安いものを選んで買う。

我今天在回家的路上捡到了一个钱包。

Wǒ jīntiān zài huí jiā de lùshang jiǎndàole yí ge qiánbāo.

私は今日、帰り道で財布を拾った。

下雨天，汽车从我身边驶过，溅了我一身水。

Xià yǔ tiān, qìchē cóng wǒ shēnbiān shǐguò, jiànle wǒ yì shēn shuǐ.

雨の日、車が私のそばを通り過ぎた際、水をはねてびしょぬれになった。

即使是父母，也不能辱骂孩子，践踏他们的心灵。

Jíshǐ shì fùmǔ, yě bù néng rǔmà háizi, jiàntà tāmen de xīnlíng.

たとえ親であろうと、子どもを罵倒したり、心を踏みにじったりしてはいけない。

继续
▼

Check 1　　　🎧 027

□ 425
浇
jiāo

🔲 水をかける、灌漑(かんがい)する、(鋳型に)流し込む

□ 426
交叉
jiāochā

🔲 交差する、部分的に重なる、交互に行う

□ 427
缴纳
jiǎonà

🔲 納める、納付する

□ 428
较量
jiàoliàng

🔲 力比べをする、対決する

□ 429
揭露
jiēlù

🔲 暴く、明るみに出す

□ 430
结识
jiéshí

🔲 知り合いになる

□ 431
截至
jiézhì

🔲 ～を限りとする

□ 432
戒备
jièbèi

🔲 警戒する、警備する

26日目🎧026
Quick Review
答えは次頁

□ 怀念	□ 挥霍	□ 汇报	□ 讥笑
□ 还原	□ 回报	□ 混淆	□ 挤
□ 缓解	□ 毁	□ 获取	□ 计较
□ 唤醒	□ 毁灭	□ 激发	□ 寄托

我忘记给花浇水了，这些花都快干死了。

Wǒ wàngjì gěi huā jiāo shuǐ le, zhèxiē huā dōu kuài gānsǐ le.

水やりを忘れたので、花が干からびて枯れそうになっている。

东西、南北两个方向的铁路在这个城市交叉。

Dōngxī、nánběi liǎng ge fāngxiàng de tiělù zài zhège chéngshì jiāochā.

東西と南北の 2 方向の鉄道がこの町で交差する。

他读的是私立大学，每学期要缴纳上万元的学费。

Tā dú de shì sīlì dàxué, měi xuéqī yào jiǎonà shàng wàn yuán de xuéfèi.

彼が学ぶのは私立大学で、毎学期1万元にも上る学費を納めなければならない。

经过激烈的较量，上海足球队以 3 比 0 战胜了北京队。

Jīngguò jīliè de jiàoliàng, Shànghǎi zúqiúduì yǐ sān bǐ líng zhànshèngle Běijīngduì.

激戦の末、上海サッカーチームは3対0で北京チームに勝利した。

记者通过严密的调查，揭露了该工厂生产假药的内幕。

Jìzhě tōngguò yánmì de diàochá, jiēlùle gāi gōngchǎng shēngchǎn jiǎyào de nèimù.

記者は綿密な調査によって、この工場によるニセ薬生産の内幕を暴露した。

在欧洲旅行的途中，他结识了很多当地的朋友。

Zài Ōuzhōu lǚxíng de túzhōng, tā jiéshíle hěn duō dāngdì de péngyou.

ヨーロッパ旅行中に、彼は現地でたくさんの友人を作った。

截至昨日，已经有一千人参观了本次画展。

Jiézhì zuórì, yǐjīng yǒu yì qiān rén cānguānle běn cì huàzhǎn.

昨日までに、千人が今回の絵画展を見学した。

为防止恐怖分子袭击，机场加强了安全戒备。

Wèi fángzhǐ kǒngbù fènzǐ xíjī, jīchǎng jiāqiángle ānquán jièbèi.

テロリストの襲撃を防ぐために、空港のセキュリティーが強化された。

☐ 懐かしく思う	☐ 金を浪費する	☐ 報告する	☐ あざ笑う
☐ 復元する	☐ 報いる	☐ 入り交じる	☐ ぎっしり詰まる
☐ 和らげる	☐ 破壊する	☐ 得る	☐ 利害を計算する
☐ 呼び覚ます	☐ 壊滅する	☐ かきたてる	☐ 託す

| Check 1 | 🎧 028 |

□ 433
借口
jièkǒu

動 口実にする
名 口実、言い訳
量 个

□ 434
浸泡
jìnpào

動 (液体に) 浸す

□ 435
晋升
jìnshēng

動 (階級・地位が) 昇進する

□ 436
惊动
jīngdòng

動 騒がせる、驚かす、(社交辞令) 手をわずらわす、邪魔をする

□ 437
精简
jīngjiǎn

動 簡素化する、簡潔にする

□ 438
惊醒
jīngxǐng

動 驚き目を覚ます

□ 439
警惕
jǐngtì

動 警戒する

□ 440
敬佩
jìngpèi

動 敬服する

継続
▼

1 週目

2 週目

3 週目

4 週目

5 週目

6 週目

7 週目

8 週目

9 週目

10～14 週目

"迎亲"とは婚礼の日に新婦の友達が張り巡らした様々な障害を新郎が乗り越えて新婦を迎えに行くという儀式です。

Check 2　🎧 126

他借口工作忙，推掉了这次聚餐。 Tā jièkǒu gōngzuò máng, tuīdiàole zhè cì jùcān. 彼は仕事が忙しいことを口実に、今回の会食を辞退した。　**你不要再找借口了，这确实是你的责任。** Nǐ búyào zài zhǎo jièkǒu le, zhè quèshí shì nǐ de zérèn. もう言い訳をしないで、これは間違いなくあなたの責任だから。

暴雨造成了城区积水，许多房子都浸泡在水中。

Bàoyǔ zàochéngle chéngqū jīshuǐ, xǔduō fángzi dōu jìnpàozài shuǐ zhōng.

豪雨によって市街地が浸水し、多くの家屋が水に浸かった。

由于工作表现出色，他很快就晋升为部门经理。

Yóuyú gōngzuò biǎoxiàn chūsè, tā hěn kuài jiù jìnshēngwéi bùmén jīnglǐ.

見事な仕事ぶりによって、彼はすぐさま部署のマネージャーに昇進した。

这次事故的后果极其严重，甚至惊动了中央政府。

Zhè cì shìgù de hòuguǒ jíqí yánzhòng, shènzhì jīngdòngle zhōngyāng zhèngfǔ.

この事故の結果は極めて深刻で、中央政府すら震撼した。

新政府为了提高办事效率，开始着手精简机构。

Xīn zhèngfǔ wèile tígāo bànshì xiàolǜ, kāishǐ zhuóshǒu jīngjiǎn jīgòu.

新政府は事務処理の効率を上げるため、組織の簡素化に着手し始めた。

突如其来的暴风雨把她从睡梦中惊醒了。

Tūrú-qílái de bàofēngyǔ bǎ tā cóng shuìmèng zhōng jīngxǐng le.

突然の暴風雨が彼女を眠りから呼び覚ました。

在人多的地铁或公交车上一定要警惕小偷。

Zài rén duō de dìtiě huò gōngjiāochē shang yídìng yào jǐngtì xiǎotōu.

混雑した地下鉄やバスでは必ずスリに気をつけなければならない。

我敬佩他不怕失败、勇往直前的精神。

Wǒ jìngpèi tā bú pà shībài, yǒngwǎng-zhíqián de jīngshén.

失敗を恐れず勇敢に前へ進む彼の精神には敬服する。

继续

▼

Check 1 🎧 028

□ 441
竞选
jìngxuǎn
動 選挙運動をする、選挙を争う

□ 442
鞠躬
jū▾gōng
動 お辞儀をする

□ 443
拘留
jūliú
動 拘留する、身柄を拘束する

□ 444
捐
juān
動 寄付する、捨てる、投げ打つ

□ 445
开采
kāicǎi
動 (地下資源を)採掘する

□ 446
开创
kāichuàng
動 始める、創始する、切り開く

□ 447
开通
kāitōng
動 (交通・通信が)開通する、開く、(古い考えや風潮などを)改める

□ 448
刊登
kāndēng
動 掲載する

27日目 🎧 027
Quick Review
答えは次頁

□ 加剧	□ 拣	□ 浇	□ 揭露
□ 加以	□ 捡	□ 交叉	□ 结识
□ 夹杂	□ 溅	□ 缴纳	□ 截至
□ 驾驶	□ 践踏	□ 较量	□ 戒备

他正在准备竞选市长，非常忙。
Tā zhèngzài zhǔnbèi jìngxuǎn shìzhǎng, fēicháng máng.

彼は市長選の準備中で、非常に忙しい。

在传统婚礼上，新郎新娘要并排站立，向双方父母鞠躬。
Zài chuántǒng hūnlǐ shang, xīnláng xīnniáng yào bìngpái zhànlì, xiàng shuāngfāng fùmǔ jūgōng.

伝統的な結婚式では、新郎新婦が並んで立ち両家の親にお辞儀しなければいけない。

他因非法倒卖手机被公安局拘留了。
Tā yīn fēifǎ dǎomài shǒujī bèi gōng'ānjú jūliú le.

彼は携帯電話の不法転売で公安局に拘束された。

地震发生以后，社会各界积极向灾区捐钱捐物。
Dìzhèn fāshēng yǐhòu, shèhuì gè jiè jījí xiàng zāiqū juān qián juān wù.

地震発生後、被災地には社会の各方面から積極的にお金や支援物資が寄付された。

由于过度开采，这里的矿产资源已经枯竭了。
Yóuyú guòdù kāicǎi, zhèlǐ de kuàngchǎn zīyuán yǐjīng kūjié le.

度を越した採掘のために、ここの鉱山資源はすでに枯渇してしまった。

我打算毕业以后回国，去开创自己的一番事业。
Wǒ dǎsuan bìyè yǐhòu huí guó, qù kāichuàng zìjǐ de yì fān shìyè.

卒業後は国に帰って自分の事業を始めるつもりだ。

中国国际航空公司开通了从杭州到东京的航线。
Zhōngguó Guójì Hángkōng Gōngsī kāitōngle cóng Hángzhōu dào Dōngjīng de hángxiàn.

中国国際航空は杭州発東京行きの路線を就航した。

美国《科学》杂志刊登了他的研究成果。
Měiguó《Kēxué》zázhì kāndēngle tā de yánjiū chéngguǒ.

アメリカの『サイエンス』誌は彼の研究成果を掲載した。

□ 激化する　□ 選ぶ　□ 水をかける　□ 暴く
□ 行う　□ 拾う　□ 交差する　□ 知り合いになる
□ 入り交じる　□ 飛び散る　□ 納める　□ ～を限りとする
□ 運転する　□ 踏む　□ 力比べをする　□ 警戒する

状態形容詞のまとめ ④

胖乎乎　　pànghūhū　　　　まるまる太っている

这孩子小时候胖乎乎的，怎么现在瘦成这样？

Zhè háizi xiǎo shíhou pànghūhū de, zěnme xiànzài shòuchéng zhèyàng?

この子は小さい頃はまるまると太っていたのに、どうして今はこんなに痩せてしまったのだろう。

热乎乎　　rèhūhū　　　　（物や気持ちが）温かい

听了村长的话，我心里热乎乎的。

Tīngle cūnzhǎng de huà, wǒ xīnli rèhūhū de.

村長の話を聞いて、私は心が温かくなった。

热腾腾　　rèténgténg　　　　湯気が立つほど熱い

谁不想一回家就有热腾腾的饭菜在等着自己呢？

Shéi bù xiǎng yì huí jiā jiù yǒu rèténgténg de fàncài zài děngzhe zìjǐ ne?

家に帰ると熱々の食事が自分を待っているなんて誰も思わないだろう。

水汪汪　　shuǐwāngwāng　　　　水があふれている、みずみずしい

小女孩水汪汪的眼睛里透出一股灵气。

Xiǎo nǚhái shuǐwāngwāng de yǎnjing li tòuchū yì gǔ língqì.

少女のうるんだ瞳からは一種のオーラがあふれ出している。

兴冲冲　　xìngchōngchōng　　　　浮き浮きしている

郑凯兴冲冲地跑进教室，告诉我们明天的考试取消了。

Zhèng Kǎi xìngchōngchōng de pǎojìn jiàoshì, gàosu wǒmen míngtiān de kǎoshì qǔxiāo le. 郑凯は大喜びで教室に駆け込み、私たちに明日の試験が中止になったと伝えた。

慢腾腾　　màntēngtēng　　　　ゆっくり、のろのろしている

妈妈叫了他好几遍，他才慢腾腾地走出房间，坐到了餐桌前。

Māma jiàole tā hǎo jǐ biàn, tā cái màntēngtēng de zǒuchū fángjiān, zuòdàole cānzhuō qián. 母が何度も呼んで、彼はようやくゆっくりと部屋から出てきて、食卓の前に座った。

亮晶晶　　liàngjīngjīng　　　　ぴかぴか、きらきら光るさま

太阳出来了，草叶上的露珠顿时变得亮晶晶的，像宝石一样。

Tàiyáng chūlai le, cǎoyè shang de lùzhū dùnshí biànde liàngjīngjīng de, xiàng bǎoshí yíyàng.

太陽が出てくると、草の上の露がにわかにきらきらと光り、まるで宝石のようであった。

喜洋洋　　xǐyángyáng　　　　喜びにあふれるさま

快到新年了，街上到处洋溢着节日的气氛，人们的脸上也都是喜洋洋的。

Kuài dào xīnnián le, jiē shang dàochù yángyìzhe jiérì de qìfēn, rénmen de liǎn shang yě dōu shì xǐyángyáng de.

もうすぐ新年なので、街のあちこちに祝日の雰囲気が漂い、人々の顔も喜びに満ちている。

キクタン中国語
5 週目

中国語で言ってみよう！

古い観念を捨て去ることはさらなる発展を成し遂げるための必要条件である。

（答えは 507）

Check 1

□ 449
勘探
kāntàn
動（地下資源を）探査する

□ 450
砍
kǎn
動（刀やおので）たたき切る、【比喩】削減する・切り捨てる

□ 451
看望
kànwàng
動（目上の人や親類、友人を）訪問する、見舞う

□ 452
康复
kāngfù
動回復する、健康を取り戻す

□ 453
扛
káng
動（肩で）担ぐ、【比喩】（任務を）担う・引き受ける

□ 454
抗拒
kàngjù
動反抗する、拒絶する

□ 455
考核
kǎohé
動審査する、査定する、検査する

□ 456
考验
kǎoyàn
動試練を与える、（人を）試す

継続
▼

Check 2　　　　　　　　　　　　　　　　　　　　　🎧 127

地质调查队在这一带勘探出了石油储量丰富的油田。
Dìzhì diàochádùi zài zhè yídài kāntànchūle shíyóu chǔliàng fēngfù de yóutián.
地質調査チームはこの一帯で、石油の埋蔵量が豊富な油田を探査した。

冬天的时候，人们会把树上多余的树枝砍去。 Dōngtiān de shíhou, rénmen huì bǎ shù shang
duōyú de shùzhī kǎnqu.　冬に人々は木の余分な枝を切り落とす。　**他十分节俭，用的书包是他从两
百元砍到八十元购买的。** Tā shífēn jiéjiǎn, yòng de shūbāo shì tā cóng liǎngbǎi yuán kǎndào bāshí
yuán gòumǎi de.　彼は倹約しており、使っているかばんは 200 元から 80 元に無理に値切って買ったものだ。

他工作很忙，很少有时间回家看望父母。
Tā gōngzuò hěn máng, hěn shǎo yǒu shíjiān huí jiā kànwàng fùmǔ.
仕事が忙しいので、彼は両親に会いに帰る時間がめったにない。

他的手术非常成功，现在已经康复出院了。
Tā de shǒushù fēicháng chénggōng, xiànzài yǐjīng kāngfù chūyuàn le.
彼の手術は大成功し、今はもう回復して退院した。

我今天在街上看到电视台的人扛着摄像机在录制节目。
Wǒ jīntiān zài jiēshang kàndào diànshìtái de rén kángzhe shèxiàngjī zài lùzhì jiémù.
今日街でテレビ局の人がビデオカメラを担いで番組を収録しているのを見かけた。

网络游戏对于年轻人有着难以抗拒的吸引力。
Wǎngluò yóuxì duìyú niánqīngrén yǒuzhe nányǐ kàngjù de xīyǐnlì.
ネットゲームは若者にとってあらがい難い魅力がある。

公司年末考核业绩，他意外地得了第一名。
Gōngsī niánmò kǎohé yèjì, tā yìwài de déle dì-yī míng.
会社の年末の業績査定で、彼は意外にも 1 位を取った。

大范围流行的传染病考验了政府应对突发性公共卫生事件的能力。
Dà fànwéi liúxíng de chuánrǎnbìng kǎoyànle zhèngfǔ yìngduì tūfāxìng gōnggòng
wèishēng shìjiàn de nénglì.
広範囲で流行した伝染病は、政府の突発的な公衆衛生問題に対処する能力を試した。

继续
▼

1 週目
2 週目
3 週目
4 週目
5 週目
6 週目
7 週目
8 週目
9 週目
10〜14 週目

Check 1 🎧 029

□ 457 **靠拢** kàolǒng	動 近寄る、接近する
□ 458 **恐吓** kǒnghè	動 脅迫する
□ 459 **挎** kuà	動 (肩・首・腰に) かける、ぶらさげる、(腕に) 提げる
□ 460 **旷课** kuàng▾kè	動 授業をサボる
□ 461 **亏待** kuīdài	動 不当な扱いをする、粗末に扱う
□ 462 **亏损** kuīsǔn	動 損失を出す、欠損する、身体が衰弱する
□ 463 **捆绑** kǔnbǎng	動 (人を) 縄で縛る
□ 464 **困扰** kùnrǎo	動 困らせる、当惑させる

我们的医疗卫生水准要努力向发达国家靠拢。

Wǒmen de yīliáo wèishēng shuǐzhǔn yào nǔlì xiàng fādá guójiā kàolǒng.

我々の医療衛生の水準を先進国に近づけるよう努力する必要がある。

民航客机因遭到恐怖分子的恐吓，在备用机场紧急降落了。

Mínháng kèjī yīn zāodào kǒngbù fènzǐ de kǒnghè, zài bèiyòng jīchǎng jǐnjí jiàngluò le.

民間機がテロリストによる脅迫を受け、代替空港に緊急着陸した。

他爱好摄影，不管走到哪里身上都挎着相机。

Tā àihào shèyǐng, bùguǎn zǒudào nǎli shēnshang dōu kuàzhe xiàngjī.

彼は撮影が趣味で、どこに行くにもカメラをかけている。

有的学生因为忙于打工，经常旷课。

Yǒude xuésheng yīnwei mángyú dǎgōng, jīngcháng kuàngkè.

アルバイトが忙しく、授業をサボってばかりの学生もいる。

父母虽然生活节俭，但是从来没有亏待过孩子。

Fùmǔ suīrán shēnghuó jiéjiǎn, dànshì cónglái méiyou kuīdàiguo háizi.

両親は質素な生活の中でも、決して子どもを粗末に扱ったことはない。

由于市场行情不好，公司已经亏损了上千万元。

Yóuyú shìchǎng hángqíng bù hǎo, gōngsī yǐjīng kuīsǔnle shàng qiānwàn yuán.

市況が悪く、会社はすでに1千万元以上の損失を出している。

为了防止罪犯逃跑，警察用绳子把他们捆绑起来。

Wèile fángzhǐ zuìfàn táopǎo, jǐngchá yòng shéngzi bǎ tāmen kǔnbǎngqilai.

犯罪者が逃亡するのを防ぐため、警察は縄で彼らを縛り上げた。

我们要学会管理自己的情绪，不要被不良情绪困扰。

Wǒmen yào xuéhuì guǎnlǐ zìjǐ de qíngxù, búyào bèi bùliáng qíngxù kùnrǎo.

私たちは自分の感情を管理し、よくない感情に悩まされないようにしなければならない。

□ □実にする	□ 簡素化する	□ 選挙運動をする	□ 採掘する
□ 浸す	□ 驚き目を覚ます	□ お辞儀をする	□ 始める
□ 昇進する	□ 警戒する	□ 拘留する	□ 開通する
□ 騒がせる	□ 敬服する	□ 寄付する	□ 掲載する

Check 1	🎧 030

□ 465
拉拢
lālǒng

動 丸め込む、言いくるめる、取り込む

□ 466
捞
lāo

動（手や道具で液体から）すくい取る、（不当な手段で）手に入れる

□ 467
唠叨
láodao

動 ブツブツ言う、くどくど言う

□ 468
劳动
láodòng

動 労働する、働く
名 労働

□ 469
乐意
lèyì

動 喜んで～する

□ 470
力争
lìzhēng

動（～するよう）全力を尽くす、徹底的に言い争う

□ 471
立足
lìzú

動 立脚する、足場を置く、ある立場に立つ

□ 472
连接
liánjiē

動 つながる、つなぐ
≒ 联接 liánjiē

継続
▼

"长江大桥"は"长江"に架けられた橋の総称で"武汉长江大桥"、"南京长江大桥"などがあります。

参加竞选的政治家们不断地向选民许诺各种好处，拉拢选票。
Cānjiā jìngxuǎn de zhèngzhìjiāmen búduàn de xiàng xuǎnmín xǔnuò gè zhǒng hǎochù, lālǒng xuǎnpiào.　選挙に立候補した政治家らは有権者に絶えず様々なメリットを約束して、票を取り込もうとしている。

小时候我常和伙伴们一起去村前的小河里捞鱼。 Xiǎo shíhou wǒ cháng hé huǒbànmen yìqǐ qù cūn qián de xiǎo hé li lāo yú.　小さいころ、私はよく仲間と村の前の小川で魚を捕まえた。　**他投资环保原想捞点油水，结果连本钱都赔进去了。** Tā tóuzī huánbǎo yuán xiǎng lāo diǎn yóushuǐ, jiéguǒ lián běnqián dōu péijìnqu le.　彼はもともと環境保護に投資をして、甘い汁を吸うつもりだったが、結局元手を割ってしまった。

每次丈夫喝醉了回家，妻子总要唠叨几句。
Měi cì zhàngfu hēzuìle huí jiā, qīzi zǒng yào láodao jǐ jù.
夫が酔っぱらって帰ってくるたびに、妻はいつも小言を言う。

要从小培养孩子热爱劳动的好习惯。 Yào cóngxiǎo péiyǎng háizi rè'ài láodòng de hǎo xíguàn.　小さい時から子どもが労働を愛するよい習慣を育てなければならない。　**正是因为父辈们的辛勤劳动，才有了我们今天的美好生活。** Zhèng shì yīnwei fùbèimen de xīnqín láodòng, cái yǒule wǒmen jīntiān de měihǎo shēnghuó.　父の世代の勤勉な労働のおかげで、私たちは今日素晴らしい生活ができています。

如果你忙不过来就跟我说一声，我很乐意帮忙。
Rúguǒ nǐ mángbuguòlai jiù gēn wǒ shuō yì shēng, wǒ hěn lèyì bāngmáng.
忙しくて手が回らなければ声を掛けてください、喜んで手伝います。

大家要团结合作，力争取得这次比赛的冠军。
Dàjiā yào tuánjié hézuò, lìzhēng qǔdé zhè cì bǐsài de guànjūn.
みんなで一致団結して、今回の大会で優勝を全力で勝ち取ろう。

经过多年奋斗，他终于在这座城市有了立足之地。
Jīngguò duō nián fèndòu, tā zhōngyú zài zhè zuò chéngshì yǒule lìzú zhī dì.
長年の努力によって、彼はついにこの町に足がかりを得た。

长江大桥是连接大江南北的纽带。
Chángjiāng Dàqiáo shì liánjiē dàjiāng nánběi de niǔdài.
長江大橋は大きな川の南北をつなぐ紐帯［ちゅうたい］である。

继续
▼

Check 1　　　　　　　　　　　　　　　　　　　　　🎧 030

□ 473
晾
liàng

🈩（陰干しにして）干す、（天日にさらして）乾かす、のけ者にする、冷ます
🈁 凉 liàng（冷ます）

□ 474
淋
lín

🈩（液体が）かかる、ぬれる、（液体を）注ぐ、かける

□ 475
临近
línjìn

🈩（時間・場所に）近づく、接近する

□ 476
领取
lǐngqǔ

🈩 受け取る、受領する

□ 477
领悟
lǐngwù

🈩 悟る、理解する

□ 478
溜
liū

🈩 滑る、こっそり出入りする、滑らかである、〜に沿って

□ 479
留恋
liúliàn

🈩 名残惜しく思う

□ 480
流露
liúlù

🈩（考えや気持ちが）にじみ出る、流露する

29日目 🎧 029 Quick Review 答えは次頁	□ 勘探	□ 扛	□ 靠拢	□ 亏待
	□ 砍	□ 抗拒	□ 恐吓	□ 亏损
	□ 看望	□ 考核	□ 挎	□ 捆绑
	□ 康复	□ 考验	□ 旷课	□ 困扰

我在阳台上晾了衣服，你回家以后别忘了收进来。
Wǒ zài yángtái shang liàngle yīfu, nǐ huí jiā yǐhòu bié wàngle shōujinlai.
ベランダに服を干しておいたから、家に帰ったら忘れずに取り込んでね。

我今天在外面淋了雨，回到家就感冒了。
Wǒ jīntiān zài wàimiàn línle yǔ, huídào jiā jiù gǎnmào le.
今日は外で雨に降られ、帰宅後に風邪を引いてしまった。

临近春节，人们开始购买年货，准备回家过年。
Línjìn Chūnjié, rénmen kāishǐ gòumǎi niánhuò, zhǔnbèi huí jiā guònián.
春節が近づいてきたので、人々は年越し用品を買い始め、家に帰って年越しの準備をする。

请大家按照号牌，依次领取节日礼品。
Qǐng dàjiā ànzhào hàopái, yīcì lǐngqǔ jiérì lǐpǐn.
皆さん、番号札に従って、順番に祝日のプレゼントを受け取ってください。

一名优秀的乒乓球运动员需要有很强的领悟能力。
Yì míng yōuxiù de pīngpāngqiú yùndòngyuán xūyào yǒu hěn qiáng de lǐngwù nénglì.
優秀な卓球選手には、高い理解力が求められる。

冬天湖水结冰以后，很多人在湖面上溜冰。
Dōngtiān húshuǐ jiébīng yǐhòu, hěn duō rén zài húmiàn shang liūbīng.
冬、湖面に氷が張ると、多くの人がスケートをする。

马上要离开这个美丽的城市了，我心里十分留恋。
Mǎshàng yào líkāi zhège měilì de chéngshì le, wǒ xīnli shífēn liúliàn.
もうすぐこの美しい町を離れなければならず、非常に名残惜しく思う。

提到自己的妻子，他脸上流露出幸福的笑容。
Tídào zìjǐ de qīzi, tā liǎnshang liúlùchū xìngfú de xiàoróng.
妻子の話になると、彼の顔には幸せそうな笑みがこぼれた。

□ 探査する　□ 担ぐ　□ 近寄る　□ 不当な扱いをする
□ たたき切る　□ 反抗する　□ 脅迫する　□ 損失を出す
□ 訪問する　□ 審査する　□ かける　□ 縄で縛る
□ 回復する　□ 試練を与える　□ 授業をサボる　□ 困らせる

□ 481 **垄断** lǒngduàn	動 独占する
□ 482 **笼罩** lǒngzhào	動 (すっぽり)覆う、立ち込める
□ 483 **搂** lǒu	動 抱く、抱きしめる
□ 484 **录取** lùqǔ	動 (試験に合格した人を)採用する
□ 485 **轮** lún	動 順番にやる、番が回ってくる
□ 486 **轮流** lúnliú	動 順番に1つずつ、絶え間なくする
□ 487 **落实** luòshí	動 実行する、実現する、着実にする、はっきりさせる
□ 488 **麻痹** mábì	動 まひする、警戒を緩めさせる 形 うっかりしている

継続
▼

中国の飲料メーカーで印象的な名前の"娃哈哈"の"矿泉水"と
"冰红茶"は中国のコンビニで必ず目にしますね。

1週目
2週目
3週目
4週目
5週目
6週目
7週目
8週目
9週目
10〜14週目

Check 2 🎧 129

世界饮料市场的百分之八十都被这几家公司垄断了。

Shìjiè yǐnliào shìchǎng de bǎi fēn zhī bāshí dōu bèi zhè jǐ jiā gōngsī lǒngduàn le.

世界の飲料市場の8割がこの数社に独占されている。

比赛前夕，整个球队被一种紧张的气氛笼罩着。

Bǐsài qiánxī, zhěnggè qiúduì bèi yì zhǒng jǐnzhāng de qìfen lǒngzhàozhe.

試合前夜はチーム全体がどこか緊迫したムードに包まれている。

妈妈激动地把女儿搂到了自己的怀里。

Māma jīdòng de bǎ nǚ'ér lǒudàole zìjǐ de huái li.

母は感極まって娘を胸元に抱き寄せた。

他以全省第一的成绩被北京大学录取了。

Tā yǐ quánshěng dì-yī de chéngjì bèi Běijīng Dàxué lùqǔ le.

彼は全省トップの成績で北京大学に合格した。

好不容易轮到他发言了，他却不知说什么好。

Hǎobù róngyì lúndào tā fāyán le, tā què bù zhī shuō shénme hǎo.

ようやく彼が発言する番が回ってきたのに、彼は何を言えばいいのか分からなかった。

我们班上同学们四人一组轮流打扫卫生。

Wǒmen bān shang tóngxuémen sì rén yì zǔ lúnliú dǎsǎo wèishēng.

私たちのクラスは4人一組で順番に掃除をする。

我们的任务是落实好新的教育政策。

Wǒmen de rènwu shì luòshíhǎo xīn de jiàoyù zhèngcè.

我々の任務は新しい教育政策を着実に実施することである。

这些蘑菇中含有麻痹神经的成分。Zhèxiē mógu zhōng hányǒu mábì shénjīng de chéngfèn. これらのキノコには神経をまひさせる成分が含まれている。 开车的时候，一定要小心谨慎，千万不可麻痹大意。Kāichē de shíhou, yídìng yào xiǎoxīn jǐnshèn, qiānwàn bùkě mábì dàyi. 車を運転するときは注意深く慎重に、くれぐれも油断しないように。

继续
▼

□ 489
埋怨
mányuàn
動 不平不満を言う

□ 490
冒充
màochōng
動 偽る、名をかたる

□ 491
弥补
míbǔ
動 (不足部分を) 補う、補足する

□ 492
弥漫
mímàn
動 (煙、霧、水などが) 充満する

□ 493
迷失
míshī
動 (方向、道を) 見失う

□ 494
勉励
miǎnlì
動 励ます、激励する

□ 495
描绘
miáohuì
動 描く、描写する

□ 496
谋求
móuqiú
動 探し求める

30日目 🎧 030 Quick Review 答えは次頁	□ 拉拢	□ 乐意	□ 晾	□ 领悟
	□ 捞	□ 力争	□ 淋	□ 溜
	□ 唠叨	□ 立定	□ 临近	□ 留恋
	□ 劳动	□ 连接	□ 领取	□ 流露

他每天早上都埋怨他妈为什么不早点叫他起床。

Tā měi tiān zǎoshang dōu mányuàn tā mā wèi shénme bù zǎo diǎn jiào tā qǐchuáng.

彼は毎朝どうしてもっと早く起こしてくれないのかと母親に不平を言う。

他因冒充公务员进行诈骗，被抓起来了。

Tā yīn màochōng gōngwùyuán jìnxíng zhàpiàn, bèi zhuāqilai le.

彼は公務員をかたって詐欺を働き、逮捕された。

他的失误给公司造成了无法弥补的损失。

Tā de shīwù gěi gōngsī zàochéngle wúfǎ míbǔ de sǔnshī.

彼のミスによって会社は到底埋め合わせできない損失を被った。

车辆在大雾弥漫的暮色中缓缓行驶着。

Chēliàng zài dà wù mímàn de mùsè zhōng huǎnhuǎn xíngshǐzhe.

車は濃い霧がたちこめる夕闇をゆっくりと走っている。

人很容易在利益的诱惑下迷失自己。

Rén hěn róngyì zài lìyì de yòuhuò xià míshī zìjǐ.

人は利益の誘惑の前でいとも簡単に自分を見失ってしまう。

我大学时代的老师到现在还常常写信勉励我。

Wǒ dàxué shídài de lǎoshī dào xiànzài hái chángcháng xiě xìn miǎnlì wǒ.

大学時代の先生は今でもまだよく手紙で私を励ましてくださる。

他给公司职员描绘了业务发展后的美好前景。

Tā gěi gōngsī zhíyuán miáohuìle yèwù fāzhǎn hòu de měihǎo qiánjǐng.

彼は会社の従業員に事業発展後のすばらしい先行きを描いて見せた。

他们计划进军海外，以谋求公司的进一步发展。

Tāmen jìhuà jìnjūn hǎiwài, yǐ móuqiú gōngsī de jìn yí bù fāzhǎn.

彼らは会社のより一層の発展を求めて海外進出を計画している。

□ 丸め込む　□ 喜んで～する　□ 干す　□ 悟る
□ すくい取る　□ 全力を尽くす　□ かかる　□ 滑る
□ ブツブツ言う　□ 立脚する　□ 近づく　□ 名残惜しく思う
□ 労働する　□ つながる　□ 受け取る　□ にじみ出る

Check 1	🎧 032

□ 497
目睹
mùdǔ
> 動 目の当たりにする

□ 498
捏
niē
> 動 (親指と他の指で) つまむ、挟む、握る、指で柔らかい物をこねる、一つにする、捏造する

□ 499
凝聚
níngjù
> 動 (気体が液体に) 凝集する、凝縮する

□ 500
扭转
niǔzhuǎn
> 動 向きを変える、(物事の発展の方向や現状を) 正す、変える

□ 501
挪
nuó
> 動 移す、移動する

□ 502
趴
pā
> 動 腹ばいになる、前かがみで物にもたれる

□ 503
排放
páifàng
> 動 (廃棄物を) 排出する、動物が排卵・射精する

□ 504
攀登
pāndēng
> 動 よじ登る

継続
▼

中国の最高峰は"珠穆朗玛峰"ですが、"五岳归来不看山，黄山归来不看岳"とたたえられた"黄山"にはぜひ登って欲しい！

1週目
2週目
3週目
4週目
5週目
6週目
7週目
8週目
9週目
10〜14週目

Check 2　　　　　　　　　　　　　　　　　　　🎧 130

他亲眼目睹了整件事情的经过。

Tā qīnyǎn mùdǔle zhěng jiàn shìqing de jīngguò.

彼は自分の目で事件のすべての経緯を目撃した。

她捏住被子的一角，轻轻抽泣起来。

Tā niēzhù bèizi de yì jiǎo, qīngqīng chōuqìqilai.

彼女は掛け布団の端を握りしめ、静かにすすり泣き出した。

这幅画作凝聚着画家几十年来的感悟与功力。

Zhè fú huàzuò níngjùzhe huàjiā jǐ shí nián lái de gǎnwù yǔ gōnglì.

この絵には画家の数十年来の精神と技量が凝縮されている。

这件事扭转了他在大家心目中的形象。

Zhè jiàn shì niǔzhuǎnle tā zài dàjiā xīnmù zhōng de xíngxiàng.

この出来事は、みんなの中にある彼のイメージを変えた。

我把家具挪了一下位置，房间的感觉就大不一样了。

Wǒ bǎ jiājù nuóle yíxià wèizhi, fángjiān de gǎnjué jiù dà bù yíyàng le.

家具の位置を少し移動したら、部屋のイメージがぐっと変わった。

公安人员趴在地上，仔细寻找着留在现场的证据。

Gōng'ān rényuán pāzài dìshang, zǐxì xúnzhǎozhe liúzài xiànchǎng de zhèngjù.

警察官は地面にはいつくばって、現場に残された証拠を注意深く探した。

那家工厂排放的废水污染了附近村庄的农田。

Nà jiā gōngchǎng páifàng de fèishuǐ wūrǎnle fùjìn cūnzhuāng de nóngtián.

その工場が排出した廃水は近隣の農村の田畑を汚染した。

攀登世界最高的珠穆朗玛峰是他毕生的梦想。

Pāndēng shìjiè zuì gāo de Zhūmùlǎngmǎfēng shì tā bìshēng de mèngxiǎng.

世界最高峰チョモランマへの登頂は彼の一生の夢だ。

继续
▼

Check 1

□ 505
攀升
pānshēng
動（価格・数値などが）上昇する

□ 506
盘旋
pánxuán
動 旋回する、うろつく、逗留する

□ 507
抛弃
pāoqì
動 捨て去る、放棄する

□ 508
培育
péiyù
動（小さな生物を）育てる、（人を）育成する

□ 509
佩服
pèifu
動 感服する、敬服する

□ 510
烹调
pēngtiáo
動 調理する

□ 511
捧场
pěng▾chǎng
動 場を盛り上げる、おだてる、持ち上げる

□ 512
披
pī
動 羽織る、ひっかける、ひろげる、（竹などが）割れる

通货膨胀导致了日用品价格的不断攀升。

Tōnghuò péngzhàng dǎozhìle rìyòngpǐn jiàgé de búduàn pānshēng.

インフレは日用品の際限のない値上がりを招いた。

盘旋在机场上空的鸟群是飞行安全的一大隐患。

Pánxuánzài jīchǎng shàngkōng de niǎoqún shì fēixíng ānquán de yí dà yǐnhuàn.

空港上空で旋回する鳥の群れは飛行の安全にとって大きな危険である。

抛弃旧观念是获得进一步发展的必要条件。

Pāoqì jiù guānniàn shì huòdé jìn yí bù fāzhǎn de bìyào tiáojiàn.

古い観念を捨て去ることはさらなる発展を成し遂げるための必要条件である。

他能有今天的成就，离不开老师们的辛勤培育。

Tā néng yǒu jīntiān de chéngjiù, líbukāi lǎoshīmen de xīnqín péiyù.

彼の今日の成功は、先生方による熱心な教育なくしてはあり得ない。

上一辈人吃苦耐劳的精神真是令人佩服。

Shàng yíbèi rén chīkǔ nàiláo de jīngshén zhēn shì lìng rén pèifu.

1つ上の世代の忍耐強く勤勉な精神には、本当に敬服する。

据说用这种方法烹调出来的鱼有益于健康。

Jùshuō yòng zhè zhǒng fāngfǎ pēngtiáochulai de yú yǒuyì yú jiànkāng.

この方法で調理した魚は健康によいそうだ。

今天的慈善会有众多明星前来捧场。

Jīntiān de císhànhuì yǒu zhòngduō míngxīng qiánlai pěngchǎng.

今日のチャリティーには大勢のスターが駆けつけて会場を盛り上げた。

他披了一件雨衣就跑到外面去了。

Tā pīle yí jiàn yǔyī jiù pǎodào wàimiàn qù le.

彼はレインコートを羽織ると外へ走り出して行った。

☐ 独占する	☐ 順番にやる	☐ 不平不満を言う	☐ 見失う
☐ 覆う	☐ 順番に1つずつ	☐ 偽る	☐ 励ます
☐ 抱く	☐ 実行する	☐ 補う	☐ 描く
☐ 採用する	☐ まひする	☐ 充満する	☐ 探し求める

□ 513
批发
pīfā

動 卸売りをする、（大量に商品を）買い付ける

□ 514
漂浮
piāofú

動 漂い浮かぶ
形 （仕事・勉強などが）きちんとしていない、浮ついている

□ 515
飘扬
piāoyáng

動 風にはためく

□ 516
品尝
pǐncháng

動 味わう、吟味する

□ 517
聘请
pìnqǐng

動 招聘（しょうへい）する

□ 518
凭借
píngjiè

動 基づく、頼る

□ 519
泼
pō

動 （液体を）まく
形 気が荒い、押しが強い

□ 520
破例
pò⌣lì

動 前例を破る

継続
▼

「100均のふるさと」と言われる浙江省の"义乌"には多くの
"批发店"が集まってますね。

Check 2   🎧 131

做生意有批发和零售两种。 Zuò shēngyi yǒu pīfā hé língshòu liǎng zhǒng. 商
売には卸売りと小売りの２種類がある。**有很多外商来义乌小商品市场批发商品。**
Yǒu hěn duō wàishāng lái Yìwū xiǎo shāngpǐn shìchǎng pīfā shāngpǐn. 多くの外
国人バイヤーが義烏日用品市場に商品を買い付けにくる。

在海上漂浮了一整夜的渔民终于获救了。 Zài hǎishang piāofúle yì zhěng yè de
yúmín zhōngyú huòjiù le. 海上で一晩中漂流した漁師はついに救助された。

他有点儿漂浮，给人的感觉不够稳重。 Tā yǒudiǎnr piāofú, gěi rén de gǎnjué
bú gòu wěnzhòng. 彼はどうも軽薄で、人に浮ついた印象を与える。

奥运体育馆前的广场上飘扬着世界各国的国旗。
Àoyùn Tǐyùguǎn qián de guǎngchǎng shang piāoyángzhe shìjiè gè guó de guóqí.
オリンピック体育館前の広場には世界各国の国旗が風にはためいている。

他们打算退休后周游世界，品尝各国的美食。
Tāmen dǎsuan tuìxiū hòu zhōuyóu shìjiè, pǐncháng gè guó de měishí.
彼らは退職後世界中を旅行し、各国のグルメを味わうつもりだ。

农民们聘请农业专家指导他们的生产。
Nóngmínmen pìnqǐng nóngyè zhuānjiā zhǐdǎo tāmen de shēngchǎn.
農民たちは農業専門家を招聘し生産指導を受けた。

他凭借敏锐的直觉取得了商业上的成功。
Tā píngjiè mǐnruì de zhíjué qǔdéle shāngyè shang de chénggōng.
彼は鋭い直感で、ビジネスの成功を収めた。

夏天的傍晚，许多人家都会在门前泼水降温。 Xiàtiān de bàngwǎn, xǔduō rénjia
dōu huì zài mén qián pō shuǐ jiàngwēn. 夏の夕暮れ、多くの人々が玄関先に打ち水をして
気温を下げている。 **这姑娘性子太泼了，谁都不敢惹她。** Zhè gūniang xìngzi tài pō
le, shéi dōu bùgǎn rě tā. この娘は性格が非常に荒いので、誰も彼女を相手にしようとしない。

列车破例为临产孕妇停车，一时传为佳话。
Lièchē pòlì wèi línchǎn yùnfù tíngchē, yìshí chuánwéi jiāhuà.
列車が前例を破って陣痛が起きた妊婦のために停車したことは、あっという間に美談として伝
えられた。

継続
▼

Check 1	🎧 033

□ 521
欺负
qīfu
動 いじめる、侮辱する

□ 522
歧视
qíshì
動 差別する

□ 523
启程
qǐchéng
動 旅立つ、出発する（硬い表現）

□ 524
起哄
qǐ hòng
動（大勢で少数を）冷やかす、からかう、（大勢で）騒ぐ

□ 525
企图
qǐtú
動 企てる、たくらむ
名 企て、たくらみ

□ 526
洽谈
qiàtán
動 折衝する、面談する

□ 527
牵扯
qiānchě
動 巻き込む、関係する

□ 528
牵挂
qiānguà
動 心配する、気にかける

32日目 🎧 032 Quick Review 答えは次頁	□ 目睹 □ 捏 □ 凝聚 □ 扭转	□ 挪 □ 趴 □ 排放 □ 攀登	□ 攀升 □ 盘旋 □ 抛弃 □ 培育	□ 佩服 □ 烹调 □ 捧场 □ 披

弱者之间互相欺负是一种可悲的社会现象。
Ruòzhě zhījiān hùxiāng qīfu shì yì zhǒng kěbēi de shèhuì xiànxiàng.
弱者同士でいじめ合うことは、悲しむべき社会現象である。

女性在就业过程中遭受歧视的现象屡见不鲜。
Nǚxìng zài jiùyè guòchéng zhōng zāoshòu qíshì de xiànxiàng lǚjiàn-bùxiān.
女性が就職活動において差別される現象は少なからず見られる。

今天上午，我省文化代表团启程去欧洲访问了。
Jīntiān shàngwǔ, wǒ shěng wénhuà dàibiǎotuán qǐchéng qù Ōuzhōu fǎngwèn le.
今日の午前中、我が省の文化代表団は欧州訪問に出発した。

朋友们一起哄，他就把实话说出来了。
Péngyoumen yì qǐhòng, tā jiù bǎ shíhuà shuōchulai le.
友達が冷やかすと、彼はすぐに本当の事を話した。

他时时刻刻想表现自己，企图得到上司的赏识。 Tā shíshí kèkè xiǎng biǎoxiàn zìjǐ, qǐtú dédào shàngsī de shǎngshí. 彼は常々自分をよく見せたいと思っており、上司の歓心を買おうとたくらんでいる。　**幸好公司及时发现了他的企图，不然损失就大了。** Xìnghǎo gōngsī jíshí fāxiànle tā de qǐtú, bùrán sǔnshī jiù dà le. 幸い会社はすぐに彼のたくらみに気づいたが、そうでなければ大きな損失となるところだった。

通过网络，我们可以与全世界的人洽谈生意。
Tōngguò wǎngluò, wǒmen kěyǐ yǔ quán shìjiè de rén qiàtán shēngyi.
ネットを通じて、私たちは全世界の人とビジネス交渉ができる。

一向循规蹈矩的他无意间被牵扯进了一桩官司。
Yíxiàng xúnguī-dǎojǔ de tā wúyì jiān bèi qiānchějìnle yì zhuāng guānsi.
これまでずっと規律を守ってきた彼が、知らないうちに裁判に巻き込まれてしまった。

外出谋生的父母无不牵挂着老家的孩子。
Wàichū móushēng de fùmǔ wúbù qiānguàzhe lǎojiā de háizi.
出稼ぎに出ている両親で故郷の子どもを心配していない者はいない。

□ 目の当たりにする　□ 移す　□ 上昇する　□ 感服する
□ つまむ　□ 腹ばいになる　□ 旋回する　□ 調理する
□ 凝集する　□ 排出する　□ 捨て去る　□ 場を盛り上げる
□ 向きを変える　□ よじ登る　□ 育てる　□ 羽織る

Check 1　　　　　　　　　　　　　　　　🎧 034

□ 529
迁就
qiānjiù

動 折り合う、妥協する

□ 530
签署
qiānshǔ

動 (重要書類に) 署名する

□ 531
迁徙
qiānxǐ

動 移転する、移動する

□ 532
抢劫
qiǎngjié

動 強奪する、略奪する

□ 533
抢救
qiǎngjiù

動 緊急措置をとる、急いで救い出す

□ 534
亲近
qīnjìn

動 親しくする
形 親しい、親密である

□ 535
请示
qǐngshì

動 (上司に) 指示を仰ぐ

□ 536
区分
qūfēn

動 区分する、区別する、仕分ける

継続
▼

客家の人たちの土で厚く塗り固めた要塞式の住居である"土楼"は有名ですね。

Check 2 　🎧 132

一味地迁就对方，反而会令对方心生厌倦。

Yíwèi de qiānjiù duìfāng, fǎn'ér huì lìng duìfāng xīn shēng yànjuàn.

妥協するばかりでは、相手は逆に嫌気が差してくる。

两国签署了有关能源合作的协议。

Liǎng guó qiānshǔle yǒuguān néngyuán hézuò de xiéyì.

両国はエネルギー協力に関する取り決めに署名した。

历史学家认为客家人是从中原迁徙到南方的。

Lìshǐxuéjiā rènwéi Kèjiārén shì cóng Zhōngyuán qiānxǐdào nánfāng de.

歴史学者は、客家の人々は中原から南方へ移って行ったと考えている。

晚上出门不要背这么好的包，小心被人抢劫了。

Wǎnshang chūmén búyào bēi zhème hǎo de bāo, xiǎoxīn bèi rén qiǎngjié le.

夜にそんなよいバックパックで出かけないで、ひったくりに気をつけて。

沿途拥堵的交通延误了抢救病人的时机。

Yántú yōngdǔ de jiāotōng yánwùle qiǎngjiù bìngrén de shíjī.

途中の交通渋滞で患者の応急処置のタイミングを逸した。

校长一天到晚板着脸，孩子们都不敢亲近他。 Xiàozhǎng yì tiān dào wǎn bǎnzhe liǎn, háizimen dōu bùgǎn qīnjìn tā. 校長は一日中仏頂面をしていて、子供たちはとても近づけない。

几十年来，他们一直保持着非常亲近的朋友关系。 Jǐ shí nián lái, tāmen yìzhí bǎochízhe fēicháng qīnjìn de péngyou guānxi. 何十年来、彼らは親密な交友関係をずっと保っている。

这么重要的事情，还是请示一下上级的好。

Zhème zhòngyào de shìqing, háishi qǐngshì yíxià shàngjí de hǎo.

これだけ重要な案件は、やはり上司に指示を仰ぐほうがよいだろう。

首先要对垃圾进行区分，然后才能进行进一步处理。

Shǒuxiān yào duì lājī jìnxíng qūfēn, ránhòu cái néng jìnxíng jìn yí bù chǔlǐ.

まずゴミを仕分けしてから、さらに処理を進めることができる。

继续
▼

Check 1　🎧 034

□ 537
权衡
quánhéng
動 比較判断する、はかる

□ 538
劝阻
quànzǔ
動 忠告しやめさせる

□ 539
饶恕
ráoshù
動 許す

□ 540
扰乱
rǎoluàn
動 邪魔をする、混乱させる

□ 541
惹祸
rěˇhuò
動 災いを招く、問題を引き起こす

□ 542
忍受
rěnshòu
動 我慢する、耐える

□ 543
认
rèn
動 見分ける、認める、同意する

□ 544
认同
rèntóng
動 同じと認める、共通点があり親しみを持つ、賛同する

学校权衡再三，决定花重金买下那批古籍。

Xuéxiào quánhéng zàisān, juédìng huā zhòngjīn mǎixià nà pī gǔjí.

学校は再三にわたる検討を行い、巨費を投じてその古書を買い入れることを決定した。

母亲苦口婆心地劝阻他不要做出愚蠢的行为。

Mǔqin kǔkǒu-póxīn de quànzǔ tā búyào zuòchū yúchǔn de xíngwéi.

母親は老婆心から口を酸っぱくして彼に愚かな行為をしないように忠告した。

他在关键时刻犯下了一个不可饶恕的错误。

Tā zài guānjiàn shíkè fànxiàle yí ge bùkě ráoshù de cuòwù.

彼は肝心なときに許されない誤りを犯した。

据说电磁辐射会扰乱大脑神经系统的活动。

Jùshuō diàncí fúshè huì rǎoluàn dànǎo shénjīng xìtǒng de huódòng.

電磁波は脳神経系の活動を乱すという。

他小时候净在外面惹祸，经常有人找上门来告状。

Tā xiǎo shíhou jìng zài wàimiàn rěhuò, jīngcháng yǒu rén zhǎoshàng mén lái gàozhuàng.

彼は幼いころいつも外で問題を起こし、よく家に押しかけられて苦情を言われていた。

他忍受着各种冷嘲热讽，坚持开发新产品。

Tā rěnshòuzhe gè zhǒng lěngcháo-rèfěng, jiānchí kāifā xīn chǎnpǐn.

彼はさまざまなあざけりや批判に耐えながら、新製品の開発を続けている。

他俩长得太像了，周围的人经常认错他们。

Tā liǎ zhǎngde tài xiàng le, zhōuwéi de rén jīngcháng rèncuò tāmen.

彼ら2人はあまりにも似ていて、周りの人はよく彼らを間違える。

要想获得同行的认同，就得付出加倍的努力。

Yào xiǎng huòdé tóngháng de rèntóng, jiù děi fùchū jiābèi de nǔlì.

同業者から認めてもらいたければ、人一倍努力する必要がある。

□ 卸売りをする	□ 招聘する	□ いじめる	□ 企てる
□ 漂い浮かぶ	□ 基づく	□ 差別する	□ 折衝する
□ 風にはためく	□ まく	□ 旅立つ	□ 巻き込む
□ 味わう	□ 前例を破る	□ 冷やかす	□ 心配する

□ 545

容纳
róngnà

動（意見などを）受け入れる、（人・物を）収容する

□ 546

如同
rútóng

動 ～と同じである

□ 547

筛选
shāixuǎn

動 選び出す、ふるいにかけて選ぶ

□ 548

闪烁
shǎnshuò

動 キラキラする、しどろもどろに話す

□ 549

擅长
shàncháng

動 得意とする、（ある方面に）長ずる

□ 550

赡养
shànyǎng

動（子どもが両親を）扶養する

□ 551

上瘾
shàng▼yǐn

動 病みつきになる、中毒になる

□ 552

涉及
shèjí

動 及ぶ、波及する

継続
▼

1 週目
2 週目
3 週目
4 週目
5 週目
6 週目
7 週目
8 週目
9 週目
10~14 週目

中国には55の少数民族がいますが、文字に注目すると雲南省の"納西族"に伝わる象形文字"东巴文"は話題になりましたね。

Check 2

🎧 133

多元化的国际社会应该容纳不同的民族文化。

Duōyuánhuà de guójì shèhuì yīnggāi róngnà bùtóng de mínzú wénhuà.

多様化した国際社会では、異なる民族文化を受け入れるべきだ。

兔子的眼睛如同两颗闪闪发光的红宝石。

Tùzi de yǎnjing rútóng liǎng kē shǎnshǎn fāguāng de hóngbǎoshí.

ウサギの目は2つのキラキラと輝くルビーのようだ。

最后筛选出来的主角出人意料，竟是一张新面孔。

Zuìhòu shāixuǎnchulai de zhǔjué chūrényìliào, jìng shì yì zhāng xīn miànkǒng.

最後に選抜された主役は、なんと全くの新人だった。

他的每一篇作品都闪烁着智慧的光芒。

Tā de měi yì piān zuòpǐn dōu shǎnshuòzhe zhìhuì de guāngmáng.

彼の一遍一遍の作品は、キラキラと知性の輝きを放っている。

中国的少数民族大都比汉族人更擅长歌舞。

Zhōngguó de shǎoshù mínzú dàdōu bǐ Hànzúrén gèng shàncháng gēwǔ.

中国の少数民族は、ほとんどが漢族よりも歌と踊りに長けている。

赡养老人是家庭和社会共同的责任。

Shànyǎng lǎorén shì jiātíng hé shèhuì gòngtóng de zérèn.

老人をきちんと扶養することは、家庭と社会の共同責任だ。

抽烟喝酒会上瘾，喝咖啡也会上瘾。

Chōu yān hē jiǔ huì shàngyǐn, hē kāfēi yě huì shàngyǐn.

タバコや酒には中毒性があるが、コーヒーも病みつきになる。

这事涉及到侵害版权的问题，我们不能放任不管。

Zhè shì shèjídào qīnhài bǎnquán de wèntí, wǒmen bù néng fàngrèn bù guǎn.

この件は著作権侵害の問題に及ぶので、我々は黙っているわけにはいかない。

继续
▼

Check 1	🎧 035

□ 553
申报
shēnbào
動（書面で）申告する、上申する

□ 554
渗透
shèntòu
動（事物・勢力が）徐々に進入する
用「浸透する」という意味から比喩的に使われることが多い

□ 555
升值
shēngzhí
動 値が上がる、価値が上がる

□ 556
盛行
shèngxíng
動 流行する

□ 557
施加
shījiā
動（圧力・影響などを）与える、加える

□ 558
施展
shīzhǎn
動（能力などを）発揮する

□ 559
使劲儿
shǐ˅jìnr
動 力を入れる、力を出す

□ 560
示范
shìfàn
動 模範を示す、手本を示す

旅客出入境时，要按规定申报携带的物品。

Lǚkè chūrùjìng shí, yào àn guīdìng shēnbào xiédài de wùpǐn.

旅客は出入国の際に、規定に従って携帯品を申告しなければならない。

宗教的影响渗透到了这个国家的每个角落。

Zōngjiào de yǐngxiǎng shèntòudàole zhège guójiā de měi ge jiǎoluò.

宗教の影響はこの国の隅々にまで浸透している。

并不是所有的黄金产品都具有很大的升值空间。

Bìng bú shì suǒyǒu de huángjīn chǎnpǐn dōu jùyǒu hěn dà de shēngzhí kōngjiān.

すべての金製品が大いに価値が上がる余地を持っているわけではない。

现在共享经济在中国十分盛行，除了共享单车外，一些城市还投放了共享汽车。

Xiànzài gòngxiǎng jīngjì zài Zhōngguó shífēn shèngxíng, chúle gòngxiǎng dānchē wài, yìxiē chéngshì hái tóufàngle gòngxiǎng qìchē. 现在、シェア経済は中国で非常に盛んで、シェア自転車のほか、一部の都市ではシェア自動車が投入されている。

政府向议会施加压力，要求取消该项法案。

Zhèngfǔ xiàng yìhuì shījiā yālì, yāoqiú qǔxiāo gāi xiàng fǎ'àn.

政府は議会に圧力をかけて、当該法案の取り消しを求めた。

改革开放为每个人提供了施展才华的舞台。

Gǎigé kāifàng wèi měi ge rén tígōngle shīzhǎn cáihuá de wǔtái.

改革開放は全ての人々に能力を発揮する舞台を与えた。

他们使劲儿向对岸游去。

Tāmen shǐjìnr xiàng duì'àn yóuqu.

彼らは力を出して対岸に向かって泳いで行った。

销售人员不厌其烦地为顾客们示范操作的方法。

Xiāoshòu rényuán búyàn qífán de wèi gùkèmen shìfàn cāozuò de fāngfǎ.

販売員は労をいとわず顧客に操作の手本を見せた。

☐ 折り合う	☐ 緊急措置をとる	☐ 比較判断する	☐ 災いを招く
☐ 署名する	☐ 親しくする	☐ 忠告しやめさせる	☐ 我慢する
☐ 移転する	☐ 指示を仰ぐ	☐ 許す	☐ 見分ける
☐ 強奪する	☐ 区分する	☐ 邪魔をする	☐ 同じと認める

可能補語のまとめ①

看不上　　　kànbushàng　　　気に入らない

她平时穿的用的都是国际奢侈品牌，国内一般品牌她根本看不上。

Tā píngshí chuān de yòng de dōu shì guójì shēchǐ pǐnpái, guónèi yìbān pǐnpái tā gēnběn kànbushàng.

彼女が普段着ているのは国際的な高級ブランドで、国内の一般ブランドには全く見向きもしない。

看不出　　　kànbuchū　　　見抜けない、見分けられない

真看不出，这位衣着朴素、满头白发的老人竟然是国际知名的科学家。

Zhēn kànbuchū, zhè wèi yīzhuó pǔsù, mǎntóu báifà de lǎorén jìngrán shì guójì zhīmíng de kēxuéjiā.

この地味な身なりの白髪の老人が国際的に有名な科学者だとは全く見えない。

看不过来　　　kànbuguòlai　　　（量や種類が多く一定の時間内に）全部に目を通すことができない

巨型玻璃缸里，各种各样的鱼游来游去，几乎看不过来。

Jùxíng bōligāng li, gèzhǒng-gèyàng de yú yóulái yóuqù, jīhū kànbuguòlai.

巨大なガラスの水槽の中では、いろいろな魚が泳いでいて、全部を見ることはできない。

看不起　　　kànbuqǐ　　　見下す、見くびる

做人一定要自信，如果我们自己都看不起自己，更何况别人呢?

Zuòrén yídìng yào zìxìn, rúguǒ wǒmen zìjǐ dōu kànbuqǐ zìjǐ, gèng hékuàng biéren ne?

人として自信を持つことは必要で、自分自身を軽蔑していたら、他人にどう思われるだろうか。

看不到　　　kànbudào　　　見えない

水面平静得像一面镜子似的，一点儿浪花也看不到。

Shuǐmiàn píngjìngde xiàng yí miàn jìngzi shìde, yìdiǎnr lànghuā yě kànbudào.

水面は鏡のように穏やかで、波しぶきは少しも見えない。

看不得　　　kànbude　　　見てはならない

他心胸特别狭窄，看不得别人比他过得好。

Tā xīnxiōng tèbié xiázhǎi, kànbude biéren bǐ tā guòde hǎo.

彼は心がとても狭く、他人が彼よりもよりよく暮らしているのを見ていられない。

看不惯　　　kànbuguàn　　　見慣れない、気に食わない

我就是看不惯他那目中无人的样子。

Wǒ jiùshì kànbuguàn tā nà mùzhōng-wúrén de yàngzi.

私は彼の傍若無人な様子が気に食わない。

1 週目

2 週目

3 週目

4 週目

5 週目

6 週目

7 週目

8 週目

9 週目

10〜14 週目

キクタン中国語

6 週目

中国語で言ってみよう！

抜きん出た仕事ぶりによって、彼は破格の抜てきで副部長になった。

（答えは 581）

Check 1	🎧 036

□ 561
释放
shìfàng

動 (含有物・エネルギーを) 放出する、釈放する

□ 562
试图
shìtú

動 もくろむ、〜するつもりである

□ 563
示威
shìwēi

動 デモをする、(相手に) 自分の力を見せつける

□ 564
受罪
shòu▾zuì

動 苦労する、(よくないこと・不愉快なことに) 遭う

□ 565
梳
shū

動 (髪などを) とかす、すく

□ 566
耍
shuǎ

動 演じる、ひけらかす、弄ぶ

□ 567
思念
sīniàn

動 懐かしむ、恋しく思う
⇔ 想念 xiǎngniàn、怀念 huáiniàn

□ 568
耸
sǒng

動 (肩などを) そびやかす、そびえる、人の注意を惹く、びっくりさせる

継続
▼

中国の法律ではお酒を飲むことも、運転免許の取得も18歳から可能です。

1週目
2週目
3週目
4週目
5週目
6週目
7週目
8週目
9週目
10〜14週目

Check 2

核电站释放出的放射性物质威胁着人们的健康。

Hédiànzhàn shìfàngchū de fàngshèxìng wùzhì wēixiézhe rénmen de jiànkāng.

原子力発電所から放出された放射性物質が人々の健康を脅かしている。

政府制订了严厉的法令，试图减少酒驾现象。

Zhèngfǔ zhìdìngle yánlì de fǎlìng, shìtú jiǎnshǎo jiǔjià xiànxiàng.

政府は飲酒運転の減少を狙って、厳格な法令を制定した。

民众们自发前往市政府大楼示威。

Mínzhòngmen zìfā qiánwǎng shìzhèngfǔ dàlóu shìwēi.

民衆は自発的に市庁舎前を訪れてデモを行った。

如果政府的政策出了错，受罪的还是老百姓。

Rúguǒ zhèngfǔ de zhèngcè chūle cuò, shòuzuì de háishi lǎobǎixìng.

政府の間違った政策で苦労するのは、結局のところ庶民なのだ。

她时常回忆起母亲给自己梳头的温馨场景。

Tā shícháng huíyìqǐ mǔqin gěi zìjǐ shūtóu de wēnxīn chǎngjǐng.

彼女は母に髪をとかしてもらった心温まる場面をよく思い出す。

今年的愚人节我又被朋友耍了。

Jīnnián de yúrénjié wǒ yòu bèi péngyou shuǎ le.

今年のエイプリルフールも私は友人にからかわれてしまった。

夜深人静之时，他就会思念起故乡的一草一木。

Yè shēn rén jìng zhī shí, tā jiù huì sīniànqǐ gùxiāng de yì cǎo yí mù.

夜が更け、人々が寝静まると、彼は故郷の草木一本まで懐かしく思い起こす。

他耸了耸肩膀，露出一副不以为然的神情。

Tā sǒngle sǒng jiānbǎng, lùchū yí fù bùyǐwéirán de shénqíng.

彼は肩をそびやかして、納得できないという表情になった。

继续
▼

Check 1   🎧 036

□ 569
诉苦
sù▾kǔ

動 苦しみ（や苦労）を訴える

□ 570
算是
suànshì

動 ～と言える、～とみなす
副 どうにか、やっとのことで

□ 571
损坏
sǔnhuài

動 損なう、傷つける

□ 572
锁定
suǒdìng

動 （最終的に）確定する、固定する、しっかりと定める

□ 573
索赔
suǒpéi

動 賠償を求める、クレームをつける

□ 574
索取
suǒqǔ

動 （人に金銭、物品を）要求する

□ 575
塌
tā

動 倒れる、倒壊する、へこむ、（心・気を）落ち着ける

□ 576
瘫痪
tānhuàn

動 半身不随になる、中風になる、【比喩】（機関・交通などが）まひ状態になる

她虽然遭受了很多苦难，但从不向人诉苦。

Tā suīrán zāoshòule hěn duō kǔnàn, dàn cóng bú xiàng rén sùkǔ.

彼女は多くの苦難に遭ってきたが、苦しみを誰かに訴えたことはない。

你就知足吧，他对你已经算是很客气了。 Nǐ jiù zhīzú ba, tā duì nǐ yǐjīng suànshì hěn kèqi le. 現状に満足しなさい、彼はあなたに対してすでにとても気を使っています。

他们之间的误会到今天才算是彻底解开了。 Tāmen zhījiān de wùhuì dào jīntiān cái suànshì chèdǐ jiěkāi le. 彼らの間の誤解は今日になってようやく完全に解けた。

这场强台风损坏了海上油田许多重要的设备。

Zhè cháng qiáng táifēng sǔnhuàile hǎishàng yóutián xǔduō zhòngyào de shèbèi.

今回の強烈な台風は海上油田の多くの重要設備を破壊した。

通过DNA验证，警方锁定了犯罪嫌疑人。

Tōngguò DNA yànzhèng, jǐngfāng suǒdìngle fànzuì xiányírén.

DNA鑑定の結果、警察は犯罪の容疑者を確定した。

周围居民集体向排放污水的厂家索赔。

Zhōuwéi jūmín jítǐ xiàng páifàng wūshuǐ de chǎngjiā suǒpéi.

周辺住民は集団で汚水を排出している工場に対し、損害賠償の申し立てを行った。

我们公司严禁采购人员向供应商索取回扣。

Wǒmen gōngsī yánjìn cǎigòu rényuán xiàng gōngyìngshāng suǒqǔ huíkòu.

我が社は仕入れ担当者が調達先にリベートを要求することを厳禁している。

在强烈的地震中，商店的货架都塌下来了。

Zài qiángliè de dìzhèn zhōng, shāngdiàn de huòjià dōu tāxialai le.

激しい地震で、商店の商品棚は全て倒れてしまった。

子女们请了个护工伺候瘫痪在床的母亲。 Zǐnǚmen qǐngle ge hùgōng cìhou tānhuànzài chuáng de mǔqin. 子供たちはヘルパーに半身不随で床に就いている母親の世話をしてもらっている。 **由于病毒程序迅速扩展，公司计算机全部瘫痪了。** Yóuyú bìngdú chéngxù xùnsù kuòzhǎn, gōngsī jìsuànjī quánbù tānhuàn le. ウイルスが急速に拡大したため、会社のコンピュータはすべてまひした。

□ 受け入れる	□ 得意とする	□ 申告する	□ 与える
□ ～と同じである	□ 扶養する	□ 徐々に進入する	□ 発揮する
□ 選び出す	□ 病みつきになる	□ 値が上がる	□ 力を入れる
□ キラキラする	□ 及ぶ	□ 流行する	□ 模範を示す

1 週目
2 週目
3 週目
4 週目
5 週目
6 週目
7 週目
8 週目
9 週目
10～14 週目

□ 577
探测
tàncè
🔲 (機器を使って) 観測する

□ 578
探讨
tàntǎo
🔲 研究討議する

□ 579
探望
tànwàng
🔲 (遠方から) 訪ねる、(状況を知るために) 見る

□ 580
疼爱
téng'ài
🔲 かわいがる、溺愛する

□ 581
提拔
tíbá
🔲 抜てきする

□ 582
提炼
tíliàn
🔲 (化合物・混合物から) 抽出する

□ 583
提升
tíshēng
🔲 昇進させる、向上させる、(機械や道具で) 引き揚げる

□ 584
体贴
tǐtiē
🔲 (相手の身になって) 思いやる、いたわる

継続
▼

Check 2　　　　　　　　　　　　　　　　　　　　　🎧 135

新型探测器能探测到地下五到十米深处的金属。

Xīnxíng tàncèqì néng tàncèdào dìxià wǔ dào shí mǐ shēnchù de jīnshǔ.

新型の探知機は地下5〜10メートルの深さにある金属を探知できる。

经过深入探讨，公司决定转换经营方针。

Jīngguò shēnrù tàntǎo, gōngsī juédìng zhuǎnhuàn jīngyíng fāngzhēn.

深く掘り下げた討議を経て、会社は経営方針の転換を決定した。

按照中国的习俗，最好在上午探望病人。

Ànzhào Zhōngguó de xísú, zuìhǎo zài shàngwǔ tànwàng bìngrén.

中国のしきたりによると、病人のお見舞いはできるだけ午前中にしたほうがよい。

她是家里唯一的女孩子，从小就受到全家人的疼爱。

Tā shì jiāli wéiyī de nǚ háizi, cóngxiǎo jiù shòudào quánjiārén de téng'ài.

彼女は一家でただ一人の女の子で、小さいころから家族全員から溺愛されていた。

由于出色的工作表现，他被破格提拔为副部长。

Yóuyú chūsè de gōngzuò biǎoxiàn, tā bèi pògé tíbáwéi fùbùzhǎng.

抜きん出た仕事ぶりによって、彼は破格の抜てきで副部長になった。

普通肥皂的主要成分是从石油中提炼出来的。

Pǔtōng féizào de zhǔyào chéngfèn shì cóng shíyóu zhōng tíliànchulai de.

一般的な石鹸の主要成分は石油から抽出したものである。

若想提升综合国力，还是要积极推进科学技术的发展进步。

Ruò xiǎng tíshēng zōnghé guólì, háishi yào jījí tuījìn kēxué jìshù de fāzhǎn jìnbù.

総合的な国力を高めるためには、科学技術の発展と進歩を積極的に推進しなければならない。

他不仅体贴家人，对公司的员工也很宽容。

Tā bùjǐn tǐtiē jiārén, duì gōngsī de yuángōng yě hěn kuānróng.

彼は家族思いであるだけでなく、社員に対しても寛容である。

继续
▼

□ 585
添
tiān
動 加える、増やす、追加する

□ 586
挑剔
tiāoti
動 ケチをつける

□ 587
调解
tiáojiě
動 仲裁する、調停する

□ 588
挑衅
tiǎoxìn
動 挑発する、(衝突・戦争を) しかける

□ 589
跳跃
tiàoyuè
動 跳ぶ、ジャンプする

□ 590
贴近
tiējìn
動 接近する

□ 591
听从
tīngcóng
動 言うことを聞く、従う

□ 592
停留
tíngliú
動 とどまる

今天气温下降了，你添件衣服再出门吧。

Jīntiān qìwēn xiàjiàng le, nǐ tiān jiàn yīfu zài chūmén ba.

今日は気温が下がったので、重ね着をしてから出かけなさい。

她总是对商品进行一番挑剔之后再杀价。

Tā zǒngshì duì shāngpǐn jìnxíng yì fān tiāoti zhīhòu zài shājià.

彼女はいつも商品にひとしきりケチをつけてから値切る。

在中国，邻里之间的纠纷多由居委会出面调解。

Zài Zhōngguó, línlǐ zhījiān de jiūfēn duō yóu jūwěihuì chūmiàn tiáojiě.

中国では、隣近所のもめ事は、ほとんど住民委員会が調停役を買って出る。

不管对方怎么挑衅，他始终都保持着冷静。

Bùguǎn duìfāng zěnme tiǎoxìn, tā shǐzhōng dōu bǎochízhe lěngjìng.

相手がいかに挑発しても、彼は終始冷静を保っている。

小石片在水面上跳跃了几下之后沉到了水底。

Xiǎo shípiàn zài shuǐmiàn shang tiàoyuè jǐ xià zhīhòu chéndàole shuǐdǐ.

小さな石片が水面を何度かはねてから、水の底に沈んだ。

他的小说贴近生活，深受读者的喜爱。

Tā de xiǎoshuō tiējìn shēnghuó, shēn shòu dúzhě de xǐ'ài.

彼の小説は実生活に近く、広く読者に好まれている。

有多少年轻人愿意听从过来人的劝告?

Yǒu duōshao niánqīngrén yuànyì tīngcóng guòláirén de quàngào?

経験者の忠告を進んで聞こうとする若者が一体どれだけいるだろうか。

那只鸽子在窗台停留了一会儿，马上就飞走了。

Nà zhī gēzi zài chuāngtái tíngliúle yíhuìr, mǎshàng jiù fēizǒu le.

そのハトは窓台にしばらくとどまったが、すぐに飛んで行った。

☐ 放出する	☐ とかす	☐ 苦しみを訴える	☐ 賠償を求める
☐ もくろむ	☐ 演じる	☐ ～と言える	☐ 要求する
☐ デモをする	☐ 懐かしむ	☐ 損なう	☐ 倒れる
☐ 苦労する	☐ そびやかす	☐ 確定する	☐ 半身不随になる

| Check 1 | 🎧 038 |

□ 593
通用
tōngyòng
🔲 通用する

□ 594
投掷
tóuzhì
🔲 投げる、放る

□ 595
突破
tūpò
🔲 突破する、打ち破る

□ 596
涂抹
túmǒ
🔲 塗る、書きなぐる、塗りたくる

□ 597
推辞
tuīcí
🔲 辞退する、断る

□ 598
推翻
tuī▼fān
🔲 (政権・局面を) 覆す、(定説・計画・決定を) 否定する

□ 599
推销
tuīxiāo
🔲 販路を広げる

□ 600
推卸
tuīxiè
🔲 (責任を) 回避する

継続
▼

日本では店のドアに「押」、「引」と書かれていますが、中国ではそれぞれ"推"、"拉"となります。

Check 2 ∩ 136

在古代汉语中，"函"和"含"通用，都有"包含"的意思。

Zài gǔdài Hànyǔ zhōng , "hán" hé "hán" tōngyòng , dōu yǒu "bāohán" de yìsi.

古代中国語では、"函"と"含"は通用しており、いずれも「含む」という意味があった。

愤怒的人群开始向肇事车辆投掷石块。

Fènnù de rénqún kāishǐ xiàng zhàoshì chēliàng tóuzhì shíkuài.

怒った群衆は事故を起こした車めがけて石を投げ始めた。

要勇于突破自我，才能取得进步。

Yào yǒngyú tūpò zìwǒ, cái néng qǔdé jìnbù.

勇敢に自分を突破してこそ、進歩することができる。

将清凉油涂抹在太阳穴上可以减缓头疼。

Jiāng qīngliángyóu túmǒzài tàiyángxué shang kěyǐ jiǎnhuǎn tóuténg.

清涼油をこめかみに塗ると頭痛がやわらぐ。

看了宴会名单之后，他便婉言推辞了。

Kànle yànhuì míngdān zhīhòu, tā biàn wǎnyán tuīcí le.

宴会の名簿を見てから、彼は遠回しに断った。

当地民众团结一致，推翻了殖民政府。

Dāngdì mínzhòng tuánjié yízhì, tuīfānle zhímín zhèngfǔ.

地元民は一致団結して、植民地政府を打倒した。

产品好固然重要，但如何推销也是个关键。

Chǎnpǐn hǎo gùrán zhòngyào, dàn rúhé tuīxiāo yě shì ge guānjiàn.

製品がよいことはもとより重要だが、いかに販路を広げるかも鍵となる。

不幸的是，他遇到了一个爱推卸责任的领导。

Búxìng de shì, tā yùdàole yí ge ài tuīxiè zérèn de lǐngdǎo.

不幸にも、彼は責任逃れをする上司に当たってしまった。

继续
▼

1週目
2週目
3週目
4週目
5週目
6週目
7週目
8週目
9週目
10〜14週目

Check 1

□ 601
退缩
tuìsuō

動 尻込みする、萎縮する

□ 602
拖延
tuōyán

動 （時間を）引き延ばす、ずるずる遅らす

□ 603
脱离
tuōlí

動 （ある状態や環境から）離れる、離脱する

□ 604
挖掘
wājué

動 掘る、発掘する

□ 605
歪曲
wāiqū

動 （事実・内容を）故意にゆがめる、歪曲する

□ 606
玩弄
wánnòng

動 もてあそぶ、からかう、ひけらかす、（手段・手口を）弄する

□ 607
挽救
wǎnjiù

動 （危険から）救う、助ける

□ 608
往来
wǎnglái

動 往来する、交際する

37日目 🎧 037 Quick Review 答えは次頁	□ 探测	□ 提拔	□ 添	□ 跳跃
	□ 探讨	□ 提炼	□ 挑剔	□ 贴近
	□ 探望	□ 提升	□ 调解	□ 听从
	□ 疼爱	□ 体贴	□ 挑衅	□ 停留

如果总是在困难面前退缩，那就永远无法前进。

Rúguǒ zǒngshì zài kùnnan miànqián tuìsuō, nà jiù yǒngyuǎn wúfǎ qiánjìn.

困難の前でいつも尻込みをしていたら、いつまでたっても前進はできない。

这件事越往后拖延，结果就会越糟糕。

Zhè jiàn shì yuè wǎng hòu tuōyán, jiéguǒ jiù huì yuè zāogāo.

この件は延び延びにすればするほど、結果はますますひどいものになるだろう。

人一旦脱离社会，就无法生存下去。

Rén yídàn tuōlí shèhuì, jiù wúfǎ shēngcúnxiaqu.

人はひとたび社会から離脱すると、生きてはいけない。

探险家们从洞穴中挖掘出了大量珍贵的文物。

Tànxiǎnjiāmen cóng dòngxué zhōng wājuéchūle dàliàng zhēnguì de wénwù.

探検家たちは洞穴から大量の貴重な文物を発掘した。

歪曲事实的报道严重影响了这家报社的声誉。

Wāiqū shìshí de bàodào yánzhòng yǐngxiǎngle zhè jiā bàoshè de shēngyù.

事実を歪曲した報道がこの新聞社の評判を大きく損ねた。

事到如今，他才醒悟到自己被玩弄了。

Shì dào rújīn, tā cái xǐngwùdào zìjǐ bèi wánnòng le.

今に至って、彼はようやく自分がもてあそばれたことを悟った。

经济的复苏挽救了这个岌岌可危的政权。

Jīngjì de fùsū wǎnjiùle zhège jíjí kě wēi de zhèngquán.

経済の回復が危機に瀕したこの政権を救った。

一个国家如果拒绝与其他国家往来，就会被世界抛弃。

Yí ge guójiā rúguǒ jùjué yǔ qítā guójiā wǎnglái, jiù huì bèi shìjiè pāoqì.

ある国が他国との往来を拒否すれば、すぐに世界から見捨てられるだろう。

☐ 観測する	☐ 抜てきする	☐ 加える	☐ 跳ぶ
☐ 研究討議する	☐ 抽出する	☐ ケチをつける	☐ 接近する
☐ 訪ねる	☐ 昇進させる	☐ 仲裁する	☐ 言うことを聞く
☐ かわいがる	☐ 思いやる	☐ 挑発する	☐ とどまる

□ 609 **围绕** wéirào	動 取り巻く、（ある問題や事柄を）中心とする
□ 610 **为止** wéizhǐ	動（時間や進捗について）～で終わる、～までに、～までとする
□ 611 **位于** wèiyú	動（ある場所）に位置する
□ 612 **闻名** wénmíng	動 名が知られる、名声を聞く
□ 613 **污蔑** wūmiè	動 中傷する、汚す、汚れる
□ 614 **诬陷** wūxiàn	動 罪を着せる
□ 615 **无比** wúbǐ	動 比べるものがない、類を見ない
□ 616 **无奈** wúnài	動 仕方がない 接 いかんせん、残念なことに

継続
▼

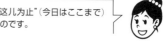

授業の終わりに先生が"今天到这儿为止"（今日はここまで）とおっしゃると、ホッとしたものです。

大会围绕野生动物的保护问题展开了激烈讨论。

Dàhuì wéirào yěshēng dòngwù de bǎohù wèntí zhǎnkāile jīliè tǎolùn.

大会では野生動物の保護問題をめぐって活発な討論が繰り広げられた。

到目前为止，他已经获得了 16 枚金牌。

Dào mùqián wéizhǐ, tā yǐjīng huòdéle shíliù méi jīnpái.

これまでに彼は 16 個の金メダルを獲得した。

位于南北极圈内的地区可观测到极光现象。

Wèiyú nánběi jíquān nèi de dìqū kě guāncèdào jíguāng xiànxiàng.

南北両極圏に位置する地域ではオーロラが観測できる。

达尔文因为他提出的进化论而闻名于世。

Dá'ěrwén yīnwei tā tíchū de jìnhuàlùn ér wénmíng yú shì.

ダーウィンは進化論の提起によって世に名が知られている。

刚刚创造了新纪录的选手被污蔑服用了兴奋剂。

Gānggāng chuàngzàole xīn jìlù de xuǎnshǒu bèi wūmiè fúyòngle xīngfènjì.

新記録を出したばかりの選手がドーピングをしていたという中傷を受けた。

他怎么忍心诬陷自己的恩人呢？

Tā zěnme rěnxīn wūxiàn zìjǐ de ēnrén ne?

どうして彼が自分の恩人に罪を着せるような残酷なまねをするだろうか。

能被贵校邀请，我感到无比荣幸。

Néng bèi guìxiào yāoqǐng, wǒ gǎndào wúbǐ róngxìng.

貴校からのお招きを賜り、この上ない光栄に存じます。

他万般无奈，只能选择接受现实。 Tā wànbān wúnài, zhǐ néng xuǎnzé jiēshòu xiànshí. 彼は仕方がなく、現実を受け入れるしかなかった。 **公司本想扩大经营，无奈遇上了经济危机。** Gōngsī běn xiǎng kuòdà jīngyíng, wúnài yùshàngle jīngjì wēijī. 会社はもともと経営を拡大したかったが、いかんせん経済危機に見舞われてしまった。

继续
▼

Check 1

□ 617
无穷
wúqióng

動 限りがない、限度がない

□ 618
误导
wùdǎo

動 誤って導く、誤った方向へ指導する

□ 619
误解
wùjiě

動 誤解する
名 誤解

□ 620
熄灭
xīmiè

動 (灯火・明かりを) 消す

□ 621
袭击
xíjī

動 【比喩】(自然の災害が) 襲いかかる・襲来する・不意打ちする

□ 622
掀
xiān

動 (覆っている物を) 取る、めくる、逆巻く

□ 623
衔接
xiánjiē

動 (物事が) つながる

□ 624
陷害
xiànhài

動 (人を) 陥れる、はめる

38日目 🎧 038 Quick Review 答えは次頁	□ 通用 □ 投擲 □ 突破 □ 涂抹	□ 推辞 □ 推翻 □ 推销 □ 推卸	□ 退缩 □ 拖延 □ 脱离 □ 挖掘	□ 歪曲 □ 玩弄 □ 挽救 □ 往来

宇宙变化无穷，有很多奥秘等待着人类去探索。

Yǔzhòu biànhuà wúqióng, yǒu hěn duō àomì děngdàizhe rénlèi qù tànsuǒ.

宇宙では尽きることのない神秘が人類の探索を待っている。

我们要有自己的判断，不能轻易被网络上的言论误导。

Wǒmen yào yǒu zìjǐ de pànduàn, bù néng qīngyì bèi wǎngluò shang de yánlùn wùdǎo.

私たちは自分たちの判断を持つべきであり、やすやすとネット上の言論にミスリードされては
いけない。

你不要误解我的话，我并不是这个意思。 Nǐ búyào wùjiě wǒ de huà, wǒ bìng bú shì zhège yìsi. 私の話を誤解しないでください、そういう意味ではありません。

你应该主动找他谈谈，消除误解。 Nǐ yīnggāi zhǔdòng zhǎo tā tántan, xiāochú wùjiě. あなたは自分から彼と話して誤解を解くべきだ。

在闭幕式上，奥运火炬的火焰渐渐地熄灭了。

Zài bìmùshì shang, Àoyùn huǒjù de huǒyàn jiànjiàn de xīmiè le.

閉会式で、オリンピックの聖火の炎が徐々に消えていった。

这个地区已经再也承受不起洪涝的袭击了。

Zhège dìqū yǐjīng zài yě chéngshòubuqǐ hónglào de xíjī le.

この地域はもうこれ以上洪水の襲来に耐えられなくなった。

他掀开后备箱，开始翻找修车的工具。

Tā xiānkāi hòubèixiāng, kāishǐ fānzhǎo xiū chē de gōngjù.

彼はトランクを開けて、車の修理道具をごそごそと探し始めた。

有人认为大学教育应该与市场需求衔接起来。

Yǒu rén rènwéi dàxué jiàoyù yīnggāi yǔ shìchǎng xūqiú xiánjiēqilai.

大学教育は市場の需要とつながるべきだと考える人もいる。

陷害他人是一种极其不道德的行为。

Xiànhài tārén shì yì zhǒng jíqí bú dàodé de xíngwéi.

他人を陥れることは極めて不道徳な行為である。

☐ 通用する　　　　☐ 辞退する　　　　☐ 尻込みする　　　　☐ 故意にゆがめる
☐ 投げる　　　　　☐ 覆す　　　　　　☐ 引き延ばす　　　　☐ もてあそぶ
☐ 突破する　　　　☐ 販路を広げる　　☐ 離れる　　　　　　☐ 救う
☐ 塗る　　　　　　☐ 回避する　　　　☐ 掘る　　　　　　　☐ 往来する

Check 1	🎧 040

□ 625
相处
xiāngchǔ
🔲 付き合う、生活や仕事を共にする

□ 626
向往
xiàngwǎng
🔲 あこがれる

□ 627
消除
xiāochú
🔲 取り除く、なくす

□ 628
销毁
xiāohuǐ
🔲 焼却する、廃棄する

□ 629
销售
xiāoshòu
🔲 (商品を) 販売する

□ 630
孝顺
xiàoshùn
🔲 親孝行をする

□ 631
泄露
xièlòu
🔲 (知られてはいけないことを) 漏らす

□ 632
泄气
xièqì
🔲 気が抜ける、気を落とす
🔲 だらしがない、情けない

継続
▼

"酗"の読み方は中国人も苦労するようで、検索エンジンには"酗酒怎么读"、"酗酒的拼音"といった語句が出てきます。

Check 2

🎧 138

我和李老师相处了三十年，对他的性格了如指掌。

Wǒ hé Lǐ lǎoshī xiāngchǔle sānshí nián, duì tā de xìnggé liǎorúzhǐzhǎng.

私は李先生と 30 年の付き合いなので、彼の性格は知り尽くしている。

厌倦了城市生活的人们开始向往乡村的生活。

Yànjuànle chéngshì shēnghuó de rénmen kāishǐ xiàngwǎng xiāngcūn de shēnghuó.

都市生活に嫌気のさした人々が農村の生活にあこがれを抱くようになった。

政府正努力消除经济危机带来的负面影响。

Zhèngfǔ zhèng nǔlì xiāochú jīngjì wēijī dàilai de fùmiàn yǐngxiǎng.

政府は経済危機がもたらした負の影響を取り除こうと努力している。

政府部门当众销毁了一大批盗版书籍。

Zhèngfǔ bùmén dāngzhòng xiāohuǐle yí dà pī dàobǎn shūjí.

政府の関係部署は公衆の面前で大量の海賊版書籍を焼却した。

经过不懈努力，该公司的产品已销售到海外市场。

Jīngguò búxiè nǔlì, gāi gōngsī de chǎnpǐn yǐ xiāoshòudào hǎiwài shìchǎng.

たゆまぬ努力を経て、この会社の商品はすでに海外市場で販売されている。

孝顺父母是很多东方国家的传统美德。

Xiàoshùn fùmǔ shì hěn duō dōngfāng guójiā de chuántǒng měidé.

親孝行とは東洋の多くの国の伝統的な美徳だ。

在闲谈中，他不小心泄露了内心的真实想法。

Zài xiántán zhōng, tā bù xiǎoxīn xièlòule nèixīn de zhēnshí xiǎngfa.

雑談のなかで、彼はうっかり心中の本当の考えを漏らしてしまった。

失败乃成功之母，不要因为一次失败就泄气! Shībài nǎi chénggōng zhī mǔ, búyào yīnwei yí cì shībài jiù xièqì! 失敗は成功の母だよ、一度の失敗で気を落とさないで!

他总是说些泄气的话，让人一听就烦。 Tā zǒngshì shuō xiē xièqì de huà, ràng rén yì tīng jiù fán. 彼はいつも弱音を吐いてばかりで、聞くだけでうんざりさせられる。

继续
▼

Check 1　🎧 040

□ 633
心疼
xīnténg
動 かわいがる、惜しがる

□ 634
行走
xíngzǒu
動 歩く

□ 635
醒目
xǐngmù
動 (文字・絵が) 人目を引く、はっきりしていて目立っている

□ 636
胸怀
xiōnghuái
動 胸に抱く
名 度量、胸

□ 637
汹涌
xiōngyǒng
動 (水が) 沸き上がる、逆巻く

□ 638
酗酒
xùjiǔ
動 大酒を飲む、乱酔する、酔って暴れる

□ 639
宣扬
xuānyáng
動 広く宣伝する

□ 640
悬挂
xuánguà
動 掛ける、掲げる、ぶら下げる

老人过分心疼孙辈，往往会使孩子变得十分骄横。

Lǎorén guòfèn xīnténg sūnbèi, wǎngwǎng huì shǐ háizi biànde shífēn jiāohèng.

老人が孫たちをかわいがりすぎると、往々にして子どもは非常に傲慢になる。

我喜欢打着伞在雨中行走。

Wǒ xǐhuan dǎzhe sǎn zài yǔ zhōng xíngzǒu.

私は傘をさして雨の中を歩くのが好きです。

施工现场应该摆放醒目的标志，以防意外。

Shīgōng xiànchǎng yīnggāi bǎifàng xǐngmù de biāozhì, yǐ fáng yìwài.

工事現場は事故防止のために目立つ標識を置かなければならない。

他从小就胸怀天下，长大后成了一名出色的政治家。Tā cóngxiǎo jiù xiōnghuái tiānxià, zhǎngdà hòu chéngle yì míng chūsè de zhèngzhìjiā.　彼は小さいころから大志を抱き、大きくなって優れた政治家になった。　他是个胸怀宽广的人，从不在意他人的褒贬。Tā shì ge xiōnghuái kuānguǎng de rén, cóng bú zàiyì tārén de bāobiǎn.　彼は度量の大きい人で、他人からの評判を一切気にしない。

汹涌的海浪疯狂地拍打着岸边的礁石。

Xiōngyǒng de hǎilàng fēngkuáng de pāidǎzhe ànbiān de jiāoshí.

荒れ狂う波が岸の岩礁を激しく打っている。

在事业遭受严重挫折之后，他开始天天酗酒。

Zài shìyè zāoshòu yánzhòng cuòzhé zhīhòu, tā kāishǐ tiāntiān xùjiǔ.

事業に大失敗してから、彼は毎日大酒を飲みだした。

这个节目因为宣扬迷信思想被禁止播出了。

Zhège jiémù yīnwei xuānyáng míxìn sīxiǎng bèi jìnzhǐ bōchū le.

この番組は迷信を広めたために、放送禁止になった。

他房间里悬挂着一幅朋友送他的山水画。

Tā fángjiān li xuánguàzhe yì fú péngyou sòng tā de shānshuǐhuà.

彼の部屋には友人がプレゼントしてくれた山水画が掛かっている。

□ 取り巻く	□ 中傷する	□ 限りがない	□ 襲いかかる
□ ～で終わる	□ 罪を着せる	□ 誤って導く	□ 取る
□ に位置する	□ 比べるものがない	□ 誤解する	□ つながる
□ 名が知られる	□ 仕方がない	□ 消す	□ 陥れる

Check 1　　　　　　　　　　　　　　　　　　🎧 041

□ 641
削弱
xuēruò
動（力・勢力が）弱まる、（力・勢力を）弱める

□ 642
巡逻
xúnluó
動 見回りをする、巡回する、パトロールする

□ 643
寻觅
xúnmì
動 探す、探し求める

□ 644
寻求
xúnqiú
動 探し求める

□ 645
压抑
yāyì
動（感情・力などを）抑えつける、抑圧する

□ 646
压制
yāzhì
動 抑えつける、制限する、プレス加工する

□ 647
淹没
yānmò
動 水に浸かる、水浸しになる、埋もれる

□ 648
延续
yánxù
動（現状のまま）継続する、延長する

継続
▼

中国の火山には中国と北朝鮮の国境付近にある"长白山"などがありますが活火山はほぼありません。

公司内部派别之间的争斗削弱了公司的竞争力。

Gōngsī nèibù pàibié zhījiān de zhēngdòu xuēruòle gōngsī de jìngzhēnglì.

会社内部の派閥闘争によって会社の競争力が弱まってしまった。

为了保障社会治安，警察日夜在大街小巷巡逻。

Wèile bǎozhàng shèhuì zhì'ān, jǐngchá rìyè zài dàjiē-xiǎoxiàng xúnluó.

社会の治安を守るために、警察は日夜街の隅々までパトロールしている。

教练们在全国各地寻觅理想的体操苗子。

Jiàoliànmen zài quánguó gè dì xúnmì lǐxiǎng de tǐcāo miáozi.

コーチたちは全国各地で理想の体操選手の卵を探し求めている。

遇到困难的时候，可以向警察寻求帮助。

Yùdào kùnnan de shíhou, kěyǐ xiàng jǐngchá xúnqiú bāngzhù.

困ったときは、警察に助けを求めることができます。

压抑了多年的愤怒一瞬间如火山般爆发了。

Yāyìle duō nián de fènnù yí shùnjiān rú huǒshān bān bàofā le.

長年抑圧された怒りが、一瞬で火山さながらに爆発した。

即使是不正确的思潮，也不能一味压制，要加以引导。

Jíshǐ shì bú zhèngquè de sīcháo, yě bù néng yíwèi yāzhì, yào jiāyǐ yǐndǎo.

たとえ正しくない思想であっても一様に抑えつけてはならず、教え導くことが必要である。

百年不遇的暴雨把整个城市都淹没在水中。

Bǎinián-búyù de bàoyǔ bǎ zhěnggè chéngshì dōu yānmòzài shuǐ zhōng.

史上まれに見る豪雨によって、都市全体が水に沈んだ。

如果这种管理方式延续下去，这家企业必将破产。

Rúguǒ zhè zhǒng guǎnlǐ fāngshì yánxùxiaqu, zhè jiā qǐyè bìjiāng pòchǎn.

このような管理方法を続けていけば、この企業は必ずや倒産するだろう。

继续
▼

Check 1　　　　　　　　　　　　　　🎧 041

□ 649 **演变** yǎnbiàn	動（長期的に）発展変化する
□ 650 **掩盖** yǎngài	動（上から）覆う、覆い隠す
□ 651 **掩饰** yǎnshì	動 ごまかす、（真実を）覆い隠す
□ 652 **摇摆** yáobǎi	動 揺れ動く
□ 653 **遥控** yáokòng	動 遠隔操作する
□ 654 **依赖** yīlài	動（自立・自給できず）すがる、依存する
□ 655 **依托** yītuō	動 頼る、（目的を達するために）名義を借りる
□ 656 **遗忘** yíwàng	動 忘れる

40日目 🎧 040 Quick Review 答えは次頁	□ 相处	□ 销售	□ 心疼	□ 汹涌
	□ 向往	□ 孝顺	□ 行走	□ 酗酒
	□ 消除	□ 泄露	□ 醒目	□ 宣扬
	□ 销毁	□ 泄气	□ 胸怀	□ 悬挂

有些宗教不同意人类是由猿猴演变而来的学说。

Yǒuxiē zōngjiào bù tóngyì rénlèi shì yóu yuánhóu yǎnbiàn ér lái de xuéshuō.

人類はサルから進化したものだという学説に反対する宗教もある。

虚假的繁荣掩盖不了经济疲软的事实。

Xūjiǎ de fánróng yǎngàibuliǎo jīngjì píruǎn de shìshí.

虚偽の繁栄は、経済の疲弊という事実を隠しおおせない。

他清了清嗓子，试图掩饰自己的失态。

Tā qīngle qīng sǎngzi, shìtú yǎnshì zìjǐ de shītài.

彼はちょっとせき払いをし、自分の失態をごまかそうとした。

音乐一响，人们便随着节奏左右摇摆起来。

Yīnyuè yì xiǎng, rénmen biàn suízhe jiézòu zuǒyòu yáobǎiqilai.

音楽が鳴り響くと、人々はリズムに合わせて体を左右に揺らし始めた。

他手中的按钮遥控着千里之外的机器人。

Tā shǒu zhōng de ànniǔ yáokòngzhe qiānlǐ zhī wài de jīqìrén.

彼の手の中のボタンが、はるか遠くのロボットを遠隔操作している。

她不喜欢依赖别人，自己的事情总是自己做。

Tā bù xǐhuan yīlài biéren, zìjǐ de shìqing zǒngshì zìjǐ zuò.

彼女は人に頼るのが好きではなく、自分のことはいつも自分でやる。

政府依托当地的青山绿水，开始发展旅游业。

Zhèngfǔ yītuō dāngdì de qīng shān lǜ shuǐ, kāishǐ fāzhǎn lǚyóuyè.

政府は地元の青々とした山と川を頼りにして、観光業を発展させ始めた。

随着时间的流逝，风靡一时的诗人逐渐被人遗忘。

Suízhe shíjiān de liúshì, fēngmǐ yìshí de shīrén zhújiàn bèi rén yíwàng.

時の流れとともに、一世を風靡［ふうび］した詩人は次第に忘れられていった。

☐ 付き合う	☐ 販売する	☐ かわいがる	☐ 沸き上がる
☐ あこがれる	☐ 親孝行をする	☐ 歩く	☐ 大酒を飲む
☐ 取り除く	☐ 漏らす	☐ 人目を引く	☐ 広く宣伝する
☐ 焼却する	☐ 気が抜ける	☐ 胸に抱く	☐ 掛ける

□ 657 **引导** yǐndǎo	動 導く、教え導く、引率する
□ 658 **隐瞒** yǐnmán	動 隠してごまかす、真相を隠し知らせない
□ 659 **应聘** yìngpìn	動 招聘に応じる
□ 660 **拥护** yōnghù	動 支持する、(指導者・政策・措置などを)擁護する
□ 661 **拥有** yōngyǒu	動 (土地・人口・財産などを)所有する、保有する
□ 662 **涌现** yǒngxiàn	動 (人や物事が)大量に現れる
□ 663 **犹如** yóurú	動 ～のようである、まるで～と同じである
□ 664 **预料** yùliào	動 予想する 名 予想、予測 量 种

継続
▼

1週目

2週目

3週目

4週目

5週目

6週目

7週目

8週目

9週目

10〜14週目

"约束"は「約束」ではなく「束縛」。では「約束」は？という風に
次々に単語を調べていくと自然と語彙が増えていきます。

Check 2　　　　　　　　　　　　　　　　　　　　　🎧 140

围绕"校园暴力"问题，老师引导大家展开讨论，畅所欲言。
Wéirào "xiàoyuán bàolì" wèntí, lǎoshī yǐndǎo dàjiā zhǎnkāi tǎolùn, chàngsuǒyùyán.
「校内暴力」について、先生はみんなを議論に導き、言いたいことを思う存分言わせた。

他一直隐瞒失业的事，生怕家里人知道。
Tā yìzhí yǐnmán shīyè de shì, shēngpà jiālǐrén zhīdao.
彼は失業したことをずっと隠しており、家族に知られはしないかとびくびくしている。

李教授应聘到渔业公司，指导鳗鱼苗的培育工作。
Lǐ jiàoshòu yìngpìndào yúyè gōngsī, zhǐdǎo mányúmiáo de péiyù gōngzuò.
李教授は漁業会社の招聘に応じ、ウナギの稚魚の養殖を指導している。

各大利益集团都拥护对自己有利的政党。
Gè dà lìyì jítuán dōu yōnghù duì zìjǐ yǒulì de zhèngdǎng.
巨大な利権団体はそれぞれ、自分たちに有利な政党を支持している。

冰岛虽然国土狭小，但拥有丰富的地热资源。
Bīngdǎo suīrán guótǔ xiáxiǎo, dàn yōngyǒu fēngfù de dìrè zīyuán.
アイスランドは国土は狭いが、豊富な地熱資源を有している。

清末民初，中国涌现出了大批的思想家。
Qīngmò Mínchū, Zhōngguó yǒngxiànchūle dàpī de sīxiǎngjiā.
清末から民国初期にかけて、中国には大勢の思想家が現れた。

燕子在空中翻飞，犹如在丈量天空的高度。
Yànzi zài kōngzhōng fānfēi, yóurú zài zhàngliáng tiānkōng de gāodù.
ツバメが空を舞うのは、まるで空の高さを測っているかのようだ。

新产品大受欢迎，这是厂商没预料到的。Xīn chǎnpǐn dà shòu huānyíng, zhè shì chǎngshāng méi yùliàodào de. 新製品が大ヒットしたのは、メーカーが予想していなかったことだ。 这只是我个人的一种预料，你别太当真。Zhè zhǐshì wǒ gèrén de yì zhǒng yùliào, nǐ bié tài dàngzhēn. これは私の個人的な予想だから、あまり本気にしないでほしい。

继续
▼

Check 1　　　　　　　　　　　　　　　　　　　　🎧 042

□ 665
冤枉
yuānwang

動 無実の罪を着せる
形 (不公平な扱いを受け) 悔しい、損である、価値がない

□ 666
约束
yuēshù

❶ 動 制限する、束縛する

□ 667
熨
yùn

動 アイロンをかける

□ 668
蕴藏
yùncáng

動 埋蔵する、埋もれる

□ 669
酝酿
yùnniàng

動 下準備をする、根回しをする
🔤 「酒を醸造する」という意味から比喩的に使われることが多い

□ 670
运算
yùnsuàn

動 計算する、演算する

□ 671
孕育
yùnyù

動 妊娠し子どもを産む、はぐくむ
🔤 「既存の事物の中に新たなことを内包する」という比喩的な意味で使われる

□ 672
砸
zá

動 (重い物を) ぶつける、落とす、壊す
🔤 話し言葉では、「失敗する」、「しくじる」という意味で使われる

41日目 🎧 041 Quick Review 答えは次頁	□ 削弱	□ 压抑	□ 演变	□ 遥控
	□ 巡逻	□ 压制	□ 掩盖	□ 依赖
	□ 寻觅	□ 淹没	□ 掩饰	□ 依托
	□ 寻求	□ 延续	□ 摇摆	□ 遗忘

你说话要有证据，不能随便冤枉好人。Nǐ shuōhuà yào yǒu zhèngjù, bù néng suíbiàn yuānwang hǎorén. 根拠を示して話をしなさい、軽々しく善良な人に無実の罪を着せてはならない。 **说我撞倒了老人，我真是冤枉。** Shuō wǒ zhuàngdǎole lǎorén, wǒ zhēnshi yuānwang. 私がお年寄りを突き飛ばしただなんて、ぬれぎぬだ。

他天性崇尚自由，不喜欢受人约束。
Tā tiānxìng chóngshàng zìyóu, bù xǐhuan shòu rén yuēshù.
彼は生まれつき自由を尊び、人に束縛されるのを好まない。

为了节省生活费，她学会了自己熨衣服。
Wèile jiéshěng shēnghuófèi, tā xuéhuìle zìjǐ yùn yīfu.
生活費を節約するため、彼女はアイロンがけを身につけた。

科学家已经证实，这座荒山底下蕴藏着丰富的能源。
Kēxuéjiā yǐjīng zhèngshí, zhè zuò huāngshān dǐxia yùncángzhe fēngfù de néngyuán.
科学者によって、この荒れ山の下に豊富なエネルギー資源が埋蔵されていることが証明された。

据悉，通讯行业正酝酿着一场新的技术革命。
Jùxī, tōngxùn hángyè zhèng yùnniàngzhe yì cháng xīn de jìshù gémìng.
通信業界では新たな技術革命の準備が進んでいるらしい。

他在上小学之前就已经学会四则运算了。
Tā zài shàng xiǎoxué zhīqián jiù yǐjīng xuéhuì sìzé yùnsuàn le.
彼は小学校に上がる前に四則計算ができるようになっていた。

水是孕育生命所必须的，没有水，生物就无法生存。Shuǐ shì yùnyù shēngmìng suǒ bìxū de, méiyǒu shuǐ, shēngwù jiù wúfǎ shēngcún. 水は生命をはぐくむために必要のものであり、水がなければ生物は生きられない。 **茶馆、小酒馆曾是孕育民众文化的重要场所。** Cháguǎn、xiǎo jiǔguǎn céng shì yùnyù mínzhòng wénhuà de zhòngyào chǎngsuǒ. 茶館、酒場はかつて大衆文化をはぐくむ重要な場所だった。

研究人员发现，猴子会用石头砸核桃吃。
Yánjiū rényuán fāxiàn, hóuzi huì yòng shítou zá hétao chī.
研究者は、サルがクルミを石で割って食べられることを発見した。

□ 弱まる	□ 抑えつける	□ 発展変化する	□ 遠隔操作する
□ 見回りをする	□ 抑えつける	□ 覆う	□ すがる
□ 探す	□ 水に浸かる	□ ごまかす	□ 頼る
□ 探し求める	□ 継続する	□ 揺れ動く	□ 忘れる

可能補語のまとめ②

吃不上　　　chībushàng　　　（食事にありつけなくて）食べられない

以前这个山村经济十分落后，很多人家连一日三餐都吃不上。

Yǐqián zhège shāncūn jīngjì shífēn luòhòu, hěn duō rénjia lián yí rì sān cān dōu chībushàng.

昔この山村は経済が非常に遅れており、多くの人は1日3食さえ食べることができなかった。

吃不下　　　chībuxià　　　（満腹で）食べられない

我已经吃了三碗米饭了，实在吃不下了。

Wǒ yǐjīng chīle sān wǎn mǐfàn le, shízài chībuxià le.

私はもうご飯を3杯食べたので、とても食べられません。

吃不起　　　chībuqǐ　　　（お金がなくて、高くて）食べられない

那家西餐厅的人均消费是一千元左右，我吃不起。

Nà jiā xīcāntīng de rénjūn xiāofèi shì yìqiān yuán zuǒyòu, wǒ chībuqǐ.

あのレストランの一人当たりの平均消費額は1000元ぐらいで、私は食べられない。

吃不了　　　chībuliǎo　　　（量が多くて）食べられない、食べきれない

别勉强他了，他吃不了辣。

Bié miǎnqiǎng tā le, tā chībuliǎo là.

無理強いしないで、彼は辛いものが食べられないから。

吃不着　　　chībuzháo　　　（物がなくて）食べられない

自从奶奶去世后，我再也吃不着她做的麻婆豆腐了。

Zìcóng nǎinai qùshì hòu, wǒ zài yě chībuzháo tā zuò de mápó dòufu le.

祖母が亡くなってから、私はもう二度と彼女の麻婆豆腐は食べられなくなった。

吃不惯　　　chībuguàn　　　（口に合わなくて）食べられない

刚到国外留学的时候，我特别吃不惯西餐，经常想念家乡菜的味道。

Gāng dào guówài liúxué de shíhou, wǒ tèbié chībuguàn xīcān, jīngcháng xiǎngniàn jiāxiāngcài de wèidao.

海外に留学したばかりの頃、私はとりわけ洋食が口に合わず、故郷の料理の味が恋しかった。

吃不准　　　chībuzhǔn　　　はっきり把握できない、自信がない

他吃不准女朋友的喜好，不知道该送什么新年礼物给她才好。

Tā chībuzhǔn nǚpéngyou de xǐhào, bù zhīdào gāi sòng shénme xīnnián lǐwù gěi tā cái hǎo.

彼は彼女の好みがはっきりしないので、新年に何をプレゼントすればいいかわからない。

1 週目

2 週目

3 週目

4 週目

5 週目

6 週目

7 週目

8 週目

9 週目

10 ～ 14 週目

キクタン中国語

7 週目

✓ 学習したらチェック！

中国語で言ってみよう！

彼は高い地位にいるが、決して親族や友達に便宜を図ることはない。

（答えは 682）

Check 1	🎧 043

□ 673
遭受
zāoshòu

動 (不幸や損害を) 受ける、被る

□ 674
遭殃
zāo▼yāng

動 災難に遭う、被害を被る

□ 675
糟蹋
zāota

動 無駄にする、浪費する、粗末にする、踏みにじる

□ 676
责备
zébèi

動 非難する、責める

□ 677
增添
zēngtiān

動 付け加える、増やす
🟰 増加 zēngjiā

□ 678
增多
zēngduō

動 多くなる、増える、増やす

□ 679
扎
zhā

動 刺す、潜り込む、駐屯する

□ 680
眨
zhǎ

動 まばたきをする
🟰 眨眼 zhǎ▼yǎn

継続
▼

Check 2 🎧 141

这场干旱使北方的农业生产遭受了巨大损失。
Zhè cháng gānhàn shǐ běifāng de nóngyè shēngchǎn zāoshòule jùdà sǔnshī.
この干ばつで北方の農業生産は大きな損失を受けた。

如果海平面上升，沿海地区就会首先遭殃。
Rúguǒ hǎipíngmiàn shàngshēng, yánhǎi dìqū jiù huì shǒuxiān zāoyāng.
海面上昇が起これば、沿海地方が真っ先に被害を受けることになる。

经历过饥荒的祖父最讨厌小孩糟蹋粮食。
Jīnglìguo jīhuang de zǔfù zuì tǎoyàn xiǎohái zāota liángshi.
飢餓を経験してきた祖父は、子どもが食べ物を粗末にすることを最も嫌う。

过多地责备小孩只会引起他们的逆反心理。
Guòduō de zébèi xiǎohái zhǐ huì yǐnqǐ tāmen de nìfǎn xīnlǐ.
子どもをあまり責めすぎても、反抗心を生むことにしかならない。

同学们种植的鲜花为校园增添了温馨的气氛。
Tóngxuémen zhòngzhí de xiānhuā wèi xiàoyuán zēngtiānle wēnxīn de qìfen.
生徒たちの植えた花が学校内に温かな雰囲気を添えた。

随着经济的发展，人们的收入也逐渐增多。
Suízhe jīngjì de fāzhǎn, rénmen de shōurù yě zhújiàn zēngduō.
経済の発展に伴って、人々の収入もしだいに増えてきた。

听了他的遭遇，我的心就像被针扎了一样痛。 Tīngle tā de zāoyù, wǒ de xīn jiù xiàng bèi zhēn zhāle yíyàng tòng. 彼の不幸な境遇を聞いて、私の心は針で刺されたように痛んだ。 他一头扎进母亲怀里，哭了起来。Tā yì tóu zhājìn mǔqīn huái li, kūle qǐlai. 彼は母親の胸の中に頭を突っ込んで泣き出した。

他连眼睛都没眨一下，就答应了孩子的请求。
Tā lián yǎnjing dōu méi zhǎ yíxià, jiù dāyìngle háizi de qǐngqiú.
彼はまばたきをする間もなく、子どもの願いを聞き入れた。

继续
▼

Check 1　🎧 043

□ 681
诈骗
zhàpiàn
動 だます、詐欺をはたらく

□ 682
沾光
zhān˘guāng
動 恩恵を受ける、あやかる

□ 683
粘贴
zhāntiē
動 貼る、貼りつける、(パソコン操作の) 貼りつける、ペーストする

□ 684
瞻仰
zhānyǎng
動 仰ぎ見る、拝見する

□ 685
展现
zhǎnxiàn
動 (目の前に) 現れる、展示される、展開する、繰り広げられる

□ 686
占据
zhànjù
動 占拠する、占める

□ 687
占线
zhàn˘xiàn
動 (電話が) 話し中である

□ 688
招收
zhāoshōu
動 (試験などの方式によって) 募集する

| 42日目🎧 042
Quick Review
答えは次頁 | □ 引导
□ 隐瞒
□ 应聘
□ 拥护 | □ 拥有
□ 涌现
□ 犹如
□ 预料 | □ 冤枉
□ 约束
□ 熨
□ 蕴藏 | □ 酝酿
□ 运算
□ 孕育
□ 砸 |

这伙诈骗公司财物的犯罪分子终于受到了法律的制裁。

Zhè huǒ zhàpiàn gōngsī cáiwù de fànzuì fènzǐ zhōngyú shòudàole fǎlǜ de zhìcái.

会社の財産をだまし取ったこの犯罪者たちはついに法律の制裁を受けた。

他虽身居高位，但从不让亲戚朋友沾光。

Tā suī shēn jū gāowèi, dàn cóng bú ràng qīnqi péngyou zhānguāng.

彼は高い地位にいるが、決して親族や友達に便宜を図ることはない。

小张小心翼翼地把纪念版邮票粘贴到信封上。

Xiǎo-Zhāng xiǎoxīn-yìyì de bǎ jìniànbǎn yóupiào zhāntiēdào xìnfēng shang.

張さんは慎重に記念切手を封筒に貼りつけた。

每年清明节，学生们都要去瞻仰革命烈士陵墓。

Měi nián Qīngmíngjié, xuéshengmen dōu yào qù zhānyǎng gémìng lièshì língmù.

毎年清明節になると、学生たちは革命烈士の陵墓を参拝する。

精美的出土文物展现着辉煌的古代文明。

Jīngměi de chūtǔ wénwù zhǎnxiànzhe huīhuáng de gǔdài wénmíng.

精巧な出土品が、輝かしい古代文明の姿を示している。

这种乳液迎合了年轻女性的需要，很快便占据了大部分市场。

Zhè zhǒng rǔyè yínghéle niánqīng nǚxìng de xūyào, hěn kuài biàn zhànjùle dàbùfen shìchǎng.

この乳液は若い女性のニーズに合致したため、あっという間に市場で大きなシェアを占めた。

他真是个大忙人，电话总是处于占线状态。

Tā zhēnshi ge dà mángrén, diànhuà zǒngshì chǔyú zhànxiàn zhuàngtài.

彼は本当に多忙で、電話はいつも話し中だ。

由于扩大了经营规模，公司决定招收几名新员工。

Yóuyú kuòdàle jīngyíng guīmó, gōngsī juédìng zhāoshōu jǐ míng xīn yuángōng.

経営規模拡大のため、会社は新しい従業員を数人募集することを決めた。

☐ 導く	☐ 所有する	☐ 無実の罪を着せる	☐ 下準備をする
☐ 隠してごまかす	☐ 大量に現れる	☐ 制限する	☐ 計算する
☐ 招聘に応じる	☐ ～のようである	☐ アイロンをかける	☐ 妊娠し子どもを産む
☐ 支持する	☐ 予想する	☐ 埋蔵する	☐ ぶつける

□ 689
着迷
zháomí

動（人・物に対して）夢中になる、とりこになる

□ 690
照料
zhàoliào

動 面倒を見る、世話をする

□ 691
照样
zhàoyàng

動 手本どおりにする
副 いつもどおりに

□ 692
照耀
zhàoyào

動（強い光が）光り輝く、照らす

□ 693
照应
zhàoyìng

動 協力する、呼応する

□ 694
遮挡
zhēdǎng

動 遮る
名 遮るもの

□ 695
折腾
zhēteng

動 苦しめる、寝返りを打つ、繰り返す、無駄遣いする

□ 696
侦探
zhēntàn

動（機密や事件を）探る
名 探偵
量 个、名

継続
▼

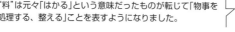
"料"は元々「はかる」という意味だったものが転じて「物事を処理する、整える」ことを表すようになりました。

Check 2

🎧 142

这座城市的异国情调让他深深地**着迷**了。
Zhè zuò chéngshì de yìguó qíngdiào ràng tā shēnshēn de zháomí le.
彼はすっかりこの町の異国情緒のとりこになってしまった。

外出旅游的邻居托他代为**照料**家里的宠物。
Wàichū lǚyóu de línjū tuō tā dàiwéi zhàoliào jiāli de chǒngwù.
旅行に出かける隣人は彼にペットの世話を頼んだ。

这种临摹不费脑筋，只要**照样**画下来就可以了。Zhè zhǒng línmó bú fèi nǎojīn, zhǐyào zhàoyàng huàxialai jiù kěyǐ le. この手の模写は頭を使わなくても、そのまま描いてしまえばいい。　虽已出线无望，球迷们还是**照样**给中国男足鼓劲。Suī yǐ chūxiàn wúwàng, qiúmímen háishi zhàoyàng gěi Zhōngguó nánzú gǔjìn. もはや勝ち進む望みはないが、ファンたちはそれでも中国男子サッカーをいつもどおり応援している。

风雨过后，灿烂的阳光依旧**照耀**着大地。
Fēngyǔ guò hòu, cànlàn de yángguāng yījiù zhàoyàozhe dàdì.
雨と風が去って、元どおりまぶしい太陽が大地を照らしている。

登山队员们互相**照应**着，安全地登上了顶峰。
Dēngshān duìyuánmen hùxiāng zhàoyìngzhe, ānquán de dēngshàngle dǐngfēng.
登山隊員は互いに協力し合い、無事頂上に登りついた。

大雨说下就下，他赶紧把背包顶在头上**遮挡**。Dàyǔ shuō xià jiù xià, tā gǎnjǐn bǎ bēibāo dǐngzài tóushang zhēdǎng. 突然の大雨に、彼は慌ててリュックを頭に乗せて雨粒をしのいだ。　他住在公寓的最高层，视野没有任何**遮挡**。Tā zhùzài gōngyù de zuì gāocéng, shìyě méiyǒu rènhé zhēdǎng. 彼はマンションの最上階に住んでおり、視野を遮るものは何もない。

我们公司的头儿走马灯似地换，把我们**折腾**得够呛。
Wǒmen gōngsī de tóur zǒumǎdēng shìde huàn, bǎ wǒmen zhētengde gòuqiàng.
我が社のトップは走馬灯のように入れ替わるので、私たちは嫌というほど苦しめられている。

这次比赛的目的是**侦探**对方实力，查找自身漏洞。Zhè cì bǐsài de mùdì shì zhēntàn duìfāng shílì, cházhǎo zìshēn lòudòng. 今回の試合の目的は相手の実力を探り、自分の弱点を探すことだ。　经过私人**侦探**调查，这家公司的账号上确实没钱了。Jīngguò sīrén zhēntàn diàochá, zhè jiā gōngsī de zhànghào shang quèshí méi qián le. 私立探偵の調査によると、この会社の口座には確かにお金がない。

继续
▼

Check 1　🎧 044

□ 697
振奋
zhènfèn
動 奮い立たせる
形 (精神が) はつらつとしている

□ 698
震惊
zhènjīng
動 驚かせる、ショックを与える
形 驚きの

□ 699
睁
zhēng
動 目を開ける、見開く

□ 700
争夺
zhēngduó
動 奪い取る

□ 701
争气
zhēngqì
動 頑張る、負けまいとする

□ 702
争抢
zhēngqiǎng
動 争って奪い合う

□ 703
争议
zhēngyì
動 論争する、口論する

□ 704
征收
zhēngshōu
動 (政府が法律によって) 徴収する

1 週目
2 週目
3 週目
4 週目
5 週目
6 週目
7 週目
8 週目
9 週目
10~14 週目

试验成功的消息振奋着研究所每一个人的心。Shìyàn chénggōng de xiāoxi zhènfènzhe yánjiūsuǒ měi yí ge rén de xīn. 実験成功のニュースは研究所の一人一人の心を奮起させている。**积极进取的人大都能时常保持振奋的心情。**Jījí jìnqǔ de rén dàdōu néng shícháng bǎochí zhènfèn de xīnqíng. 積極的に向上しようと努力する人は、たいてい常にはつらつとした気持ちを維持できる。

如果这个内幕被揭穿，无疑将震惊整个世界。Rúguǒ zhège nèimù bèi jiēchuān, wúyí jiāng zhènjīng zhěnggè shìjiè. この内幕が明るみに出れば、世界中が驚くに違いない。 **他震惊的神情告诉我，此前他并不知道真相。**Tā zhènjīng de shénqíng gàosu wǒ, cǐqián tā bìng bù zhīdào zhēnxiàng. 彼の驚きの表情が、これまで真実を知らなかったことを教えている。

他最近严重失眠，每晚都睁着眼睛等天亮。
Tā zuìjìn yánzhòng shīmián, měi wǎn dōu zhēngzhe yǎnjing děng tiānliàng. 彼は最近不眠がひどく、毎晩目を開けたまま夜明けを待っている。

为争夺市场份额，各大厂商之间打起了价格战。
Wèi zhēngduó shìchǎng fèn'é, gè dà chǎngshāng zhījiān dǎqǐle jiàgé zhàn.
市場シェアを奪うため、大手メーカー間で価格戦争が巻き起こった。

新团队非常争气，第一次比赛就进入了四强。
Xīn tuánduì fēicháng zhēngqì, dì-yī cì bǐsài jiù jìnrùle sì qiáng.
新チームは非常な頑張りを見せ、デビュー戦でベスト4入りした。

老父亲刚一过世，子女们就开始争抢遗产。
Lǎo fùqin gāng yí guòshì, zǐnǚmen jiù kāishǐ zhēngqiǎng yíchǎn.
老父が亡くなったばかりだというのに、子供たちは遺産争いを始めた。

关于是否真有 UFO 这一问题，各方争议不休。
Guānyú shìfǒu zhēn yǒu UFO zhè yī wèntí, gè fāng zhēngyì bùxiū.
UFOが実在するかという問題については、各界で侃々諤々［かんかんがくがく］の議論が繰り広げられている。

据传，政府正酝酿着征收住宅空置税。
Jùchuán, zhèngfǔ zhèng yùnniàngzhe zhēngshōu zhùzhái kōngzhìshuì.
聞くところによると、政府は空室になっている家の不動産税の徴収を検討中だという。

☐ 受ける	☐ 付け加える	☐ だます	☐ 現れる
☐ 災難に遭う	☐ 多くなる	☐ 恩恵を受ける	☐ 占拠する
☐ 無駄にする	☐ 刺す	☐ 貼る	☐ 話し中である
☐ 非難する	☐ まばたきをする	☐ 仰ぎ見る	☐ 募集する

Check 1   🎧 045

□ 705

挣扎
zhēngzhá

動 あがく、もがく、必死に頑張る

□ 706

整顿
zhěngdùn

動 (組織・規律・やり方などを) 正す、整える

□ 707

值班
zhí▾bān

動 当直する、当番にあたる

□ 708

止
zhǐ

動 止める、やめる
副 ただ〜だけ
語 副詞の用法は"**不止**〜"のように否定の形で使われることが多い

□ 709

指望
zhǐwàng

動 (ひたすら) 期待する
名 望み、見込み

□ 710

指责
zhǐzé

動 非難する、指摘して責める

□ 711

滞留
zhìliú

動 滞在する、止まって動かない

□ 712

致使
zhìshǐ

動 〜の結果をもたらす
接 そのために〜となる

継続
▼

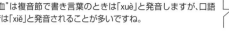

Check 2 🎧 143

在如此发达的国家，竟然还有人挣扎在贫困线上。
Zài rúcǐ fādá de guójiā, jìngrán hái yǒu rén zhēngzházài pínkùnxiàn shang.
ここまで発展した国でも、なんとまだ貧困線上で必死に生きている人がいる。

有关部门大力整顿了违章停车的现象。
Yǒuguān bùmén dàlì zhěngdùnle wéizhāng tíngchē de xiànxiàng.
関係部門は力を入れて違法駐車の取り締まりを行った。

今天晚上我值班，有事给我打电话吧。
Jīntiān wǎnshang wǒ zhíbān, yǒu shì gěi wǒ dǎ diànhuà ba.
今日は私が当直だから、何かあったら電話してください。

他伤得太重了，如果不及时止血，会有生命危险的。 Tā shāngde tài zhòng le, rúguǒ bù jíshí zhǐxiě, huì yǒu shēngmìng wēixiǎn de. 彼はひどくけがをしているので、すぐに止血しないと命の危険がある。 **这个电影他不止看了一遍。** Zhège diànyǐng tā bùzhǐ kànle yí biàn. 彼はこの映画を1度見ただけにとどまらない。

民众都指望着新领袖能扭转衰败的经济局面。 Mínzhòng dōu zhǐwàngzhe xīn lǐngxiù néng niǔzhuǎn shuāibài de jīngjì júmiàn. 民衆は新指導者に経済の衰退局面からの転換を期待している。 **人要是没个指望，那活着就会觉得很没意思。** Rén yàoshi méi ge zhǐwàng, nà huózhe jiù huì juéde hěn méi yìsi. 人は希望を失えば、生きていてもつまらないと感じる。

工作不顺利时，一味指责部下只会适得其反。
Gōngzuò bú shùnlì shí, yíwèi zhǐzé bùxià zhǐ huì shìdé-qífǎn.
仕事がうまくいかないときに、ひたすら部下を責めるだけでは逆効果だ。

由于长期滞留国外不归，他被单位除名了。
Yóuyú chángqī zhìliú guówài bù guī, tā bèi dānwèi chúmíng le.
長い間外国に滞在して帰ってこないため、彼は勤め先に解雇された。

过高的医疗费用致使医患矛盾日益加深。 Guò gāo de yīliáo fèiyong zhìshǐ yīhuàn máodùn rìyì jiāshēn. 高すぎる医療費のために、医者と患者の対立が日増しに深まっている。 **由于责任认定不清，致使法院无法做出判决。** Yóuyú zérèn rèndìngbuqīng, zhìshǐ fǎyuàn wúfǎ zuòchū pànjué. 責任の認定がはっきりできないため、裁判所は判決を下せない。

继续
▼

1 週目
2 週目
3 週目
4 週目
5 週目
6 週目
7 週目
8 週目
9 週目
10 ~ 14 週目

□ 713
周转
zhōuzhuǎn
🔲（資金が）回転する、（資金を）やり繰りする

□ 714
拄
zhǔ
🔲 つえをつく

□ 715
主办
zhǔbàn
🔲 主催する

□ 716
主管
zhǔguǎn
🔲 主管する
🔲 主管者、担当者
🔲 位

□ 717
注定
zhùdìng
🔲（法則や運命によってあらかじめ）決められている

□ 718
驻扎
zhùzhā
🔲 駐屯する

□ 719
拽
zhuài
🔲 ぐっと引く、力いっぱい引っ張る

□ 720
转让
zhuǎnràng
🔲（自分の物や権利を）譲り渡す

工厂的资金周转不过来，只好暂时停产。

Gōngchǎng de zījīn zhōuzhuǎnbuguòlái, zhǐhǎo zànshí tíngchǎn.

工場の資金繰りがうまくいかず、生産を一時停止せざるを得ない。

祖父已是风烛残年，走路也需拄着拐杖了。

Zǔfù yǐ shì fēngzhú-cánnián, zǒulù yě xū zhǔzhe guǎizhàng le.

祖父はもはや余命いくばくもなく、歩くのにもつえが必要だ。

这次学术会议是由两所大学联合主办的。

Zhè cì xuéshù huìyì shì yóu liǎng suǒ dàxué liánhé zhǔbàn de.

今回の学術会議は 2 つの大学が共同で主催したものだ。

他主管成人教育已经十多年了，有很多宝贵经验。 Tā zhǔguǎn chéngrén jiàoyù yǐjīng shí duō nián le, yǒu hěn duō bǎoguì jīngyàn. 彼は社会人教育を担当してもう十数年になり、多くの貴重な経験をした。 **我们公司缺一个销售部门主管，你有兴趣吗？** Wǒmen gōngsī quē yí ge xiāoshòu bùmén zhǔguǎn, nǐ yǒu xìngqù ma? 我が社では営業部門の管理職に空きがありますが、興味ありますか。

伤害他人的人注定要为自己的错误行为埋单。

Shānghài tārén de rén zhùdìng yào wèi zìjǐ de cuòwù xíngwéi máidān.

他人を傷つける者は間違った行為のツケを払わされると決まっている。

驻扎在山村附近的部队经常为村民做这做那。

Zhùzhāzài shāncūn fùjìn de bùduì jīngcháng wèi cūnmín zuò zhè zuò nà.

山村付近に駐屯する部隊は、よくあれこれと村民の手伝いをする。

他紧紧拽住医生的衣袖，焦急地询问女儿的病情。

Tā jǐnjǐn zhuàizhù yīshēng de yīxiù, jiāojí de xúnwèn nǚ'ér de bìngqíng.

彼は医者の袖をぐっと引っ張って、イライラしながら娘の病状について尋ねた。

他转让了股权，套取了现金后就无影无踪了。

Tā zhuǎnràngle gǔquán, tàoqǔle xiànjīn hòu jiù wúyǐng-wúzōng le.

彼は株主権を譲渡し、現金に換えた後姿をくらました。

□ 夢中になる	□ 協力する	□ 奮い立たせる	□ 頑張る
□ 面倒を見る	□ 遮る	□ 驚かせる	□ 争って奪い合う
□ 手本どおりにする	□ 苦しめる	□ 目を開ける	□ 論争する
□ 光り輝く	□ 探る	□ 奪い取る	□ 徴収する

□ 721
转弯
zhuǎnwān
動 角を曲がる、【比喩】認識や方法を変える
名 曲がり角

□ 722
转折
zhuǎnzhé
動 （方向・情勢が）転換する、（文章・言葉の含意が）変わる

□ 723
装卸
zhuāngxiè
動 積み卸しをする、組み立てたり分解をする

□ 724
着想
zhuóxiǎng
動 （人や物事の利益のために）考える

□ 725
着重
zhuózhòng
動 重点を置く、力を入れる

□ 726
滋长
zīzhǎng
動 生じる、はびこる

□ 727
自愿
zìyuàn
動 自発的に～する、自ら望む

□ 728
走私
zǒu▾sī
動 密輸する

継続
▼

"脑筋急转弯"はひねりのきいたなぞなぞやクイズのことです。
素直に考えているだけでは答えは出ない！

1週目

2週目

3週目

4週目

5週目

6週目

7週目

8週目

9週目

10～14週目

Check 2 ∩ 144

由于路面结冰，车辆转弯时很容易打滑。Yóuyú lùmiàn jiébīng, chēliàng zhuǎnwān shí hěn róngyì dǎhuá.　路面が凍結していて、車がカーブで滑りやすくなっている。　通过亲身经历，我对社会的认识有了一个大转弯。Tōngguò qīnshēn jīnglì, wǒ duì shèhuì de rènshi yǒule yí ge dà zhuǎnwān.　自らの経験を通じて、社会に対する私の認識に大きな変化が起こった。

辞去教职，下海经商，他的人生自此转折。

Cíqu jiàozhí, xiàhǎi jīngshāng, tā de rénshēng zì cǐ zhuǎnzhé.

教壇を去り、起業して商売を始めたが、彼の人生はここから変わった。

码头上，工人们正熟练地操纵着巨型起重机装卸各种物资。

Mǎtou shang, gōngrénmen zhèng shúliàn de cāozòngzhe jùxíng qǐzhòngjī zhuāngxiè gè zhǒng wùzī.

ふ頭では、作業員たちが巨大クレーンを上手に操って各種物資を積み卸している。

做人不能光想自己，要多设身处地地为他人着想。

Zuòrén bù néng guāng xiǎng zìjǐ, yào duō shèshēn-chǔdì de wèi tārén zhuóxiǎng.

人として自分の事だけでなく、なるべく他人の身になって思いやらなければならない。

现代幼儿教育更着重于培养孩子的思维能力。

Xiàndài yòu'ér jiàoyù gèng zhuózhòng yú péiyǎng háizi de sīwéi nénglì.

現代の幼児教育では子どもの思考力を養うことに一層の力が入れられている。

拜金主义危害极大，我们不能任由它滋长下去。

Bàijīn zhǔyì wēihài jí dà, wǒmen bù néng rènyóu tā zīzhǎngxiaqu.

拝金主義の害は極めて大きく、私たちはそれを放っておくことはできない。

由于献血机制的不完善，自愿献血的人越来越少。

Yóuyú xiànxiě jīzhì de bù wánshàn, zìyuàn xiànxiě de rén yuè lái yuè shǎo.

不完全な献血制度のために、自発的に献血をする人が減少し続けている。

犯罪分子往往利用边境管理的疏漏进行走私。

Fànzuì fènzǐ wǎngwǎng lìyòng biānjìng guǎnlǐ de shūlòu jìnxíng zǒusī.

犯罪者は国境管理の手抜かりを利用して密輸をした。

继续
▼

□ 729
租赁
zūlìn

動 借りる、賃借する

□ 730
足以
zúyǐ

動 十分できる、(～するに) 十分足りる

□ 731
阻碍
zǔ'ài

動 妨げる、阻害する
名 妨げ、障害
量 种、个

□ 732
阻挠
zǔnáo

動 妨害する

□ 733
钻研
zuānyán

動 研さんする、深く研究する

□ 734
遵循
zūnxún

動 守り従う

□ 735
作弊
zuò˅bì

動 不正をはたらく、インチキをする

□ 736
作废
zuòfèi

動 無効になる

| 45日目 🎧 045
Quick Review
答えは次頁 | □ 挣扎
□ 整顿
□ 值班
□ 止 | □ 指望
□ 指责
□ 滞留
□ 致使 | □ 周转
□ 拄
□ 主办
□ 主管 | □ 注定
□ 驻扎
□ 拽
□ 转让 |

他租赁了一个荒废的农场，开始种植有机蔬菜。
Tā zūlìnle yí ge huāngfèi de nóngchǎng, kāishǐ zhòngzhí yǒujī shūcài.
彼は荒れ果てた農場を借りて、有機野菜の栽培を始めた。

这种毒蛇十分危险，被咬一口便足以致命。
Zhè zhǒng dúshé shífēn wēixiǎn, bèi yǎo yì kǒu biàn zúyǐ zhìmìng.
この毒蛇は非常に危険で、かまれれば致命傷になる。

持久的资源短缺严重阻碍了经济的正常发展。Chíjiǔ de zīyuán duǎnquē yánzhòng zǔàile jīngjì de zhèngcháng fāzhǎn. 資源不足の長期化が、経済の正常な成長を著しく妨げた。 这种教育方式已经成为儿童个性发展的一种阻碍。Zhè zhǒng jiàoyù fāngshì yǐjīng chéngwéi értóng gèxìng fāzhǎn de yì zhǒng zǔài. この教育方法はすでに子どもの個性を伸ばす妨げになっている。

事故单位为了避免曝光，百般阻挠记者的采访。
Shìgù dānwèi wèile bìmiǎn bàoguāng, bǎibān zǔnáo jìzhě de cǎifǎng.
事故を起こした会社は発覚を避けるため、手を尽くして記者の取材を妨害した。

他夜以继日地钻研新技术，终于解决了产品的安全问题。
Tā yèyǐjìrì de zuānyán xīn jìshù, zhōngyú jiějuéle chǎnpǐn de ānquán wèntí.
彼は日夜新技術の研さんに励み、ついに製品の安全問題を解決した。

我们发展核电站应当遵循"安全第一"的方针。
Wǒmen fāzhǎn hédiànzhàn yīngdāng zūnxún "ānquán dì-yī" de fāngzhēn.
我々は原発を発展させるに当たり、「安全第一」の方針を守らなければならない。

在考试中作弊的学生受到了严厉的处分。
Zài kǎoshì zhōng zuòbì de xuésheng shòudàole yánlì de chǔfèn.
試験で不正を行った学生は厳しい処分を受けた。

新的税务制度实施后，原有的发票将会作废。
Xīn de shuìwù zhìdù shíshī hòu, yuán yǒu de fāpiào jiāng huì zuòfèi.
新たな税制の施行後は、元の領収書は無効となる。

□ あがく □ 期待する □ 回転する □ 決められている
□ 正す □ 非難する □ つえをつく □ 駐屯する
□ 当直する □ 滞在する □ 主催する □ ぐっと引く
□ 止める □ ～の結果をもたらす □ 主管する □ 譲り渡す

Check 1		🎧 047

動

□ 737
作息
zuòxī

動 仕事をしたり休んだりする

□ 738
做东
zuòˇdōng

動 主人役となる、ホスト役をつとめる、ごちそうする

□ 739
做主
zuòˇzhǔ

動 (責任を持って) 決定する

助動

□ 740
敢于
gǎnyú

助動 〜する勇気がある

形

□ 741
安详
ānxiáng

形 穏やかな、落ち着いている

□ 742
卑鄙
bēibǐ

形 (行い、言葉が) 卑しい、下劣である、不道徳である

□ 743
悲伤
bēishāng

形 悲しくつらい

□ 744
笨拙
bènzhuō

形 不器用な、下手な、つたない

継続
▼

台湾では地下鉄などの都市交通を"捷运(捷運)"と言います。「迅速に乗客を運ぶ」という意味。

1 週目

2 週目

3 週目

4 週目

5 週目

6 週目

7 週目

8 週目

9 週目

10～14 週目

Check 2　　　　　　　　🎧 145

要注意劳逸结合，合理作息，才能保证每天精力充沛。

Yào zhùyì láoyì jiéhé, hélǐ zuòxī , cái néng bǎozhèng měi tiān jīnglì chōngpèi.

労働と休息のバランスに注意しながら、合理的に働き、休むことで、毎日精力にあふれた生活を送ることができる。

昨天，市友好协会做东，宴请了来访的外国代表团。

Zuótiān, shì yǒuhǎo xiéhuì zuòdōng, yànqǐngle láifǎng de wàiguó dàibiǎotuán.

昨日は市の友好協会がホスト役となり、訪れた外国の代表団を宴席に招いた。

在旧中国，子女的婚姻大事都是由父母做主的。

Zài jiù Zhōngguó, zǐnǚ de hūnyīn dàshì dōu shì yóu fùmǔ zuòzhǔ de.

昔の中国では、子どもの結婚問題はすべて親が決定していた。

年轻人要敢于担当重任，敢于迎接挑战。

Niánqīngrén yào gǎnyú dāndāng zhòngrèn, gǎnyú yíngjiē tiǎozhàn.

若者は果敢に重責を担い、挑戦すべきだ。

老人去世的时候，神态十分安详。

Lǎorén qùshì de shíhou, shéntài shífēn ānxiáng.

老人が亡くなったとき、その表情は大変安らかだった。

他是个卑鄙小人，靠攻击别人往上爬。

Tā shì ge bēibǐ xiǎorén, kào gōngjī biéren wǎng shàng pá.

彼は下劣な小人物で、他人を攻撃することでのし上がった。

亲人遇难的消息让她十分悲伤。

Qīnrén yùnàn de xiāoxi ràng tā shífēn bēishāng.

身内の事故死に、彼女は大変悲しんだ。

他的右手受过伤，拿东西的动作有些笨拙。

Tā de yòushǒu shòuguo shāng, ná dōngxi de dòngzuò yǒuxiē bènzhuō.

彼は右手に怪我をしたことがあり、物を持つ動作が少し不器用だ。

继续
▼

Check 1　　　　　　　　　　　　　🎧 047

□ 745
扁
biǎn
形 ぺしゃんこである、扁平である、平たい

□ 746
便捷
biànjié
形 手軽である、早くて便利である、（身のこなしが）素早い、敏捷な

□ 747
別致
biézhì
形 一風変わっている、風変わりである、おしゃれな

□ 748
別扭
bièniu
形 うまくいかない、しっくりしない、（性格などが）ひねくれている、（話、文章が）不自然である

□ 749
不幸
búxìng
形 不幸である、不運である
名 災い

□ 750
灿烂
cànlàn
形 光り輝く、さんぜんと輝く

□ 751
仓促
cāngcù
形 慌ただしい

□ 752
嘈杂
cáozá
形 やかましい、騒がしい

电车上人太多，我书包里的盒子都被挤扁了。

Diànchē shang rén tài duō, wǒ shūbāo li de hézi dōu bèi jǐbiǎn le.

電車内は人が多すぎて、私のかばんの中の箱は押しつぶされてぺしゃんこになった。

网络的发展使人们的生活越来越便捷。

Wǎngluò de fāzhǎn shǐ rénmen de shēnghuó yuè lái yuè biànjié.

インターネットの発展が人々の生活をますます早くて便利なものにした。

她手里拿着一个别致的盒子，说是送给朋友的礼物。

Tā shǒuli názhe yí ge biézhì de hézi, shuō shì sònggěi péngyou de lǐwù.

彼女はおしゃれな箱を手にしているが、友達にあげるプレゼントだそうだ。

他的性格有些别扭，不愿意搭理人。

Tā de xìnggé yǒuxiē bièniu, bú yuànyì dāli rén.

彼の性格は少しひねくれていて、人と付き合いたがらない。

听到这个不幸的消息，大家都沉默了。 Tīngdào zhège búxìng de xiāoxi, dàjiā dōu chénmò le. この不幸な知らせを聞いて、みんな黙ってしまった。　**只要团结起来，我们就能战胜不幸，共渡难关。** Zhǐyào tuánjiéqilai, wǒmen jiù néng zhànshèng búxìng, gòng dù nánguān. 団結さえすれば、私たちは不幸に打ち勝ち、共に難関を乗り越えることができる。

听到自己获得了冠军，她脸上露出了灿烂的笑容。

Tīngdào zìjǐ huòdéle guànjūn, tā liǎnshang lùchūle cànlàn de xiàoróng.

自分が優勝を勝ち取ったと聞き、彼女の顔には輝くばかりの笑みが広がった。

时间仓促，我们来不及整理好行李就出发了。

Shíjiān cāngcù, wǒmen láibují zhěnglǐhǎo xíngli jiù chūfā le.

時間が差し迫って、私たちはきちんと荷物の整理ができないまま出発した。

房间外人声嘈杂，吵得我无法睡觉。

Fángjiān wài rénshēng cáozá, chǎode wǒ wúfǎ shuìjiào.

部屋の外の人の声がやかましくて眠れない。

☐ 角を曲がる	☐ 重点を置く	☐ 借りる	☐ 研さんする
☐ 転換する	☐ 生じる	☐ 十分できる	☐ 守り従う
☐ 積み卸しをする	☐ 自発的に～する	☐ 妨げる	☐ 不正をはたらく
☐ 考える	☐ 密輸する	☐ 妨害する	☐ 無効になる

Check 1

🎧 048

□ 753
草率
cǎoshuài

形 (仕事が)いいかげんである、ぞんざいである

□ 754
诧异
chàyì

形 不思議だ、いぶかしい

□ 755
猖狂
chāngkuáng

形 たけり狂う、正気ではない

□ 756
昌盛
chāngshèng

形 盛んである、隆盛である

□ 757
长久
chángjiǔ

形 (時間が)長い

□ 758
畅通
chàngtōng

形 (道路や通り道が)滞りなく通じる

□ 759
畅销
chàngxiāo

形 (商品が)よく売れる、売れ行きのよい
🔄 滞销 zhìxiāo(売れ行きが悪い)

□ 760
潮湿
cháoshī

形 湿っぽい、じめじめしている

継続
▼

"草"には「大雑把な、粗い」という意味があります。手紙の末尾に書く「草々」もここから来ています。

Check 2

🎧 146

这个问题很复杂，我们不能草率作出决定。

Zhège wèntí hěn fùzá, wǒmen bù néng cǎoshuài zuòchū juédìng.

この問題は複雑なので、私たちはいいかげんに決定を下してはいけない。

他突然放弃了自己喜欢的工作，大家都很诧异。

Tā tūrán fàngqìle zìjǐ xǐhuan de gōngzuò, dàjiā dōu hěn chàyì.

彼が突然自分の好きな仕事を放棄したので、皆いぶかしく思っている。

那个猖狂的罪犯终于被警方抓获了。

Nàge chāngkuáng de zuìfàn zhōngyú bèi jǐngfāng zhuāhuò le.

常軌を逸したその犯人はついに警察に捕らえられた。

我们要共同努力，使国家变得更加昌盛。

Wǒmen yào gòngtóng nǔlì, shǐ guójiā biànde gèngjiā chāngshèng.

私たちは共に力を合わせて国家をさらに繁栄させなくてはならない。

儿童认识自己，需要经历比认识世界更长久的过程。

Értóng rènshi zìjǐ, xūyào jīnglì bǐ rènshi shìjiè gèng chángjiǔ de guòchéng.

子どもが自分を知るには、世界を知るよりも更に長い過程を経験する必要がある。

上下班高峰以外的时间，这条路基本是畅通的。

Shàngxiàbān gāofēng yǐwài de shíjiān, zhè tiáo lù jīběn shì chàngtōng de.

ラッシュアワー以外は、この道は基本的にスムーズに通れる。

他的小说深受年轻人的欢迎，十分畅销。

Tā de xiǎoshuō shēn shòu niánqīngrén de huānyíng, shífēn chàngxiāo.

彼の小説は若者にとても人気があり、よく売れている。

连续下了几天雨，房间里非常潮湿。

Liánxù xiàle jǐ tiān yǔ, fángjiān li fēicháng cháoshī.

何日か雨が降り続いて、部屋の中がとても湿っぽい。

继续
▼

Check 1　　　　　　　　　　　　　　　　　　　　🎧 048

□ 761 **陈旧** chénjiù	形 古い、古臭い、時代遅れの
□ 762 **沉闷** chénmèn	形 （天気や雰囲気が）重苦しい、うっとうしい、（気分が）晴れない、（性格が）暗い、（声が）くぐもった
□ 763 **沉着** chénzhuó	形 落ち着いている
□ 764 **澄清** chéngqīng	形 澄んでいる 動【比喩】混乱を鎮める、（認識や問題を）はっきりさせる、明確にする
□ 765 **诚挚** chéngzhì	形 （態度が）誠実な、真摯な
□ 766 **迟缓** chíhuǎn	形 のろい、緩慢な
□ 767 **冲动** chōngdòng	形 感情が高ぶる、興奮に駆られる 名 衝動
□ 768 **充沛** chōngpèi	形 満ちあふれている、みなぎっている

47日目 🎧 047 Quick Review 答えは次頁	□ 作息 □ 做东 □ 做主 □ 敢于	□ 安详 □ 卑鄙 □ 悲伤 □ 笨拙	□ 扁 □ 便捷 □ 别致 □ 别扭	□ 不幸 □ 灿烂 □ 仓促 □ 嘈杂

这些外观**陈旧**的建筑，每幢都有上百年的历史了。
Zhèxiē wàiguān chénjiù de jiànzhù, měi zhuàng dōu yǒu shàng bǎi nián de lìshǐ le.
これらの外観の古い建築物はどれも100年以上の歴史がある。

他性格**沉闷**，不爱说话，朋友也很少。
Tā xìnggé chénmèn, bú ài shuōhuà, péngyou yě hěn shǎo.
彼は性格が暗く、無口で、友達も少ない。

赛场上队员们**沉着**冷静，最终取得了比赛的胜利。
Sàichǎng shang duìyuánmen chénzhuó lěngjìng, zuìzhōng qǔdéle bǐsài de shènglì.
競技場での選手たちは冷静沈着で、最後には勝利を勝ち取った。

碧绿**澄清**的湖面上升起了一轮明月。Bìlǜ chéngqīng de húmiàn shang shēngqǐle yì lún míngyuè. 青く澄んだ湖面に満月が昇った。　那个明星出面**澄清**了关于他的不实报道。Nàge míngxīng chūmiàn chéngqīngle guānyú tā de bù shí bàodào.　そのスターは、彼に関する虚偽報道について自らはっきりさせた。

在这里，我要向帮助过我的人致以最**诚挚**的谢意。
Zài zhèlǐ, wǒ yào xiàng bāngzhùguo wǒ de rén zhìyǐ zuì chéngzhì de xièyì.
ここで、私を助けてくださった方に対して心からの謝意を申し上げます。

爷爷上了年纪，行动开始变得**迟缓**。
Yéye shàngle niánjì, xíngdòng kāishǐ biànde chíhuǎn.
祖父は年を取って、行動が遅くなり始めた。

他当时非常**冲动**，后来才冷静下来。Tā dāngshí fēicháng chōngdòng, hòulái cái lěngjìngxiàlai.　彼はそのとき激高し、その後ようやく冷静になった。
这并不是一时的**冲动**，我早就决定辞职了。Zhè bìng bú shì yìshí de chōngdòng, wǒ zǎojiù juédìng cízhí le.　決して一時の衝動ではなく、前々から辞職することを決めていた。

年轻人精力**充沛**，正是学习提高的好时期。
Niánqīngrén jīnglì chōngpèi, zhèng shì xuéxí tígāo de hǎo shíqī.
若者は精力に満ちあふれ、学習が向上するよい時期だ。

□ 仕事をしたり休んだりする　□ 穏やかな　　　□ ぺしゃんこである　□ 不幸である
□ 主人役となる　　　　　　　□ 卑しい　　　　□ 手軽である　　　　□ 光り輝く
□ 決定する　　　　　　　　　□ 悲しくつらい　□ 一風変わっている　□ 慌ただしい
□ ～する勇気がある　　　　　□ 不器用な　　　□ うまくいかない　　□ やかましい

形容詞3

□ 769 **充足** chōngzú	形 十分である、余裕がある
□ 770 **稠密** chóumì	形 密集している、集中している ⇔ 稀疏 xīshū（まばらである）
□ 771 **丑恶** chǒu'è	形 （容ぼう・行為が）醜い、醜悪な
□ 772 **出色** chūsè	形 ひときわ優れた、出色の ≒ 精彩 jīngcǎi
□ 773 **慈祥** cíxiáng	形 （老人の態度や顔つきが）慈悲深く優しい
□ 774 **粗鲁** cūlǔ	形 （性格や行為が）粗野である、粗暴である
□ 775 **粗心** cūxīn	形 そそっかしい、うかつな ⇔ 细心 xìxīn（注意深い）
□ 776 **胆怯** dǎnqiè	形 憶病である、びくびくしている

継続
▼

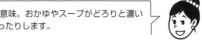
"稠"は「濃い」という意味。おかゆやスープがどろりと濃いときは"稠乎乎"と言ったりします。

1週目
2週目
3週目
4週目
5週目
6週目
7週目
8週目
9週目
10〜14週目

Check 2 🎧 147

因为没有充足的水源灌溉农田，今年的粮食产量很低。

Yīnwei méiyǒu chōngzú de shuǐyuán guàngài nóngtián, jīnnián de liángshi chǎnliàng hěn dī.

農地を灌漑 [かんがい] するのに十分な水源がないため、今年の食糧生産量は少ない。

上海是中国人口最稠密的城市之一。

Shànghǎi shì Zhōngguó rénkǒu zuì chóumì de chéngshì zhī yī.

上海は中国で人口が最も密集している都市の一つである。

这本小说讽刺了当前社会上的一些丑恶现象。

Zhè běn xiǎoshuō fěngcìle dāngqián shèhuì shang de yīxiē chǒu'è xiànxiàng.

この小説は現代社会のいくつかの醜悪な現象を風刺している。

他是一名非常出色的新闻节目主持人。

Tā shì yì míng fēicháng chūsè de xīnwén jiémù zhǔchírén.

彼は非常に優れたニュース番組の司会者だ。

在我模糊的记忆中，外婆是一位慈祥的老人。

Zài wǒ móhu de jìyì zhōng, wàipó shì yí wèi cíxiáng de lǎorén.

私のおぼろげな記憶では、母方の祖母は慈悲深く優しい老人だった。

他看上去像个文化人，实际上行为粗鲁，不懂礼貌。

Tā kànshangqu xiàng ge wénhuàrén, shíjìshang xíngwéi cūlǔ, bù dǒng lǐmào.

彼は見たところインテリだが、実際は行動が粗野で、礼儀をわきまえない。

小李非常粗心，老是把钥匙忘在房间里。

Xiǎo-Lǐ fēicháng cūxīn, lǎoshì bǎ yàoshi wàngzài fángjiān li.

李くんは非常にそそっかしくて、いつも鍵を部屋に忘れる。

那孩子刚上小学的时候有些胆怯，不敢和别人说话。

Nà háizi gāng shàng xiǎoxué de shíhou yǒuxiē dǎnqiè, bùgǎn hé biéren shuōhuà.

その子どもは小学校に上がったばかりのころはちょっと憶病で、人と話ができなかった。

继续
▼

Check 1   🎧 049

□ 777
动听
dòngtīng
形 (話や音楽が) 感動的である、惹きつけられる

□ 778
陡峭
dǒuqiào
形 (山やがけなどが) 険しい、切り立っている

□ 779
短促
duǎncù
形 時間が短い、慌ただしい

□ 780
烦恼
fánnǎo
形 思い悩む、苦悩する

□ 781
繁重
fánzhòng
形 仕事がきつい、任務 (負担) が重い

□ 782
反常
fǎncháng
形 普段と違う、異常である

□ 783
分明
fēnmíng
形 はっきりしている、明らかな
副 明らかに

□ 784
疯狂
fēngkuáng
形 狂気じみている

48日目 🎧 048 Quick Review 答えは次頁	□ 草率	□ 长久	□ 陈旧	□ 诚挚
	□ 诧异	□ 畅通	□ 沉闷	□ 迟缓
	□ 猖狂	□ 畅销	□ 沉着	□ 冲动
	□ 昌盛	□ 潮湿	□ 澄清	□ 充沛

在场的观众都被她优美动听的歌声吸引了。

Zàichǎng de guānzhòng dōu bèi tā yōuměi dòngtīng de gēshēng xīyǐn le.

会場の観衆は皆彼女の優美で感動的な歌声に魅了された。

考察队在陡峭的山路上艰难地行进。

Kǎocháduì zài dǒuqiào de shānlù shang jiānnán de xíngjìn.

観測隊は険しい山道を苦労して進んだ。

生命是短促的，而我们想做的事却又那么多。

Shēngmìng shì duǎncù de, ér wǒmen xiǎng zuò de shì què yòu nàme duō.

生命は短くつかの間のものなのに、私たちがやりたいことはこんなにも多い。

他正在为要不要向那个女孩表白而烦恼。

Tā zhèngzài wèi yào bu yào xiàng nàge nǚhái biǎobái ér fánnǎo.

彼はちょうどあの女の子に告白するかしないか思い悩んでいるところだ。

他工作繁重，每天都要加班到深夜。

Tā gōngzuò fánzhòng, měi tiān dōu yào jiābāndào shēnyè.

彼の仕事はきつくて、毎日深夜まで残業しなくてはならない。

今年气候反常，还没到冬天就下起了大雪。

Jīnnián qìhòu fǎncháng, hái méi dào dōngtiān jiù xiàqǐle dàxuě.

今年は異常気象で、まだ冬になっていないのに大雪が降った。

世界上的事并不一定都是黑白分明的。Shìjiè shang de shì bìng bù yídìng dōu shì hēibái fēnmíng de. 世の中の物事は必ずしも白黒をはっきりつけられるわけではない。 **他分明是在骗你，你不要听信他的谎言。**Tā fēnmíng shì zài piàn nǐ, nǐ búyào tīngxìn tā de huǎngyán. 彼は明らかにあなたをだましているから、彼のうそを信じないように。

那些摇滚歌手站在舞台上，疯狂地甩着头发。

Nàxiē yáogǔn gēshǒu zhànzài wǔtái shang, fēngkuáng de shuǎizhe tóufa.

そのロック歌手たちはステージに立ち、狂ったように髪を振り乱している。

☐ いいかげんである	☐ 長い	☐ 古い	☐ 誠実な
☐ 不思議だ	☐ 滞りなく通じる	☐ 重苦しい	☐ のろい
☐ たけり狂う	☐ よく売れる	☐ 落ち着いている	☐ 感情が高ぶる
☐ 盛んである	☐ 湿っぽい	☐ 澄んでいる	☐ 満ちあふれている

可能補語のまとめ③

吃得消　chīdexiāo　　　　　　　　支えきれる、耐えられる

你已经连续好几天只睡四个小时了，身体吃得消吗?

Nǐ yǐjīng liánxù hǎo jǐ tiān zhǐ shuì sì ge xiǎoshí le, shēntǐ chīdexiāo ma?

ずっと何日も4時間しか寝ていませんが、体は大丈夫ですか。

吃不消　chībuxiāo　　　　　　　　閉口する、やりきれない、耐えられない

父母年纪大了，刘森担心这种长途旅行会让他们的身体吃不消。

Fùmǔ niánjì dà le, Liú Sēn dānxīn zhè zhǒng chángtú lǚxíng huì ràng tāmen de shēntǐ chībuxiāo.

両親は年を取っているので、劉森はこの長い旅行に体が耐えられないのではと心配している。

吃不透　chībutòu　　　　　　　　完全には理解できない

这部分内容我已经给你讲了三遍了，你怎么还是吃不透啊?

Zhè bùfen nèiróng wǒ yǐjīng gěi nǐ jiǎngle sān biàn le, nǐ zěnme háishi chībutòu a?

この部分はもう3回も話したのに、どうしてまだ理解できないのですか。

吃得开　chīdekāi　　　　　　　　通用する、歓迎される

只要有过硬的技能，走到哪也吃得开，不用担心下岗。

Zhǐyào yǒu guòyìng de jìnéng, zǒudào nǎ yě chīdekāi, búyòng dānxīn xiàgǎng.

しっかりとしたスキルさえあれば、どこへ行っても通用するので、リストラの心配はない。

吃不开　chībukāi　　　　　　　　通用しない、歓迎されない

你那法子放到十年前还能管用，现在可吃不开了。

Nǐ nà fǎzi fàngdào shí nián qián hái néng guǎnyòng, xiànzài kě chībukāi le.

あなたのその方法は10年前までは使えたが、今は通用しない。

吃得住　chīdezhù　　　　　　　　支えきれる

我自己提行李箱吧，这点重量我还吃得住。

Wǒ zìjǐ tí xínglixiāng ba, zhè diǎn zhòngliàng wǒ hái chīdezhù.

自分でスーツケースを持ちましょう、これくらいの重さなら大丈夫です。

吃不住　chībuzhù　　　　　　　　支えきれない、耐えられない

小船吃不住这么多人的重量，马上要沉了。

Xiǎo chuán chībuzhù zhème duō rén de zhòngliàng, mǎshàng yào chén le.

ボートはこんなに多くの人の重さには耐えられないので、すぐに沈んでしまう。

1週目

2週目

3週目

4週目

5週目

6週目

7週目

8週目

9週目

10〜14週目

キクタン中国語
8週目

中国語で言ってみよう！

祖父の声や姿は、今でも私の脳裏にくっきりと焼き付いている。

（答えは868）

□ 785
锋利
fēnglì
形 鋭利な、切れ味のよい、（言論が）鋭い

□ 786
丰盛
fēngshèng
形 （物が）豊富である
≒ 丰富 fēngfù

□ 787
负面
fùmiàn
形 ネガティブな、マイナス面の

□ 788
富有
fùyǒu
形 富裕である、豊かに持っている

□ 789
尴尬
gāngà
形 気まずい、ばつが悪い、ぎこちない、不自然な

□ 790
干旱
gānhàn
形 （気候・土壌が日照りで）乾燥している

□ 791
感人
gǎnrén
形 感動させる、感動的である

□ 792
高傲
gāo'ào
形 尊大な、人を見下した、傲慢な

継続
▼

宴席などで、遠慮しつつ相手の好意を受けるときには"恭敬
不如从命"（お言葉に甘えて）と言ってみましょう。

Check 2

∩ 148

这把刀非常锋利，你使用时要小心。

Zhè bǎ dāo fēicháng fēnglì, nǐ shǐyòng shí yào xiǎoxīn.

このナイフはとても鋭利なので、使用するときには気をつけてください。

妈妈准备了一桌丰盛的晚餐，给我庆祝生日。

Māma zhǔnbèile yì zhuō fēngshèng de wǎncān, gěi wǒ qìngzhù shēngrì.

母はテーブルいっぱいに夕食を用意して、私の誕生日を祝ってくれた。

不正确的家庭教育会对孩子造成负面影响。

Bú zhèngquè de jiātíng jiàoyù huì duì háizi zàochéng fùmiàn yǐngxiǎng.

正しくない家庭教育は、子どもにマイナスの影響を与える。

这一带是鱼米之乡，当地民众都非常富有。

Zhè yídài shì yúmǐzhīxiāng, dāngdì mínzhòng dōu fēicháng fùyǒu.

この一帯は魚や米がよく取れる肥沃な地であり、住民はとても裕福である。

和领导发生矛盾后，他在公司的处境有些尴尬。

Hé lǐngdǎo fāshēng máodùn hòu, tā zài gōngsī de chǔjìng yǒuxiē gāngà.

上司とすれ違いが生じてから、彼の会社での立場はやや気まずくなった。

这里连续几个月没下雨了，土地干旱的情况很严重。

Zhèli liánxù jǐ ge yuè méi xià yǔ le, tǔdì gānhàn de qíngkuàng hěn yánzhòng.

ここはもう数カ月間も雨が降っておらず、土地の干ばつ状況は深刻である。

这部小说讲述了一段感人的爱情故事。

Zhè bù xiǎoshuo jiǎngshùle yí duàn gǎnrén de àiqíng gùshi.

この小説は感動的なラブストーリーを描いている。

她自认为家世好，时常摆出一副高傲的样子。

Tā zì rènwéi jiāshì hǎo, shícháng bǎichū yí fù gāo'ào de yàngzi.

彼女は自分で家柄がよいと思っており、よく尊大なそぶりを見せる。

継续
▼

1週目
2週目
3週目
4週目
5週目
6週目
7週目
8週目
9週目
10〜14週目

Check 1

□ 793
高超
gāochāo

形 ずば抜けている

□ 794
高档
gāodàng

形 高級な、上等の
⇔ 低档 dīdàng（低級な）

□ 795
高明
gāomíng

形 (見解・技術に) 優れている
名 優れた人

□ 796
恭敬
gōngjìng

形 恭しい、礼儀正しい

□ 797
古怪
gǔguài

形 風変わりである、変てこな、異質である

□ 798
光滑
guānghuá

形 つるつるしている、滑らかである

□ 799
过度
guòdù

形 度を越えている、過度の

□ 800
罕见
hǎnjiàn

形 珍しい、めったに見られない
⇔ 常见 chángjiàn（見慣れた）

49日目 🎧 049
Quick Review
答えは次頁

□ 充足	□ 慈祥	□ 动听	□ 繁重
□ 稠密	□ 粗鲁	□ 陡峭	□ 反常
□ 丑恶	□ 粗心	□ 短促	□ 分明
□ 出色	□ 胆怯	□ 烦恼	□ 疯狂

他高超的球技赢得了在场观众的热烈掌声。

Tā gāochāo de qiújì yíngdéle zàichǎng guānzhòng de rèliè zhǎngshēng.

彼のずば抜けたボールさばきは会場の観衆の熱狂的な拍手を受けた。

美国纽约的第五大道是著名的高档商业街。

Měiguó Niǔyuē de Dì-wǔ dàdào shì zhùmíng de gāodàng shāngyèjiē.

アメリカのニューヨークの5番街は、有名な高級ショッピング街である。

他的医术十分高明，找他看病的人很多。

Tā de yīshù shífēn gāomíng, zhǎo tā kànbìng de rén hěn duō.

彼の医療技術は非常に優れており、診察に訪れる人がたくさんいる。

学生们恭敬地从校长手中接过毕业证书。

Xuéshengmen gōngjìng de cóng xiàozhǎng shǒuzhōng jiēguò bìyè zhèngshū.

学生たちは恭しく校長の手から卒業証書を受け取った。

那个老人性格古怪，很少和其他人交往。

Nàge lǎorén xìnggé gǔguài, hěn shǎo hé qítārén jiāowǎng.

その老人はひねくれ者で、ほとんど人付き合いをしない。

她虽然已年近四十，但皮肤还是那么光滑细腻。

Tā suīrán yǐ nián jìn sìshí, dàn pífū háishi nàme guānghuá xìnì.

彼女はもう40歳近いが、肌は相変わらずすべすべできめ細かい。

家长应尊重孩子的兴趣，不应该过度干涉。

Jiāzhǎng yīng zūnzhòng háizi de xìngqù, bù yīnggāi guòdù gānshè.

保護者は子どもの興味を尊重し、過度な干渉をすべきでない。

这是一种罕见的鱼，生活在深海之中。

Zhè shì yì zhǒng hǎnjiàn de yú, shēnghuózài shēnhǎi zhī zhōng.

これは珍しい魚で、深海に生息している。

□ 十分である　　　□ 慈悲深く優しい　　　□ 感動的である　　　□ 仕事がきつい
□ 密集している　　□ 粗野である　　　　　□ 険しい　　　　　　□ 普段と違う
□ 醜い　　　　　　□ そそっかしい　　　　□ 時間が短い　　　　□ はっきりしている
□ ひときわ優れた　□ 憶病である　　　　　□ 思い悩む　　　　　□ 狂気じみている

Check 1 🎧 051

□ 801
豪迈
háomài
形 豪胆である、気迫がある、堂々としている

□ 802
好客
hàokè
形 客好きである

□ 803
和气
héqi
形 温和である、睦まじい、仲がよい

□ 804
合算
hésuàn
形 割に合う、採算がとれる、買い得だ

□ 805
宏观
hóngguān
形 マクロの、巨視的な
⇄ 微观 wēiguān（ミクロの）

□ 806
宏伟
hóngwěi
形 （規模・計画が）雄大である、壮大である

□ 807
红火
hónghuo
形 盛んである、にぎやかである、景気がよい

□ 808
糊涂
hútu
形 はっきりしない、訳が分からない、でたらめである、ぼんやりしている

継続
▼

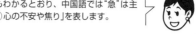
"急切"、"急躁" からもわかるとおり、中国語では"急"は主に「(急いだ結果起こる) 心の不安や焦り」を表します。

1週目
2週目
3週目
4週目
5週目
6週目
7週目
8週目
9週目
10〜14週目

Check 2 🎧 149

他出生在东北，有着北方人特有的豪迈与热情。

Tā chūshēngzài Dōngběi, yǒuzhe běifāngrén tèyǒu de háomài yǔ rèqíng.

彼は東北生まれで、北方人ならではの豪胆さと暖かな心の持ち主だ。

这里的村民很好客，热情地带我们参观了当地的民居。

Zhèli de cūnmín hěn hàokè, rèqíng de dài wǒmen cānguānle dāngdì de mínjū.

ここの村の人は客好きで、親切にも地元の民家の見学に連れていってくれた。

她为人和气，无论遇到什么事都不会和别人争吵。

Tā wéirén héqi, wúlùn yùdào shénme shì dōu bú huì hé biéren zhēngchǎo.

彼女は温和な性格で、何があっても人と言い争うことがない。

这件衣服打五折，比原价便宜了一半，真合算。

Zhè jiàn yīfu dǎ wǔ zhé, bǐ yuánjià piányile yíbàn, zhēn hésuàn.

この服は5割引と元値の半額で、実にお買い得だ。

中国现在实行宏观调控与市场调控相结合的经济政策。

Zhōngguó xiànzài shíxíng hóngguān tiáokòng yǔ shìchǎng tiáokòng xiāng jiéhé de jīngjì zhèngcè.

中国は現在マクロコントロールと市場による調整を組み合わせた経済政策を実施している。

北京故宫是旧时皇帝居住的地方，修建得十分宏伟。

Běijīng gùgōng shì jiùshí huángdì jūzhù de dìfang, xiūjiànde shífēn hóngwěi.

北京の故宫はかつて皇帝の住んでいた場所で、実に雄大な造りになっている。

因为质量好，价格便宜，他的生意越来越红火了。

Yīnwei zhìliàng hǎo, jiàgé piányi, tā de shēngyi yuè lái yuè hónghuo le.

品質がよく、価格も安いので、彼の商売はますます繁盛している。

老人虽然年纪大了，但是头脑清楚，一点儿也不糊涂。

Lǎorén suīrán niánjì dà le, dànshì tóunǎo qīngchu, yìdiǎnr yě bù hútu.

老人は年は取っているものの、頭ははっきりとして、少しもぼけたところがない。

继续
▼

Check 1 　　　　　　　　　　　　　　　　　　　🎧 051

□ 809
欢快
huānkuài

形 軽快である、うきうきする

□ 810
欢乐
huānlè

形 愉快である、楽しい、嬉しい

□ 811
慌
huāng

形 慌てる、うろたえる

□ 812
慌忙
huāngmáng

形 慌ただしい

□ 813
慌张
huāngzhāng

形 慌てている、そわそわしている

□ 814
机灵
jīling

形 機転が利く、利口である

□ 815
急切
jíqiè

形 切実である、差し迫っている、切羽詰まっている

□ 816
急躁
jízào

形 落ち着かない、焦る、気が短い、せっかちである

| 50日目 🎧 050
Quick Review
答えは次頁 | □ 锋利
□ 丰盛
□ 负面
□ 富有 | □ 尴尬
□ 干旱
□ 感人
□ 高傲 | □ 高超
□ 高档
□ 高明
□ 恭敬 | □ 古怪
□ 光滑
□ 过度
□ 罕见 |

在欢快的乐曲声中，新年联欢晚会正式开始了。

Zài huānkuài de yuèqǔ shēng zhōng, xīnnián liánhuān wǎnhuì zhèngshì kāishǐ le.

軽快な音楽の中で、新年の交歓の夕べが正式に始まった。

礼堂里好像有什么活动，不时传出欢乐的笑声。

Lǐtáng li hǎoxiàng yǒu shénme huódòng, bùshí chuánchū huānlè de xiàoshēng.

ホールで何かイベントをやっているらしく、時折楽しそうな笑い声が聞こえてくる。

慌什么，时间还来得及，吃完饭再走吧。

Huāng shénme, shíjiān hái láidejí, chīwán fàn zài zǒu ba.

何を慌てているのか、時間はまだ間に合うから、ご飯を食べてから行きましょう。

你这么慌忙，有什么要紧的事吗?

Nǐ zhème huāngmáng, yǒu shénme yàojǐn de shì ma?

そんなに慌てて、何か重要な用事があるのですか。

他忘记带教科书了，又慌张地跑回宿舍去取。

Tā wàngjì dài jiàokēshū le, yòu huāngzhāng de pǎohuí sùshè qù qǔ.

彼は教科書を持ってくるのを忘れ、慌てて寮に走って取りに戻った。

这孩子又聪明又机灵，大家都很喜欢他。

Zhè háizi yòu cōngming yòu jīling, dàjiā dōu hěn xǐhuan tā.

この子は賢くて機転も利くので、みんなに愛されている。

孩子们急切地等待着圣诞老人的礼物。

Háizimen jíqiè de děngdàizhe Shèngdàn Lǎorén de lǐwù.

子供たちはサンタクロースからのプレゼントを切実な思いで待っている。

这孩子性格急躁，做什么事都没有耐心。

Zhè háizi xìnggé jízào, zuò shénme shì dōu méiyǒu nàixīn.

この子は落ち着きがなく、何をやってもすぐに投げ出してしまう。

□ 鋭利な	□ 気まずい	□ ずば抜けている	□ 風変わりである
□ 豊富である	□ 乾燥している	□ 高級な	□ つるつるしている
□ ネガティブな	□ 感動させる	□ 優れている	□ 度を越えている
□ 富裕である	□ 尊大な	□ 恭しい	□ 珍しい

□ 817
家常
jiācháng

形 **日常の、普段の**
慣 拉家常 lā jiācháng（世間話をする）、
叙家常 xù jiācháng（世間話をする）

□ 818
艰难
jiānnán

形 **（生活などが）苦しい**

□ 819
坚韧
jiānrèn

形 **強じんである**

□ 820
简陋
jiǎnlòu

形 **（建物や設備が）粗末である**

□ 821
简要
jiǎnyào

形 **簡潔である、簡単で要を得ている**

□ 822
僵硬
jiāngyìng

形 **（肢体が）硬直している、こわばっている、融通が利かない、しゃくし定規である**

□ 823
娇气
jiāoqì

形 **ひ弱な、苦労に耐えられない、もろい**

□ 824
洁净
jiéjìng

形 **清潔である**

継続
▼

"家常"と結びつく名詞には"豆腐"、"小菜"、"饭菜"、"味儿"
など「家庭の味」に関係するものが多いようです。

Check 2 🎧 150

爸爸在家什么都不干，把家常琐事都扔给了妈妈。Bàba zài jiā shénme dōu bú gàn, bǎ jiācháng suǒshì dōu rēnggěile māma.　父は家では何もせず、日常のこまごましたことはすべて母に投げた。

由于长期一个人生活，我也学会了一些家常菜。Yóuyú chángqī yí ge rén shēnghuó, wǒ yě xuéhuìle yìxiē jiāchángcài.　一人暮らしが長いので、家庭料理なら少しは作れるようになった。

虽然生活艰难，但是他从没有放弃过希望。

Suīrán shēnghuó jiānnán, dànshì tā cóng méiyou fàngqìguo xīwàng.

生活は苦しいが、彼は希望を捨てたことはない。

一次次的失败使他的性格变得更加坚韧。

Yí cì cì de shībài shǐ tā de xìnggé biànde gèngjiā jiānrèn.

何度も失敗して、彼の性格はさらにたくましくなった。

因为房间里的设施比较简陋，所以房租很便宜。

Yīnwei fángjiān li de shèshī bǐjiào jiǎnlòu, suǒyǐ fángzū hěn piányi.

部屋の設備が少し粗末なため、家賃が安い。

导游向游客简要介绍了这座建筑的历史。

Dǎoyóu xiàng yóukè jiǎnyào jièshàole zhè zuò jiànzhù de lìshǐ.

ガイドは観光客にこの建物の歴史を簡潔に紹介した。

只有改变僵硬的管理体制，社会才会有活力。

Zhǐyǒu gǎibiàn jiāngyìng de guǎnlǐ tǐzhì, shèhuì cái huì yǒu huólì.

融通の利かない管理体制を変えてはじめて、社会は活力を持つ。

这个孩子很娇气，一点儿苦也受不了。

Zhège háizi hěn jiāoqì, yìdiǎnr kǔ yě shòubuliǎo.

この子は本当にひ弱で、少しの苦労にも耐えられない。

山区的自然环境好，空气和水都非常洁净。

Shānqū de zìrán huánjìng hǎo, kōngqì hé shuǐ dōu fēicháng jiéjìng.

山間地域は自然環境がよく、空気と水が非常にきれいである。

継続
▼

1 週目
2 週目
3 週目
4 週目
5 週目
6 週目
7 週目
8 週目
9 週目
10~14 週目

Check 1　　　　　　　　　　　　　　　🎧 052

□ 825

精心
jīngxīn

形 心がこもっている、念入りである

□ 826

沮丧
jǔsàng

形 がっかりしている、気を落としている

□ 827

均匀
jūnyún

形 均等である、むらがない

□ 828

开阔
kāikuò

形 (面積や空間が) 広い、(思想・度量が)
広い、闊達である

□ 829

开朗
kāilǎng

形 (性格が) 朗らかである、(空間が) 広々
として明るい

□ 830

可观
kěguān

形 見るに値する、大したものである

□ 831

恳切
kěnqiè

形 懇切丁寧である

□ 832

空闲
kòngxián

形 暇になる、忙しくない
名 暇、空き時間

51日目🎧051
Quick Review
答えは次頁

□ 豪迈	□ 宏观	□ 欢快	□ 慌张
□ 好客	□ 宏伟	□ 欢乐	□ 机灵
□ 和气	□ 红火	□ 慌	□ 急切
□ 合算	□ 糊涂	□ 慌忙	□ 急躁

在家人的**精心**照料下，他的身体恢复得很快。

Zài jiārén de jīngxīn zhàoliào xià, tā de shēntǐ huīfùde hěn kuài.

家族の手厚い世話のおかげで、彼の体は早く回復した。

去美国留学的愿望没有实现，他感到十分**沮丧**。

Qù Měiguó liúxué de yuànwàng méiyou shíxiàn, tā gǎndào shífēn jǔsàng.

彼はアメリカ留学の希望がかなえられなかったので意気消沈している。

中国人口分布不**均匀**，东部人口多，西部人口少。

Zhōngguó rénkǒu fēnbù bù jūnyún, dōngbù rénkǒu duō, xībù rénkǒu shǎo.

中国の人口分布は均等でなく、東部は人口が多く、西部は少ない。

这个展望台视野**开阔**，可以看到对面的大海。

Zhège zhǎnwàngtái shìyě kāikuò, kěyǐ kàndào duìmiàn de dàhǎi.

この展望台は広い範囲を見渡すことができ、向かい側の海まで見える。

上大学以后，他交了新朋友，性格也变得**开朗**了。

Shàng dàxué yǐhòu, tā jiāole xīn péngyou, xìnggé yě biànde kāilǎng le.

大学進学後、彼は新しい友人ができ、性格も明るくなった。

她是著名的时装设计师，年收入相当**可观**。

Tā shì zhùmíng de shízhuāng shèjìshī, nián shōurù xiāngdāng kěguān.

彼女は有名なファッションデザイナーで、年収はかなりのものである。

我们**恳切**希望大家提出宝贵意见和建议。

Wǒmen kěnqiè xīwàng dàjiā tíchū bǎoguì yìjian hé jiànyì.

私どもは皆さまから貴重なご意見や提案を賜りたいと心より思っております。

老年人要利用好自己的**空闲**时间，让晚年生活更加充实。Lǎoniánrén yào lìyònghǎo zìjǐ de kòngxián shíjiān, ràng wǎnnián shēnghuó gèngjiā chōngshí. 高齢者は自分の空き時間を利用して、老後の生活をより充実させなければならない。　**他一有空闲就和朋友去郊游。**Tā yì yǒu kòngxián jiù hé péngyou qù jiāoyóu. 彼は暇な時間があると友達とピクニックに行く。

□ 豪胆である　　　　□ マクロの　　　　□ 軽快である　　　　□ 慌てている
□ 客好きである　　　□ 雄大である　　　□ 愉快である　　　　□ 機転が利く
□ 温和である　　　　□ 盛んである　　　□ 慌てる　　　　　　□ 切実である
□ 割に合う　　　　　□ はっきりしない　□ 慌ただしい　　　　□ 落ち着かない

□ 833
枯燥
kūzào
形 単調な、味気ない

□ 834
宽广
kuānguǎng
形 広い、広々としている

□ 835
懒惰
lǎnduò
形 怠惰である、無精である

□ 836
烂
làn
形 腐っている、（煮えすぎで）柔らかくなっている、ぼろぼろになっている、めちゃくちゃである、程度が甚だしい

□ 837
冷漠
lěngmò
形 冷淡である、無関心である

□ 838
理智
lǐzhì
形 理知的な、理性的な

□ 839
廉洁
liánjié
形 高潔である、清廉な

□ 840
连锁
liánsuǒ
形 連鎖している、つながっている、チェーンの
関 连锁店 liánsuǒdiàn（チェーン店）

継続 ▼

中国で展開している"连锁店"には"肯德基"、"大娘水饺"、"海底捞"、"真功夫"、"永和大王"、"味千拉面"などがあります。

科学研究非常枯燥，但他却从中发现了很多乐趣。

Kēxué yánjiū fēicháng kūzào, dàn tā què cóngzhōng fāxiànle hěn duō lèqù.

科学研究は実に単調なものだが、彼はその中に多くの楽しみを見つけた。

只要不断前进，未来的路就会越走越宽广。

Zhǐyào búduàn qiánjìn, wèilái de lù jiù huì yuè zǒu yuè kuānguǎng.

前進することをやめなければ、未来への道はどんどん広がっていく。

你上大学以后，一定要改掉懒惰的坏习惯。

Nǐ shàng dàxué yǐhòu, yídìng yào gǎidiào lǎnduò de huài xíguàn.

君は大学に進学したら、怠け癖を必ず改めなければならない。

这几个苹果已经放了很长时间，都烂了。

Zhè jǐ ge píngguǒ yǐjīng fàngle hěn cháng shíjiān, dōu làn le.

この数個のリンゴは長時間放っておいたので、全部腐ってしまった。

在现代社会，人与人之间变得越来越冷漠。

Zài xiàndài shèhuì, rén yǔ rén zhījiān biànde yuè lái yuè lěngmò.

現代社会では人と人との関係はますます希薄になっている。

面对歹徒，他非常理智，最后成功获救。

Miànduì dǎitú, tā fēicháng lǐzhì, zuìhòu chénggōng huòjiù.

悪党と対峙しても彼は非常に理性的で、最後には救出に成功した。

政府工作人员只有廉洁奉公，才能赢得国民的信任。

Zhèngfǔ gōngzuò rényuán zhǐyǒu liánjié fènggōng, cái néng yíngdé guómín de xìnrèn.

政府の職員は清廉潔白で公のために尽力してこそ、国民の信頼を得ることができる。

石油价格的上涨将会引起一系列的连锁反应。

Shíyóu jiàgé de shàngzhǎng jiāng huì yǐnqǐ yíxìliè de liánsuǒ fǎnyìng.

石油価格の上昇が一連の連鎖反応を引き起こすだろう。

继续
▼

1週目　2週目　3週目　4週目　5週目　6週目　7週目　8週目　9週目　10〜14週目

Check 1　🎧 053

□ 841
辽阔
liáokuò
形 広大な、果てしなく広い

□ 842
吝啬
lìnsè
形 ケチである

□ 843
灵敏
língmǐn
形 （考え・動作が）機敏な、鋭敏な、きびきびしている

□ 844
零星
língxīng
形 こまごました、ばらばらの、まばらな

□ 845
隆重
lóngzhòng
形 盛大である、厳かである

□ 846
漫长
màncháng
形 （時間や道のりが）果てしなく長い

□ 847
茂盛
màoshèng
形 （植物が）生い茂る、（経済などが）繁栄する

□ 848
美满
měimǎn
形 円満である、申し分ない

52日目 🎧 052 Quick Review 答えは次頁	□ 家常	□ 简要	□ 精心	□ 开朗
	□ 艰难	□ 僵硬	□ 沮丧	□ 可观
	□ 坚韧	□ 娇气	□ 均匀	□ 恳切
	□ 简陋	□ 洁净	□ 开阔	□ 空闲

我想骑着马在辽阔的大草原上自由地奔驰。

Wǒ xiǎng qízhe mǎ zài liáokuò de dà cǎoyuán shang zìyóu de bēnchí.

馬にまたがって広々と果てしない大草原を自由に駆け回りたい。

他虽然是个百万富翁，但对别人却十分吝啬。

Tā suīrán shì ge bǎiwàn fùwēng, dàn duì biéren què shífēn lìnsè.

彼は億万長者だが、他人には実にケチである。

警犬的嗅觉十分灵敏，马上就闻出了行李中有毒品。

Jǐngquǎn de xiùjué shífēn língmǐn, mǎshàng jiù wénchūle xíngli zhōng yǒu dúpǐn.

警察犬の嗅覚は非常に鋭く、すぐに荷物の中の麻薬を嗅ぎ出してしまった。

修理厂的生意不好，只能接到一些零星的活儿。

Xiūlǐchǎng de shēngyi bù hǎo, zhǐ néng jiēdào yìxiē língxīng de huór.

修理工場の経営状況は悪く、こまごまとした仕事にしかありつけない。

这位明星的婚礼办得十分隆重，请来了很多新闻媒体。

Zhè wèi míngxīng de hūnlǐ bànde shífēn lóngzhòng, qǐnglaile hěn duō xīnwén méitǐ.

このスターの結婚式は非常に盛大で、たくさんのメディアを招待していた。

她是南方人，很难适应北方漫长的冬天。

Tā shì nánfāngrén, hěn nán shìyìng běifāng màncháng de dōngtiān.

彼女は南方出身なので、長々とした北国の冬になかなか順応できない。

黄山国家森林公园的草木长得非常茂盛。

Huángshān Guójiā Sēnlín Gōngyuán de cǎomù zhǎngde fēicháng màoshèng.

黄山国家森林公園の草木は大変よく生い茂っている。

小李虽然收入不多，但她有一个幸福美满的家庭。

Xiǎo-Lǐ suīrán shōurù bù duō, dàn tā yǒu yí ge xìngfú měimǎn de jiātíng.

李さんは収入は多くないが、幸福で円満な家庭がある。

- ☐ 日常の
- ☐ 苦しい
- ☐ 強じんである
- ☐ 粗末である
- ☐ 簡潔である
- ☐ 硬直している
- ☐ ひ弱な
- ☐ 清潔である
- ☐ 心がこもっている
- ☐ がっかりしている
- ☐ 均等である
- ☐ 広い
- ☐ 朗らかである
- ☐ 見るに値する
- ☐ 懇切丁寧である
- ☐ 暇になる

□ 849

美妙
měimiào

形 素晴らしい

□ 850

苗条
miáotiao

形 (女性の体つきが) ほっそりしている

□ 851

渺小
miǎoxiǎo

形 ちっぽけな、非常に小さい

□ 852

难堪
nánkān

形 (恥ずかしくて) 耐え難い
動 耐えられない

□ 853

内在
nèizài

形 内在的な、内面的な、内に秘めて外に表さない

□ 854

嫩
nèn

形 (食物などが) 柔らかい、若い、弱々しい、経験が浅い、色が淡い

□ 855

庞大
pángdà

形 (形、組織、数量などが) 膨大である
🔑 大きすぎて役に立たない意を含む

□ 856

疲倦
píjuàn

形 疲れてだるい、くたびれている

继续
▼

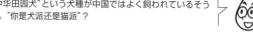

"中华田园犬"という犬種が中国ではよく飼われているそうな。"你是犬派还是猫派"？

1 週目
2 週目
3 週目
4 週目
5 週目
6 週目
7 週目
8 週目
9 週目
10~14 週目

Check 2 🎧 152

美妙的音乐能起到缓解心理压力的作用。

Měimiào de yīnyuè néng qǐdào huǎnjiě xīnlǐ yālì de zuòyòng.

美しい音楽には心理的なストレスをやわらげる効果がある。

很多女人想靠减肥来保持苗条的身材。

Hěn duō nǚrén xiǎng kào jiǎnféi lái bǎochí miáotiao de shēncái.

多くの女性はダイエットによってスマートなプロポーションを保ちたいと考えている。

在大自然的威力面前，人类显得那么渺小。

Zài dà zìrán de wēilì miànqián, rénlèi xiǎnde nàme miǎoxiǎo.

大自然の威力の前では、人はなんとちっぽけなのだろう。

同事们尖锐的批评使她陷入了难堪的境地。Tóngshìmen jiānruì de pīpíng shǐ tā xiànrùle nánkān de jìngdì. 同僚たちの鋭い批判を受けて、彼女は耐え難い境地に陥った。 巨大的压力使他的精神难堪重负，只能求助于心理医生。 Jùdà de yālì shǐ tā de jīngshén nánkān zhòngfù, zhǐ néng qiúzhù yú xīnlǐ yīshēng. 巨大なプレッシャーに耐えられなくなり、彼はやむなく精神科医に救いを求めるしかなかった。

看事情不能流于表面现象，而要探究其内在本质。

Kàn shìqing bù néng liúyú biǎomiàn xiànxiàng, ér yào tànjiū qí nèizài běnzhì.

物事を見るには表面的な現象に流されるのではなく、その内在的な本質を探究しなければならない。

刚采摘的蚕豆清香扑鼻，吃起来又鲜又嫩。

Gāng cǎizhāi de cándòu qīngxiāng pūbí, chīqilai yòu xiān yòu nèn.

摘み取ったばかりのソラマメはさわやかな香りが鼻に広がり、食べてみるとみずみずしくて柔らかかった。

庞大的支出使这个国家的财政困难重重。

Pángdà de zhīchū shǐ zhège guójiā de cáizhèng kùnnan chóngchóng.

膨大な支出のためにこの国の財政は困難に満ちたものとなっている。

深夜，父亲拖着疲倦的身子回到了家中。

Shēnyè, fùqin tuōzhe píjuàn de shēnzi huídàole jiā zhōng.

深夜、父は疲れた体を引きずって家に帰ってきた。

继续
▼

Check 1　　　　　　　　　　　　　　　　　　　🎧 054

□ 857
偏僻
piānpì

形 辺ぴである

□ 858
平衡
pínghéng

形 バランスが取れている、均衡がとれている
動 バランスを取る

□ 859
朴实
pǔshí

形 素朴である、まじめである、堅実である

□ 860
凄凉
qīliáng

形 悲惨である、（環境や景色が）さびれている、痛ましい

□ 861
气愤
qìfèn

形 憤慨している

□ 862
虔诚
qiánchéng

形 敬けんである

□ 863
切实
qièshí

形 実際に即している、適切である

□ 864
亲热
qīnrè

形 仲むつまじい、打ち解けている
動 親しくする
⟷ 冷淡 lěngdàn（冷淡である）

| 53日目🎧 053 Quick Review 答えは次頁 | □ 枯燥 □ 宽广 □ 懒惰 □ 烂 | □ 冷漠 □ 理智 □ 廉洁 □ 连锁 | □ 辽阔 □ 吝啬 □ 灵敏 □ 零星 | □ 隆重 □ 漫长 □ 茂盛 □ 美满 |

Check 2

🎧 152

1週目
2週目
3週目
4週目
5週目
6週目
7週目
8週目
9週目
10~14週目

真没想到这么偏僻的地方，房租也这么贵！

Zhēn méi xiǎngdào zhème piānpì de dìfang, fángzū yě zhème guì!

こんなに辺ぴなところなのに、家賃がここまで高いとは思いもしなかった！

语音、词汇和语法的变化速度是不平衡的。Yǔyīn、cíhuì hé yǔfǎ de biànhuà sùdù shì

bù pínghéng de. 音声、語彙 [ごい]、文法の変化の速度はアンバランスだ。 政治是为平衡

阶级利益、维护社会秩序而存在的。Zhèngzhì shì wèi pínghéng jiējí lìyì、wéihù shèhuì

zhìxù ér cúnzài de. 政治は階級ごとの利益のバランスを取り、社会秩序を守るために存在する。

他那朴实无华的语言感动了所有在场的人。

Tā nà pǔshí wúhuá de yǔyán gǎndòngle suǒyǒu zàichǎng de rén.

彼の素朴で飾らない言葉がその場にいた人全ての心を打った。

凄凉的身世并没有让她变得多愁善感。

Qīliáng de shēnshì bìng méiyou ràng tā biànde duōchóu-shàngǎn.

悲惨な境遇にあっても、彼女は感傷的にならなかった。

一说起那件事，他就非常气愤。

Yì shuōqǐ nà jiàn shì, tā jiù fēicháng qìfèn.

そのことについて話し始めると彼は非常に憤慨する。

虔诚的宗教信仰支撑着她活到现在。

Qiánchéng de zōngjiào xìnyǎng zhīchēngzhe tā huódào xiànzài.

彼女は敬けんな信仰心を支えにして今まで生きながらえてきた。

必须尽快找出切实可行的办法，解决这一问题。

Bìxū jǐnkuài zhǎochū qièshí kěxíng de bànfǎ, jiějué zhè yī wèntí.

できるだけ早く確実に実行可能な方法を見つけて、この問題を解決しなければならない。

好几年没见面的姐妹俩亲热地拥抱在一起。Hǎo jǐ nián méi jiànmiàn de jiěmèi liǎ qīnrè de

yōngbàozài yìqǐ. 何年も会っていなかった姉妹 2 人が仲むつまじく抱き合っている。 每次回到家，

家里的小狗总要先跑过来跟我亲热一番。Měi cì huídào jiā, jiāli de xiǎo gǒu zǒng yào xiān

pǎoguolai gēn wǒ qīnrè yì fān. 帰宅するたびに、家の子犬はいつも真っ先に私に駆け寄りじゃれてくる。

☐ 単調な	☐ 冷淡である	☐ 広大な	☐ 盛大である
☐ 広い	☐ 理知的な	☐ ケチである	☐ 果てしなく長い
☐ 怠惰である	☐ 高潔である	☐ 機敏な	☐ 生い茂る
☐ 腐っている	☐ 連鎖している	☐ こまごました	☐ 円満である

□ 865 **勤俭** qínjiǎn	形 勤勉で質素である
□ 866 **勤恳** qínkěn	形 勤勉で堅実である
□ 867 **勤快** qínkuai	形 （仕事が）まめである、きびきびしている
□ 868 **清晰** qīngxī	形 はっきりしている
□ 869 **晴朗** qínglǎng	形 晴れ渡っている
□ 870 **确切** quèqiè	形 確実である、適切である
□ 871 **仁慈** réncí	形 慈しみ深い
□ 872 **任性** rènxìng	形 わがままである

継続
▼

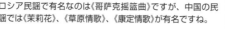
ロシア民謡で有名なのは《哥萨克摇篮曲》ですが、中国の民謡では《茉莉花》、《草原情歌》、《康定情歌》が有名ですね。

1 週目

2 週目

3 週目

4 週目

5 週目

6 週目

7 週目

8 週目

9 週目

10〜14 週目

Check 2 　　🎧 153

从那个时代过来的人生活都非常勤俭。

Cóng nàge shídài guòlai de rén shēnghuó dōu fēicháng qínjiǎn.

あの時代を生きてきた人は皆よく働き質素に暮らしている。

老王能力有限，但工作非常勤恳。

Lǎo-Wáng nénglì yǒuxiàn, dàn gōngzuò fēicháng qínkěn.

王さんは能力はそこそこだが、仕事ぶりは勤勉で堅実そのものだ。

勤快的母亲总是把家里收拾得井井有条。

Qínkuai de mǔqin zǒngshì bǎ jiāli shōushide jǐngjǐng-yǒutiáo.

まめな性格の母はいつも家をきっちりと片付けている。

祖父的音容笑貌至今还清晰地印在我的脑海里。

Zǔfù de yīnróng xiàomào zhìjīn hái qīngxī de yìnzài wǒ de nǎohǎi li.

祖父の声や姿は、今でも私の脳裏にくっきりと焼き付いている。

天气晴朗时，肉眼都可以望到对面的岛屿。

Tiānqì qínglǎng shí, ròuyǎn dōu kěyǐ wàngdào duìmiàn de dǎoyǔ.

晴れ渡っているときには肉眼でも向こうの島々を眺めることができる。

你能在月底之前给我一个确切的回答吗?

Nǐ néng zài yuèdǐ zhīqián gěi wǒ yí ge quèqiè de huídá ma?

月末までに、明確な回答をいただけますか。

仁慈的造物主赋予了一年四季不同的美。

Réncí de zàowùzhǔ fùyǔle yì nián sìjì bùtóng de měi.

慈しみ深い造物主が、1年のうちの四季それぞれの美を与えてくださった。

任性的孩子长大之后在社会上更容易遭受挫折。

Rènxìng de háizi zhǎngdà zhīhòu zài shèhuì shang gèng róngyì zāoshòu cuòzhé.

わがままな子どもは、大人になってから社会で挫折を受けやすい。

継续
▼

Check 1
🎧 055

□ 873 **融洽** róngqià	形（感情、雰囲気が）打ち解けている
□ 874 **荣幸** róngxìng	形 光栄である
□ 875 **伤感** shānggǎn	形 感傷的な
□ 876 **深奥** shēn'ào	形（道理、意味が）奥深い、理解しづらい
□ 877 **深沉** shēnchén	形（程度が）深い、（音声が）低い、落ち着きがある、感情が外に出ない
□ 878 **神奇** shénqí	形 不思議な、神秘的な、珍しい
□ 879 **生疏** shēngshū	形 なじみがない、（長期間やってないため）腕がなまっている、親しみがない、疎遠である
□ 880 **生硬** shēngyìng	形 不自然である、ぎこちない、よそよそしい

两国之间的融洽**关系大大促进了民间层面的交流。**

Liǎng guó zhījiān de róngqià guānxi dàdà cùjìnle mínjiān céngmiàn de jiāoliú.

両国間の良好な関係は民間レベルでの交流を大きく後押しした。

能够获得跨国公司的科研赞助，我感到很荣幸**。**

Nénggòu huòdé kuàguó gōngsī de kēyán zànzhù, wǒ gǎndào hěn róngxìng.

多国籍企業から科学研究の協賛を得ることができて、私はとても光栄に思っています。

俄罗斯民歌的曲调大都比较伤感**。**

Éluósī míngē de qǔdiào dàdōu bǐjiào shānggǎn.

ロシア民謡の曲調は、ほとんどが感傷的である。

如此深奥**的理论，很难用三言两语解释清楚。**

Rúcǐ shēn'ào de lǐlùn, hěn nán yòng sānyán-liǎngyǔ jiěshìqīngchu.

これほど深遠な理論は、簡単な言葉では到底説明し尽くせない。

我非常喜欢大提琴深沉**的音色。**

Wǒ fēicháng xǐhuan dàtíqín shēnchén de yīnsè.

私はチェロの落ち着いた音色が大好きだ。

燕麦不仅有着神奇**的美白效果，还有助于减肥。**

Yànmài bùjǐn yǒuzhe shénqí de měibái xiàoguǒ, hái yǒuzhù yú jiǎnféi.

オートミールは不思議な美白効果があるだけでなく、ダイエットにも役立つ。

这场比赛失利的原因是队员之间的配合太生疏**了。**

Zhè chǎng bǐsài shīlì de yuányīn shì duìyuán zhījiān de pèihé tài shēngshū le.

この試合に負けた原因は、選手同士の連係があまりにも希薄だったことだ。

外国歌星用生硬**的普通话向观众问好。**

Wàiguó gēxīng yòng shēngyìng de pǔtōnghuà xiàng guānzhòng wènhǎo.

外国のスター歌手は、たどたどしい普通話で観客に挨拶した。

☐ 素晴らしい	☐ 内在的な	☐ 辺ぴである	☐ 慣慨している
☐ ほっそりしている	☐ 柔らかい	☐ バランスが取れている	☐ 敬けんである
☐ ちっぽけな	☐ 膨大である	☐ 素朴である	☐ 実際に即している
☐ 耐え難い	☐ 疲れてだるい	☐ 悲惨である	☐ 仲むつまじい

Check 1

□ 881
实惠
shíhuì

形 実用的である、実際に役立つ
名 実益、実利

□ 882
十足
shízú

形 十分である、満々な、純度100パーセントの、純粋な

□ 883
首要
shǒuyào

形 最も重要な
⇔ 主要 zhǔyào

□ 884
舒畅
shūchàng

形 のびのびと心地よい、気分がよく愉快である
⇔ 舒服 shūfu

□ 885
贪婪
tānlán

形 欲張りである、渇望して満足しない

□ 886
坦诚
tǎnchéng

形 誠実で率直である

□ 887
坦率
tǎnshuài

形 素直である、率直である

□ 888
淘气
táoqì

形 いたずらである、やんちゃである

继続
▼

Check 2

这家饭店饭菜质量好，价格便宜，非常实惠！Zhè jiā fàndiàn fàncài zhìliàng hǎo, jiàgé piányi, fēicháng shíhui! このレストランの料理は質がよく、値段も安いので、大変お得だ！
如何使老百姓获得实惠是政府的一大课题。Rúhé shǐ lǎobǎixìng huòdé shíhui shì zhèngfǔ de yí dà kètí. どうやって一般庶民が実利を得られるようにするかが政府の大きな課題だ。

谈到公司的发展前景时，他显得信心十足。
Tándào gōngsī de fāzhǎn qiánjǐng shí, tā xiǎnde xìnxīn shízú.
会社の成長見通しを語るとき、彼は自信に満ちた様子だ。

当前的首要问题是防止房价上涨过快。
Dāngqián de shǒuyào wèntí shì fángzhǐ fángjià shàngzhǎng guò kuài.
現在最も重要な問題は、住宅価格の急上昇を防ぐことだ。

舒畅的心情是保持健康的最好药方。
Shūchàng de xīnqíng shì bǎochí jiànkāng de zuì hǎo yàofāng.
のびのびと心地よい気分でいることが、健康を保つ何よりの処方箋だ。

不可否认的是，人性中都有贪婪的一面。
Bùkě fǒurèn de shì, rénxìng zhōng dōu yǒu tānlán de yímiàn.
人間の本性として貪欲な一面があるということは否定できない。

坦诚的对话是解决问题的最好办法。
Tǎnchéng de duìhuà shì jiějué wèntí de zuì hǎo bànfǎ.
率直な対話は問題解決の最良の方法である。

他性格坦率，跟他在一起感觉很轻松。
Tā xìnggé tǎnshuài, gēn tā zài yìqǐ gǎnjué hěn qīngsōng.
彼は性格が素直なので、一緒にいると気楽である。

小时候淘气的孩子，长大了说不定会有出息。
Xiǎo shíhou táoqì de háizi, zhǎngdàle shuōbudìng huì yǒu chūxi.
小さいころいたずらだった子どもは、大きくなったら有望かもしれない。

继续
▼

Check 1　　　　　　　　　　　　　　　　　　　🎧 056

□ 889 **挺拔** tǐngbá	形 真っすぐそびえ立つ、力強い
□ 890 **通畅** tōngchàng	形 滞りがない、(考え・文字が) 流ちょうである
□ 891 **通红** tōnghóng	形 真っ赤である
□ 892 **同一** tóngyī	形 同じである
□ 893 **妥善** tuǒshàn	形 適切である、妥当である
□ 894 **外向** wàixiàng	形 (性格が) 外向的である、対外開放的である ⇔ 内向 nèixiàng (内向的である)
□ 895 **惋惜** wǎnxī	形 同情する、惜しい、残念である
□ 896 **微观** wēiguān	形 ミクロ的である、小範囲の、部分的な ⇔ 宏观 hóngguān (マクロ的である)

55日目 🎧 055
Quick Review
答えは次頁

□ 勤俭	□ 晴朗	□ 融洽	□ 深沉
□ 勤恳	□ 确切	□ 荣幸	□ 神奇
□ 勤快	□ 仁慈	□ 伤感	□ 生疏
□ 清晰	□ 任性	□ 深奥	□ 生硬

Check 2   🎧 154

1週目
2週目
3週目
4週目
5週目
6週目
7週目
8週目
9週目
10～14週目

他虽然已经上了年纪，但依旧身材挺拔。

Tā suīrán yǐjīng shàngle niánjì, dàn yījiù shēncái tǐngbá.

彼はすでに年を取っているが、相変わらず体はぴんとしている。

通畅的交通网络是城市发展的重要保障。

Tōngchàng de jiāotōng wǎngluò shì chéngshì fāzhǎn de zhòngyào bǎozhàng.

滞りのない交通ネットワークは都市発展の重要な保障である。

爸爸喝醉了酒，满脸通红，说话都说不清楚了。

Bàba hēzuìle jiǔ, mǎnliǎn tōnghóng, shuōhuà dōu shuōbuqīngchu le.

父は酒に酔って、顔が真っ赤でろれつが回らなくなった。

资本主义和现代科学是在同一运动中产生的。

Zīběn zhǔyì hé xiàndài kēxué shì zài tóngyī yùndòng zhōng chǎnshēng de.

資本主義と現代科学は同じ運動の中で生まれた。

下岗工人的医保问题终于得到了妥善解决。

Xiàgǎng gōngrén de yībǎo wèntí zhōngyú dédàole tuǒshàn jiějué.

リストラされた労働者の医療保険問題がようやく適切な解決に至った。

外向的性格使他很快融入了当地的生活。

Wàixiàng de xìnggé shǐ tā hěn kuài róngrùle dāngdì de shēnghuó.

社交的な性格のおかげで彼はあっという間に現地の生活に溶け込んだ。

众人无不为他错失良机而感到惋惜。

Zhòngrén wúbù wèi tā cuòshī liángjī ér gǎndào wǎnxī.

皆は彼が好機を逃したことに同情した。

从微观角度来讲，人都是由细胞组成的。

Cóng wēiguān jiǎodù lái jiǎng, rén dōu shì yóu xìbāo zǔchéng de.

ミクロ的観点から言うと、人は全て細胞から構成されている。

☐ 勤勉で質素である	☐ 晴れ渡っている	☐ 打ち解けている	☐ 深い
☐ 勤勉で堅実である	☐ 確実である	☐ 光栄である	☐ 不思議な
☐ まめである	☐ 慈しみ深い	☐ 感傷的な	☐ なじみがない
☐ はっきりしている	☐ わがままである	☐ 奥深い	☐ 不自然である

可能補語のまとめ④

合得来　hédelái　　　　　　気が合う、うまが合う

他们俩有共同的兴趣，性格也合得来，很快就成了好朋友。

Tāmen liǎ yǒu gòngtóng de xìngqù, xìnggé yě hédelái, hěn kuài jiù chéngle hǎo péngyou.

彼ら二人は共通の趣味があり、性格も合うので、すぐに親友になった。

合不来　hébulái　　　　　　そりが合わない、気が合わない

卢浩的脾气有些古怪，好像跟谁都合不来。

Lú Hào de píqi yǒuxiē gǔguài, hǎoxiàng gēn shéi dōu hébulái.

盧浩の性格は少し変わっていて、誰とも合わないようだ。

下不来　xiàbulái　　　　　　降りられない、きまりが悪い

他刚被上司批评了，面子上下不来也是很正常的。

Tā gāng bèi shàngsī pīpíng le, miànzi shang xiàbulái yě shì hěn zhèngcháng de.

彼は上司に叱られたばかりだから、メンツが立たないのも無理はない。

比不过　bǐbuguò　　　　　　比べても勝てない、かなわない

我去过很多旅游胜地，但在我心里，哪里也比不过杭州。

Wǒ qùguo hěn duō lǚyóu shèngdì, dàn zài wǒ xīnli, nǎli yě bǐbuguò Hángzhōu.

多くの観光地に行ったが、私の心の中では、どこも杭州にはかなわない。

说不过　shuōbuguò　　　　　言い負かせない

对方的二辩太强了，我们谁也说不过他，看来辩论赛要输了。

Duìfāng de èr biàn tài qiáng le, wǒmen shéi yě shuōbuguò tā, kànlai biànlùnsài yào shū le.

相手の2番手が強すぎて、私たちは誰も彼を論破できず、弁論大会は負けそうだ。

忙不过来　mángbuguòlai　　忙しくて手が回らない

别再给她安排工作了，她现在手头上已经忙不过来了。

Bié zài gěi tā ānpái gōngzuò le, tā xiànzài shǒutóu shang yǐjīng mángbuguòlai le.

もう彼女に仕事を回さないで、今はもう手が回らないから。

来得及　láidejí　　　　　　間に合う

舞会还有一个小时才开始呢，你慢慢化妆吧，还来得及。

Wǔhuì hái yǒu yí ge xiǎoshí cái kāishǐ ne, nǐ mànmàn huàzhuāng ba, hái láidejí.

ダンスパーティーまでまだ1時間あるから、ゆっくり化粧して、まだ間に合うから。

1 週目

2 週目

3 週目

4 週目

5 週目

6 週目

7 週目

8 週目

9 週目

10 ~ 14 週目

キクタン中国語

9 週目

中国語で言ってみよう！

この世界は本当に不思議で、至る所にびっくりするような喜びがあふれている。

（答えは 949）

□ 897 **为难** wéinán	形 **困惑する、対応が難しいと感じる** 動 (故意に人を) 困らせる
□ 898 **唯一** wéiyī	形 **唯一の**
□ 899 **文雅** wényǎ	形 **(話し方・物腰が) 上品である、穏やかで礼儀正しい**
□ 900 **稳重** wěnzhòng	形 **(言葉・振る舞いが) 落ち着いている、落ち着きがありわきまえている**
□ 901 **乌黑** wūhēi	形 **真っ黒である**
□ 902 **无耻** wúchǐ	形 **恥知らずである**
□ 903 **无赖** wúlài	形 **無頼である、道理をわきまえない** 名 ごろつき 量 个
□ 904 **喜悦** xǐyuè	形 **うれしい、愉快である**

継続
▼

Check 2 🎧 155

政府很<u>为难</u>，不知在环境与发展之间该如何取舍。Zhèngfǔ hěn wéinán, bù zhī zài huánjìng yǔ fāzhǎn zhījiān gāi rúhé qǔshě. 政府は環境と発展をどのように取捨すべきか分からず、困惑している。 今天真倒霉，碰上个故意<u>为难</u>人的客户。Jīntiān zhēn dǎoméi, pèngshang ge gùyì wéinán rén de kèhù. 今日は本当についてない、わざと難癖をつけてくるお客に当たってしまった。

林丹是公司<u>唯一</u>拿到年度全勤奖的职员。

Lín Dān shì gōngsī wéiyī nádào niándù quánqínjiǎng de zhíyuán.

林丹は会社で唯一一年間皆勤賞を受賞した社員だ。

<u>文雅</u>的谈吐和举止是绅士淑女的必备条件。

Wényǎ de tántǔ hé jǔzhǐ shì shēnshì shūnǚ de bìbèi tiáojiàn.

上品な言葉遣いや振る舞いは紳士淑女の必須条件である。

他虽然有着<u>稳重</u>的外表，但内心却非常不安分。

Tā suīrán yǒuzhe wěnzhòng de wàibiǎo, dàn nèixīn què fēicháng bù ānfèn.

彼は落ち着いた見た目をしているが、腹の中では全く身の程をわきまえていない。

虽然已年过六旬，但他仍有着一头<u>乌黑</u>的头发。

Suīrán yǐ nián guò liù xún, dàn tā réng yǒuzhe yì tóu wūhēi de tóufa.

すでに60を越えているが、彼は依然として黒々とした髪をしている。

抓住他人把柄进行敲诈是一种<u>无耻</u>的行为。

Zhuāzhù tārén bǎbǐng jìnxíng qiāozhà shì yì zhǒng wúchǐ de xíngwéi.

他人の弱みにつけこんで恐喝するのは恥知らずな行為だ。

他一直很<u>无赖</u>地偷用公共空间的电源。Tā yìzhí hěn wúlài de tōuyòng gōnggòng kōngjiān de diànyuán. 彼はずっと非常識にも公共の場の電源を盗用していた。 <u>附近的</u>居民都知道他是个无可救药的<u>无赖</u>。Fùjìn de jūmín dōu zhīdao tā shì ge wúkě jiùyào de wúlài. 近隣住民は皆彼が救いようのないごろつきだということを知っている。

他考取了理想的大学，<u>喜悦</u>之情溢于言表。

Tā kǎoqǔle lǐxiǎng de dàxué, xǐyuè zhī qíng yìyúyánbiǎo.

彼は理想の大学に合格し、喜びの気持ちが言葉や表情にあふれている。

继续
▼

Check 1　　　　　　　　　　　　　　　　　🎧 057

□ 905
狭隘
xiá'ài

形 (幅や範囲が) 狭い、(見識や度量が) 狭い、小さい
📖 抽象的な幅について言うことが多い

□ 906
狭窄
xiázhǎi

形 (幅や範囲が) 狭い、(見識や度量が) 狭い、小さい

□ 907
鲜艳
xiānyàn

形 鮮明で美しい

□ 908
贤惠
xiánhuì

形 (女性が) 気立てがよく賢い

□ 909
现成
xiànchéng

形 出来合いである、既製の、元からある

□ 910
响亮
xiǎngliàng

形 (音・声が) よく響く

□ 911
辛勤
xīnqín

形 勤勉である

□ 912
欣喜
xīnxǐ

形 喜ばしい、うれしい

心胸狭隘的人是很难交到知心朋友的。

Xīnxiōng xiá'ài de rén shì hěn nán jiāodào zhīxīn péngyou de.

心が狭い人は親友付き合いすることが難しい。

旧城区道路狭窄，上下班高峰时经常发生拥堵。

Jiù chéngqū dàolù xiázhǎi, shàngxiàbān gāofēng shí jīngcháng fāshēng yōngdǔ.

旧市街地は道路が狭く、通勤ラッシュ時にはしょっちゅう渋滞する。

春天来了，鲜艳的杜鹃花开遍了山野。

Chūntiān lái le, xiānyàn de dùjuānhuā kāibiànle shānyě.

春が来て、鮮やかなツツジが山野一面に咲いた。

父母希望他能早日娶个贤惠的妻子。

Fùmǔ xīwàng tā néng zǎorì qǔ ge xiánhuì de qīzi.

両親は、彼に早く気立てがよく賢い妻をめとってほしいと思っている。

超市有现成的食品出售，方便了很多上班族。

Chāoshì yǒu xiànchéng de shípǐn chūshòu, fāngbiànle hěn duō shàngbānzú.

スーパーでは出来合いの食品が売られており、多くの会社員にとって便利になった。

孩子们响亮的歌声扫去了他心头的不快。

Háizimen xiǎngliàng de gēshēng sǎoqule tā xīntóu de búkuài.

子供たちのよく響く歌声が彼の心のもやもやを吹き払った。

这片防风林的每一棵树都凝聚着志愿者辛勤的汗水。

Zhè piàn fángfēnglín de měi yì kē shù dōu níngjùzhe zhìyuànzhě xīnqín de hànshuǐ.

この防風林の１本１本にはボランティアたちが懸命に働いて流した汗が凝縮している。

得知建桥计划被批准，村民们欣喜万分。

Dézhī jiàn qiáo jìhuà bèi pīzhǔn, cūnmínmen xīnxǐ wànfēn.

橋の建設計画が認可されたと知って、村民たちは非常に喜んだ。

□ 実用的である	□ 欲張りである	□ 真っすぐそびえ立つ	□ 適切である
□ 十分である	□ 誠実で率直である	□ 滞りがない	□ 外向的である
□ 最も重要な	□ 素直である	□ 真っ赤である	□ 同情する
□ のびのびと心地よい	□ いたずらである	□ 同じである	□ ミクロ的である

□ 913
腥
xīng

形 (肉・魚などが) 生臭い

□ 914
兴隆
xīnglóng

形 盛んである、繁栄している

□ 915
兴旺
xīngwàng

形 旺盛である、盛んである

□ 916
雄厚
xiónghòu

形 (人員・物資が) 十分である、豊富である

□ 917
羞耻
xiūchǐ

形 恥ずかしい、面目がない、みっともない

□ 918
喧闹
xuānnào

形 やかましい、騒がしい
動 騒ぐ

□ 919
严厉
yánlì

形 厳格な、重々しく厳しい

□ 920
遥远
yáoyuǎn

形 はるかに遠い

継続
▼

1週目
2週目
3週目
4週目
5週目
6週目
7週目
8週目
9週目
10～14週目

"清蒸桂鱼"は川魚を使った料理ですが、生臭くもなくとてもおいしいおすすめ料理の一つです。

Check 2　🎧 156

喜欢淡水鱼的人觉得海鱼太腥，反过来也是一样。
Xǐhuan dànshuǐyú de rén juéde hǎiyú tài xīng, fǎnguolai yě shì yíyàng.
淡水魚が好きな人は海の魚は生臭いと思っているが、その逆も同じである。

在全体员工的努力下，公司的生意日益兴隆。
Zài quántǐ yuángōng de nǔlì xià, gōngsī de shēngyi rìyì xīnglóng.
全従業員の頑張りのおかげで、会社の業績は日増しに伸びている。

这家文具店周围有好几所学校，所以生意一直很兴旺。
Zhè jiā wénjùdiàn zhōuwéi yǒu hǎo jǐ suǒ xuéxiào, suǒyǐ shēngyi yìzhí hěn xīngwàng.
この文房具屋の周りには学校がいくつもあるので、商売はずっと繁盛している。

雄厚的技术力量是支撑企业发展的重要保障。
Xiónghòu de jìshù lìliàng shì zhīchēng qǐyè fāzhǎn de zhòngyào bǎozhàng.
豊富な技術力は企業の成長を支える重要な保障である。

传说亚当夏娃偷吃禁果之后，产生了羞耻之心。
Chuánshuō Yàdāng Xiàwá tōuchī jìnguǒ zhīhòu, chǎnshēngle xiūchǐ zhī xīn.
アダムとイブは禁断の果実をこっそり食べてから、羞恥心が芽生えたと伝えられている。

贵族学校前面的马路上停满了接孩子的汽车，喧闹异常。 Guìzú xuéxiào qiánmiàn de mǎlù shang tíngmǎnle jiē háizi de qìchē, xuānnào yìcháng.　金持ちの子どもが通う学校の前の道路は迎えの車でいっぱいで、騒々しいこと尋常でない。　**病人需要休息，请不要在病房门口喧闹。** Bìngrén xūyào xiūxi, qǐng búyào zài bìngfáng ménkǒu xuānnào.　患者には安静が必要なので、病室の入り口で騒がないでください。

对待孩子不可过于严厉，不能损伤他们的自尊心。
Duìdài háizi bùkě guòyú yánlì, bù néng sǔnshāng tāmen de zìzūnxīn.
子どもに厳しく当たりすぎて、自尊心を傷つけてはいけない。

在大航海时代，遥远的东方具有巨大的吸引力。
Zài dà hánghǎi shídài, yáoyuǎn de dōngfāng jùyǒu jùdà de xīyǐnlì.
大航海時代、はるか遠い東洋にはとても魅力があった。

继续
▼

Check 1   ○ 058

□ 921
耀眼
yàoyǎn
形 (光が強くて) まぶしい

□ 922
一次性
yícìxìng
形 使い捨ての、1回きりの

□ 923
殷勤
yīnqín
形 心がこもっている、いんぎんである

□ 924
隐约
yǐnyuē
形 かすかな、はっきりしない

□ 925
庸俗
yōngsú
形 俗っぽい、高尚でない

□ 926
永恒
yǒnghéng
形 永久不変である

□ 927
踊跃
yǒngyuè
形 (意気込みが盛んで) 先を争う
動 飛びはねる、飛び上がる

□ 928
忧郁
yōuyù
形 憂うつである

57日目 ○ 057
Quick Review
答えは次頁

□ 为难	□ 乌黑	□ 狭隘	□ 现成
□ 唯一	□ 无耻	□ 狭窄	□ 响亮
□ 文雅	□ 无赖	□ 鲜艳	□ 辛勤
□ 稳重	□ 喜悦	□ 贤惠	□ 欣喜

夜幕降临后，新式路灯散发出耀眼的光芒。
Yèmù jiànglín hòu, xīnshì lùdēng sànfāchū yàoyǎn de guāngmáng.
夜のとばりが下りると、新式の街灯がまばゆい光を放つ。

我们要保护森林，尽量减少一次性筷子的使用。
Wǒmen yào bǎohù sēnlín, jǐnliàng jiǎnshǎo yícìxìng kuàizi de shǐyòng.
私たちは森を保護するために、割り箸の使用をできるだけ減らすようにしなければなりません。

店员极为殷勤地接待着出手大方的客人。
Diànyuán jíwéi yīnqín de jiēdàizhe chūshǒu dàfang de kèren.
店員は気前のよい客に極めて親切に応対している。

这儿离海边不远，隐约可以听到海浪声。
Zhèr lí hǎibiān bù yuǎn, yǐnyuē kěyǐ tīngdào hǎilàngshēng.
ここは海から遠くないので、かすかな波音が聞こえる。

近年来，庸俗的电视节目越来越多。
Jìnnián lái, yōngsú de diànshì jiémù yuè lái yuè duō.
近年、低俗なテレビ番組がますます多くなっている。

如何战胜大自然的威力是人类生存的永恒主题。
Rúhé zhànshèng dà zìrán de wēilì shì rénlèi shēngcún de yǒnghéng zhǔtí.
大自然の威力にいかにして勝つかは、人類生存の永遠のテーマである。

学生们踊跃报名参加震后的救灾活动。 Xuéshengmen yǒngyuè bàomíng cānjiā zhèn hòu de jiùzāi huódòng.　学生たちは先を争って震災後の救済活動への参加を申し込んだ。　**万千群众载歌载舞，踊跃欢呼，庆祝建国 70 周年。** Wànqiān qúnzhòng zàigē-zàiwǔ, yǒngyuè huānhū, qìngzhù jiànguó qīshí zhōunián.　多くの人々が歌い踊り、飛びはねて歓呼し、建国 70 周年を祝う。

画中人物忧郁的眼神给我留下了深刻的印象。
Huà zhōng rénwù yōuyù de yǎnshén gěi wǒ liúxiàle shēnkè de yìnxiàng.
絵の中の人物の憂うつなまなざしが強く印象に残った。

☐ 困惑する	☐ 真っ黒である	☐ 狭い	☐ 出来合いである
☐ 唯一の	☐ 恥知らずである	☐ 狭い	☐ よく響く
☐ 上品である	☐ 無頼である	☐ 鮮明で美しい	☐ 勤勉である
☐ 落ち着いている	☐ うれしい	☐ 気立てがよく賢い	☐ 喜ばしい

Check 1　　　🎧 059

□ 929
优质
yōuzhì
形 良質の

□ 930
幽默
yōumò
形 ユーモアがある、ユーモラスである

□ 931
原
yuán
形 元の、本来の
副 もともと

□ 932
悦耳
yuè'ěr
形 耳に心地よい

□ 933
崭新
zhǎnxīn
形 斬新な、極めて新しい

□ 934
镇静
zhènjìng
形 落ち着いている
動 落ち着かせる

□ 935
正经
zhèngjing
形 まじめである、正当である、まともな

□ 936
知名
zhīmíng
形 有名である、著名である
📖 人について言う

継続
▼

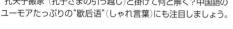
Check 2

 157

我的家乡以生产优质茶叶而闻名远近。
Wǒ de jiāxiāng yǐ shēngchǎn yōuzhì cháyè ér wénmíng yuǎnjìn.
私の故郷は良質なお茶を生産することで有名です。

我喜欢跟幽默的人交朋友。
Wǒ xǐhuan gēn yōumò de rén jiāo péngyou.
私はユーモアのある人と友だちになるのが好きです。

如果明天不下雨,我们就按照原计划举行运动会。Rúguǒ míngtiān bú xià yǔ, wǒmen jiù ànzhào yuán jìhuà jǔxíng yùndònghuì. もし明日雨が降らなければ、私たちは元の計画どおり運動会を行います。 我原以为他一个人来参加舞会,谁知他把女朋友也带来了。Wǒ yuán yǐwéi tā yí ge rén lái cānjiā wǔhuì, shéi zhī tā bǎ nǚpéngyou yě dàilaile. 私はもともと彼はダンスパーティーに来ないと思っていたが、ところがガールフレンドも連れてきた。

悦耳的鸟鸣从窗口传来,一个新的早晨来临了。
Yuè'ěr de niǎo míng cóng chuāngkǒu chuánlai, yí ge xīn de zǎochen láilín le.
心地よい鳥の鳴き声が窓の外から聞こえてきて、新しい朝がやってきた。

低碳生活这一崭新的理念正逐步深入人心。
Dītàn shēnghuó zhè yī zhǎnxīn de lǐniàn zhèng zhúbù shēnrù rénxīn.
低炭素生活という革新的な理念が人々の心に浸透しつつある。

员工们都训练有素,能镇静地面对突发情况。Yuángōngmen dōu xùnliàn yǒu sù, néng zhènjìng de miànduì tūfā qíngkuàng. 日頃から訓練を受けたスタッフたちは、落ち着いて突発事態に対応することができる。
先镇静下来,再好好想想该如何解决这个困难。Xiān zhènjìngxialai, zài hǎohǎo xiǎngxiang gāi rúhé jiějué zhège kùnnan. まずは心を落ち着けて、それからどうやってこの困難を解決するかをしっかり考えよう。

他可是个正经人,千万不能跟他开这种玩笑。
Tā kě shì ge zhèngjingrén, qiānwàn bù néng gēn tā kāi zhè zhǒng wánxiào.
彼はきまじめな人だから、決してそんな冗談を言ってはいけないよ。

无论在学界还是政界,他都享有很高的知名度。
Wúlùn zài xuéjiè háishi zhèngjiè, tā dōu xiǎngyǒu hěn gāo de zhīmíngdù.
学界でも政界でも彼は知名度が高い。

继续
▼

4 週目

5 週目

6 週目

7 週目

8 週目

9 週目

10~14 週目

形

□ 937
众多
zhòngduō
形（人が）多い

□ 938
周密
zhōumì
形綿密である

□ 939
庄重
zhuāngzhòng
形（言葉・動作が）落ち着きがある、重々しい

□ 940
壮观
zhuàngguān
形壮観である
名壮観

□ 941
资深
zīshēn
形ベテランである、キャリアがある

□ 942
自卑
zìbēi
形劣等感を持つ、卑屈である

□ 943
自豪
zìháo
形誇らしい、誇りに思う

副

□ 944
必
bì
副必ず、きっと

□ 腥	□ 羞耻	□ 耀眼	□ 庸俗
□ 兴隆	□ 喧闹	□ 一次性	□ 永恒
□ 兴旺	□ 严厉	□ 殷勤	□ 踊跃
□ 雄厚	□ 遥远	□ 隐约	□ 忧郁

实习已经成为众多**大学生职业生涯规划的重要部分。**

Shíxí yǐjīng chéngwéi zhòngduō dàxuéshēng zhíyè shēngyá guīhuà de zhòngyào bùfen.

インターンシップはすでに多くの大学生のキャリアプランの重要な部分となっている

经过周密**的调查论证，当局决定暂缓水库的建设。**

Jīngguò zhōumì de diàochá lùnzhèng, dāngjú juédìng zànhuǎn shuǐkù de jiànshè.

綿密な調査による検証の結果、当局はダムの建設を一時見合わせることを決定した。

新校长庄重**地接过委任状，表示将不负所托。**

Xīn xiàozhǎng zhuāngzhòng de jiēguo wěirènzhuàng, biǎoshì jiāng bú fù suǒ tuō.

新しい校長は、落ち着きをはらって委任状を受け取り、信任に背かないことを示した。

这是近年来观测到的最壮观**的流星雨景象。** Zhè shì jìnnián lái guāncèdào de zuì zhuàngguān de liúxīngyǔ jǐngxiàng. これは近年観測された中でも最も壮観な流星群の様子だ。 **长城的**壮观**令各国游客赞叹不已。** Chángchéng de zhuàngguān lìng gè guó yóukè zàntàn bùyǐ. 長城の雄大さに、各国からの旅行客はしきりに感嘆の声を上げた。

一名资深**编辑表示很看好这部小说的销路。**

Yì míng zīshēn biānjí biǎoshì hěn kànhǎo zhè bù xiǎoshuō de xiāolù.

あるベテランの編集者はこの小説の売れ行きに明るい見通しを持っている。

因为家庭环境的缘故，他曾经很自卑**。**

Yīnwei jiātíng huánjìng de yuángù, tā céngjīng hěn zìbēi.

家庭環境が理由で、彼はかつて強い劣等感を持っていた。

他的学术专著获奖了，同事和家人都为他感到自豪**。**

Tā de xuéshù zhuānzhù huòjiǎng le, tóngshì hé jiārén dōu wèi tā gǎndào zìháo.

彼の学術書が賞を取り、同僚や家族は彼を誇りに思った。

我们要加强法制建设，做到有法必**依，违法**必**究。**

Wǒmen yào jiāqiáng fǎzhì jiànshè, zuòdào yǒu fǎ bì yī, wéifǎ bì jiū.

我々は法制構築を強化し、法があれば必ず依拠し、違法であれば必ず追及するようにしなければならない。

□ 生臭い	□ 恥ずかしい	□ まぶしい	□ 俗っぽい
□ 盛んである	□ やかましい	□ 使い捨ての	□ 永久不変である
□ 旺盛である	□ 厳格な	□ 心がこもっている	□ 先を争う
□ 十分である	□ はるかに遠い	□ かすかな	□ 憂うつである

□ 945 **必定** bìdìng	副 きっと、必ず、確かに ≒ 一定 yídìng
□ 946 **并非** bìngfēi	副 決して〜ではない、別に〜でない
□ 947 **不愧** búkuì	副 〜に恥じない、さすが〜だけのことはある、〜にふさわしい
□ 948 **成心** chéngxīn	副 わざと、故意に
□ 949 **处处** chùchù	副 至る所で、どこでも
□ 950 **从中** cóngzhōng	副 〜の中から
□ 951 **大致** dàzhì	副 大体、大方
□ 952 **当场** dāngchǎng	副 その場で、現場で

継続
▼

80歳に絡めて『論語』から"吾十有五而志于学，三十而立，四十而不惑，五十而知天命，六十而耳順，七十而从心所欲，不逾矩"。

Check 2 🎧 158

他听不进别人的意见，将来必定要吃亏。

Tā tīngbujìn biéren de yìjian, jiānglái bìdìng yào chīkuī.

彼は他人の意見を聞き入れないので、将来きっと損をするだろう。

这份工作看起来简单，但要做好并非易事。

Zhè fèn gōngzuò kànqilai jiǎndān, dàn yào zuòhǎo bìngfēi yì shì.

この仕事は簡単に見えるが、きちんとやり遂げるのは決して容易なことではない。

他的表演太棒了，不愧是全国闻名的艺术大师。

Tā de biǎoyǎn tài bàng le, búkuì shì quánguó wénmíng de yìshù dàshī.

彼のパフォーマンスは大変素晴らしく、さすが全国に名高い芸術の巨匠だけのことはある。

让我当众表演跳舞，你这不是成心难为我嘛。

Ràng wǒ dāngzhòng biǎoyǎn tiàowǔ, nǐ zhè bú shì chéngxīn nánwei wǒ ma.

大勢の前で踊らせるなんて、わざと私を困らせるつもりなの。

这个世界真的很奇妙，处处充满惊喜。

Zhège shìjiè zhēn de hěn qímiào, chùchù chōngmǎn jīngxǐ.

この世界は本当に不思議で、至る所にびっくりするような喜びがあふれている。

赵明几次三番地犯错，可他从来不知道从中吸取教训。

Zhào Míng jǐcì-sānfān de fàncuò, kě tā cónglái bù zhīdào cóngzhōng xīqǔ jiàoxun.

趙明は何度も過ちを犯したが、その中から教訓をくみ取ることをずっと知らなかった。

他虽然换了新公司，但是工作内容和原来大致相同。

Tā suīrán huànle xīn gōngsī, dànshì gōngzuò nèiróng hé yuánlái dàzhì xiāngtóng.

彼は新しい会社に移ったものの、仕事内容は今までと大体変らない。

人们当场抓住了正在行窃的小偷。

Rénmen dāngchǎng zhuāzhùle zhèngzài xíngqiè de xiǎotōu.

人々は盗みを働いた泥棒をその場で捕まえた。

继续
▼

1週目
2週目
3週目
4週目
5週目
6週目
7週目
8週目
9週目
10~14週目

Check 1　　　　　　　　　　　　　　　　　　　🎧 060

□ 953 **动不动** dòngbudòng	副 ややもすれば、ともすれば
□ 954 **反倒** fǎndào	副 逆に、かえって、むしろ
□ 955 **纷纷** fēnfēn	副 次々に、続々と
□ 956 **赶忙** gǎnmáng	副 急いで、大急ぎで
□ 957 **姑且** gūqiě	副 ひとまず、しばらく
□ 958 **过于** guòyú	副 あまりに～すぎる、あまりにも
□ 959 **何必** hébì	副 なにも～することはない、どうして～する必要があるだろう
□ 960 **胡乱** húluàn	副 勝手気ままに、でたらめに、やたらと、いいかげんに、そそくさと

59日目 🎧 059
Quick Review
答えは次頁

□ 优质	□ 崭新	□ 众多	□ 资深
□ 幽默	□ 镇静	□ 周密	□ 自卑
□ 原	□ 正经	□ 庄重	□ 自豪
□ 悦耳	□ 知名	□ 壮观	□ 必

1
週目

2
週目

3
週目

4
週目

5
週目

6
週目

7
週目

8
週目

9
週目

10
~
14
週目

爸爸最近好像工作压力很大，动不动就发脾气。

Bàba zuìjìn hǎoxiàng gōngzuò yālì hěn dà, dòngbudòng jiù fā píqi.

父は最近仕事でストレスがたまっているようで、ともすればすぐに癇癪を起こす。

吃药以后，他的病不但没有好，反倒加重了。

Chī yào yǐhòu, tā de bìng búdàn méiyou hǎo, fǎndào jiāzhòng le.

薬を飲んだ後、彼の病気はよくなるどころか、かえって重くなった。

爷爷过八十大寿，亲戚朋友纷纷前来祝贺。

Yéye guò bāshí dàshòu, qīnqi péngyou fēnfēn qiánlai zhùhè.

祖父が 80 歳の長寿を迎え、親戚や友達が続々とお祝いに訪れた。

看到对方变了脸色，朱婷赶忙为自己的失礼行为道歉。

Kàndào duìfāng biànle liǎnsè, Zhū Tíng gǎnmáng wèi zìjǐ de shīlǐ xíngwéi dàoqiàn.

相手が顔色を変えたのを見て、朱婷は急いで自分の失礼な行為を謝罪した。

饭店的环境姑且不说，服务态度也非常差。

Fàndiàn de huánjìng gūqiě bù shuō, fúwù tàidu yě fēicháng chà.

ホテルの環境はひとまず言わないにしても、サービス態度が非常に悪い。

如果老师过于严肃，会让学生产生距离感。

Rúguǒ lǎoshī guòyú yánsù, huì ràng xuésheng chǎnshēng jùlígǎn.

教師が厳しすぎると、生徒に距離感を与えてしまう。

他只是开了个玩笑，你何必这么认真呢?

Tā zhǐshì kāile ge wánxiào, nǐ hébì zhème rènzhēn ne?

彼は冗談を言っただけさ、なにもそんなに真に受けることはないよ。

看到房间里有架钢琴，她便胡乱弹了几下。

Kàndào fángjiān li yǒu jià gāngqín, tā biàn húluàn tánle jǐ xià.

部屋にピアノがあるのを見て、彼女はでたらめに何度か弾いてみた。

☐ 良質の	☐ 斬新な	☐ 多い	☐ ベテランである
☐ ユーモアがある	☐ 落ち着いている	☐ 綿密である	☐ 劣等感を持つ
☐ 元の	☐ まじめである	☐ 落ち着きがある	☐ 誇らしい
☐ 耳に心地よい	☐ 有名である	☐ 壮観である	☐ 必ず

□ 961

即将
jíjiāng

副 まもなく〜する

□ 962

极其
jíqí

副 極めて

□ 963

及早
jízǎo

副 早めに、早いうちに

□ 964

接连
jiēlián

副 立て続けに、続けざまに

□ 965

竭力
jiélì

副 全力を尽くして、極力

□ 966

屡次
lǚcì

副 何回も

□ 967

明明
míngmíng

副 あきらかに
語 反語や逆接の文に使うことが多い

□ 968

默默
mòmò

副 黙って、黙々と

継続
▼

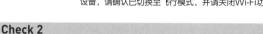

機内アナウンスにも耳を傾けて！"…手机等小型便携式电子设备，请确认已切换至飞行模式，并请关闭Wi-Fi功能…"

Check 2

🎧 159

飞机即将着陆了，请大家回到座位，系好安全带。

Fēijī jíjiāng zhuólù le, qǐng dàjiā huídào zuòwèi, jìhǎo ānquándài.

当機はまもなく着陸しますので、皆さま席に戻ってシートベルトをお締めください。

城际列车开通以后，从北京去天津极其方便。

Chéngjì lièchē kāitōng yǐhòu, cóng Běijīng qù Tiānjīn jíqí fāngbiàn.

都市間列車（Inter-city Rail）の開通後、北京から天津へ行くのはとても便利になった。

定期体检有助于及早发现癌症等疾病。

Dìngqī tǐjiǎn yǒuzhù yú jízǎo fāxiàn áizhèng děng jíbìng.

定期的な健康診断は、がんなどの病気の早期発見に役立つ。

今天在这个十字路口接连发生了两起交通事故。

Jīntiān zài zhège shízì lùkǒu jiēlián fāshēngle liǎng qǐ jiāotōng shìgù.

今日この十字路で立て続けに交通事故が2件発生した。

他想和这个女孩结婚，但是他的父母却竭力反对。

Tā xiǎng hé zhège nǚhái jiéhūn, dànshì tā de fùmǔ què jiélì fǎnduì.

彼はこの女性と結婚したがっているが、彼の両親が大反対している。

他屡次参加公务员考试，但均告失败。

Tā lǚcì cānjiā gōngwùyuán kǎoshì, dàn jūn gào shībài.

彼はこれまで何度も公務員試験を受けたが、全て失敗した。

你明明知道他不会喝酒，怎么还带他去酒吧？

Nǐ míngmíng zhīdao tā bú huì hē jiǔ, zěnme hái dài tā qù jiǔbā?

彼がお酒を飲めないことをよく知っているのに、どうして彼をバーに連れていくのですか。

父亲言语不多，只是默默地关爱着每个孩子。

Fùqin yányǔ bù duō, zhǐshì mòmò de guān'àizhe měi ge háizi.

父親は口数が少なく、ただ黙って子供たち一人一人を見守っている。

继续
▼

Check 1　🎧 061

□ 969
宁可
nìngkě
副 むしろ、いっそのこと

□ 970
偏偏
piānpiān
副 あいにく、残念ながら、どうしても、何がなんでも

□ 971
恰巧
qiàqiǎo
副 都合よく、運よく
≒ 恰好 qiàhǎo

□ 972
仍旧
réngjiù
副 依然として、相変わらず
動 今までどおりにする

□ 973
日益
rìyì
副 日増しに

□ 974
擅自
shànzì
副 勝手に、思いどおりに

□ 975
时常
shícháng
副 しょっちゅう、よく

□ 976
时时
shíshí
副 いつも、常に

60日目🎧060
Quick Review
答えは次頁

□ 必定　□ 处处　□ 动不动　□ 姑且
□ 并非　□ 从中　□ 反倒　□ 过于
□ 不愧　□ 大致　□ 纷纷　□ 何必
□ 成心　□ 当场　□ 赶忙　□ 胡乱

1
週目

2
週目

3
週目

4
週目

5
週目

6
週目

7
週目

8
週目

9
週目

10
週目〜14

有些年轻人宁可待业，也不愿意从事体力劳动。

Yǒuxiē niánqīngrén nìngkě dàiyè, yě bú yuànyì cóngshì tǐlì láodòng.

肉体労働をするくらいならむしろ就職浪人のほうがましだと思っている若者もいる。

原想周末去看红叶，不巧偏偏遇上了坏天气。

Yuán xiǎng zhōumò qù kàn hóngyè, bùqiǎo piānpiān yùshàngle huài tiānqì.

当初は週末に紅葉狩りに行きたいと思っていたが、あいにく悪天候に見舞われた。

这家公司的面试官恰巧就是我们大学的毕业生。

Zhè jiā gōngsī de miànshìguān qiàqiǎo jiùshì wǒmen dàxué de bìyèshēng.

この会社の面接官は運よく私たちの大学の卒業生だった。

分配不均匀仍旧是政府需要解决的一道难题。

Fēnpèi bù jūnyún réngjiù shì zhèngfǔ xūyào jiějué de yí dào nántí.　分配の不均衡は、依然として政府が解決しなければならない難題である。　这次电器产品博览会的开幕式程序一切仍旧。 Zhè cì diànqì chǎnpǐn bólǎnhuì de kāimùshì chéngxù yíqiè réngjiù.　今回の電器製品博覧会の開幕式の段取りには何も変更はない。

日益减少的森林面积加剧了耕地沙漠化的危机。

Rìyì jiǎnshǎo de sēnlín miànjī jiājùle gēngdì shāmòhuà de wēijī.

日ごとに減少する森林面積は耕地の砂漠化の危機を悪化させている。

图书馆禁止擅自把图书带出馆外。

Túshūguǎn jìnzhǐ shànzì bǎ túshū dàichū guǎn wài.

図書館は本を勝手に館外に持ち出すことを禁じている。

她时常向儿女提起她早年失散的兄弟。

Tā shícháng xiàng érnǚ tíqǐ tā zǎonián shīsàn de xiōngdì.

彼女はよく子供たちに若いころに離れ離れになった兄弟の話をする。

身为一位领导者，要时时心系大众，为大众服务。

Shēn wéi yí wèi lǐngdǎozhě, yào shíshí xīn xì dàzhòng, wèi dàzhòng fúwù.

指導者たるもの、常に民衆に心を寄せ、民衆に奉仕しなければならない。

☐ きっと　　　　　☐ 至る所で　　　　☐ ややもすれば　　☐ ひとまず
☐ 決して〜ではない　☐ 〜の中から　　　☐ 逆に　　　　　　☐ あまりに〜すぎる
☐ 〜に恥じない　　　☐ 大体　　　　　　☐ 次々に　　　　　☐ なにも〜することはない
☐ わざと　　　　　☐ その場で　　　　☐ 急いで　　　　　☐ 勝手気ままに

Check 1 ∩ 062

□ 977
顺势
shùnshì
副 ついでに、勢いに乗って、状況に従って

□ 978
随后
suíhòu
副 すぐ後で

□ 979
万分
wànfēn
副 非常に、極めて

□ 980
未必
wèibì
副 ～とは限らない
⇆ 不必 búbì、何必 hébì

□ 981
未免
wèimiǎn
副 ～と言わざるを得ない、～を免れない
⇆ 不免 bùmiǎn、难免 nánmiǎn

□ 982
为何
wèihé
副 なぜ、どうして
語 書き言葉で使われる

□ 983
无非
wúfēi
副 ～でしかない、ただ～にほかならない

□ 984
务必
wùbì
副 必ず、絶対に～しなければならない

継続
▼

"婚丧嫁娶"は辞書に「冠婚葬祭」とありますが、文字だけを追うと、冠(成人式)と祭(先祖の祭りごと)の部分がありませんね。

1 週目

2 週目

3 週目

Check 2　　　　　　　　　　　　　　　　　　　　🎧 160

一个村民主动过来提供帮助，我顺势和他聊起来。

Yí ge cūnmín zhǔdòngguolai tígōng bāngzhù, wǒ shùnshì hé tā liáoqilai.

村人が自分から手伝いに来てくれたので、私はついでに彼と話し始めた。

你先走一步，我和其他人随后就到。

Nǐ xiān zǒu yí bù, wǒ hé qítārén suíhòu jiù dào.

先に行ってて、私とほかの人はすぐ追いかけるから。

受灾群众对全国各地的支援表示万分感激。

Shòuzāi qúnzhòng duì quánguó gè dì de zhīyuán biǎoshì wànfēn gǎnjī.

全国各地から寄せられた支援に対して、被災者たちは深く感謝の意を示した。

良好的动机未必就能带来理想的结果。

Liánghǎo de dòngjī wèibì jiù néng dàilai lǐxiǎng de jiéguǒ.

動機がよいからといって理想的な結果になるとは限らない。

单凭平日的印象来下结论，未免有失公允。

Dān píng píngrì de yìnxiàng lái xià jiélùn, wèimiǎn yǒu shī gōngyǔn.

普段の印象だけで結論を下すのは、公平を失すると言わざるを得ない。

吃药时通常是用温开水送服，为何不用茶水呢？

Chī yào shí tōngcháng shì yòng wēnkāishuǐ sòng fú, wèihé búyòng cháshuǐ ne?

薬は通常ぬるま湯で服用しますが、なぜお茶で服用しないのでしょうか。

使用这么特别的项目名称，无非就是为了吸引眼球。

Shǐyòng zhème tèbié de xiàngmù míngchēng, wúfēi jiùshì wèile xīyǐn yǎnqiú.

こんな特別なプロジェクトネームにするのは、人目を引くためでしかない。

请面试人员务必提前十分钟到考场。

Qǐng miànshì rényuán wùbì tíqián shí fēnzhōng dào kǎochǎng.

面接の参加者は、必ず 10 分前に会場に着くようにしてください。

4 週目

5 週目

6 週目

7 週目

8 週目

9 週目

10 ～ 14 週目

继续
▼

Check 1　　　　　　　　　　　　　　　　　　　　🎧 062

□ 985
幸亏
xìngkuī

副 幸いにも、運よく
≒ 多亏 duōkuī、幸好 xìnghǎo

□ 986
眼看
yǎnkàn

副 すぐに、見る間に
動 目にする、（よくない状況を）座視する

□ 987
依旧
yījiù

副 依然として、相変わらず

□ 988
一道
yídào

副 一緒に

□ 989
迎面
yíngmiàn

副 向こうから、正面から

□ 990
预先
yùxiān

副 あらかじめ、前もって

□ 991
暂且
zànqiě

副 ひとまず、暫時

□ 992
只顾
zhǐgù

副 ひたすら〜するのみである

| 61日目 🎧 061 Quick Review 答えは次頁 | □ 即将 □ 极其 □ 及早 □ 接连 | □ 竭力 □ 屡次 □ 明明 □ 默默 | □ 宁可 □ 偏偏 □ 恰巧 □ 仍旧 | □ 日益 □ 擅自 □ 时常 □ 时时 |

幸亏消防车来得及时，否则后果不堪设想。

Xìngkuī xiāofángchē láide jíshí, fǒuzé hòuguǒ bùkān-shèxiǎng.

消防車が間に合ったからよかったものの、そうでなければ想像を絶する事態になっていただろう。

你快点走，**眼看**就要迟到了。Nǐ kuài diǎn zǒu, yǎnkàn jiù yào chídào le. はやく行って、もう遅刻するよ。 **眼看**着林澜一天天衰弱下去，他却无能为力。
Yǎnkànzhe Lín Lán yì tiān tiān shuāiruòxiaqu, tā què wúnéngwéilì. 林澜が日に日に衰弱していくのを見て、彼はどうすることもできなかった。

这里的婚丧嫁娶**依旧**沿袭着古老的习俗。

Zhèli de hūnsāng jiàqǔ yījiù yánxízhe gǔlǎo de xísú.

ここの冠婚葬祭は、相変わらず昔からの習わしに基づいて行われている。

他和几个朋友**一道**来的。

Tā hé jǐ ge péngyou yídào lái de.

彼は何人かの友達と一緒に来た。

我刚要去车站接他，就看见他提着行李**迎面**走过来了。

Wǒ gāng yào qù chēzhàn jiē tā, jiù kànjiàn tā tízhe xíngli yíngmiàn zǒuguolai le.

ちょうど駅へ迎えに行こうとしたら、もう彼が向こうから荷物を提げて歩いてやってくるのが見えた。

如果你有什么新计划，一定要**预先**告知领导。

Rúguǒ nǐ yǒu shénme xīn jìhuà, yídìng yào yùxiān gàozhī lǐngdǎo.

何か新しい計画があれば、必ずあらかじめ上司に伝えておくように。

胜负**暂且**不说，只要全身心投入比赛就好。

Shèngfù zànqiě bù shuō, zhǐyào quán shēnxīn tóurù bǐsài jiù hǎo.

勝敗はひとまず置いておいて、全身全霊で試合に打ち込みさえすればよい。

他每天**只顾**看电视，所有的家务都扔给妻子做了。

Tā měi tiān zhǐgù kàn diànshì, suǒyǒu de jiāwù dōu rēnggěi qīzi zuò le.

彼は毎日テレビばかり見ていて、すべての家事を妻に任せている。

□ まもなく～する　　□ 全力を尽くして　　□ むしろ　　　　　□ 日増しに
□ 極めて　　　　　　□ 何回も　　　　　　□ あいにく　　　　□ 勝手に
□ 早めに　　　　　　□ あきらかに　　　　□ 都合よく　　　　□ しょっちゅう
□ 立て続けに　　　　□ 黙って　　　　　　□ 依然として　　　□ いつも

Check 1   🎧 063

副

□ 993
终究
zhōngjiū

副 **最後には、結局は**

□ 994
终年
zhōngnián

副 **一年中**
名 享年

□ 995
逐年
zhúnián

副 **年々、一年一年**

□ 996
足
zú

副 **十分に**
形 足りる

接

□ 997
罢了
bàle

接 **～にすぎない**

□ 998
本着
běnzhe

接 **～に基づいて、～によって**

□ 999
从而
cóng'ér

接 **従って、それによって**

□ 1000
固然
gùrán

接 **もちろん～であるが、もとより～であるが**

継続
▼

1週目
2週目
3週目
4週目
5週目
6週目
7週目
8週目
9週目
10～14週目

"活到老，学到老" の気持ちを忘れず、これからも中国語の学習に邁進していきましょう。

Check 2

🎧 161

虽然父母坚决反对，他**终究**还是去国外留学了。
Suīrán fùmǔ jiānjué fǎnduì, tā zhōngjiū háishi qù guówài liúxué le.
両親は断固反対したが、彼は結局外国へ留学した。

附近林立的高楼把老房子围得**终年**不见阳光。Fùjìn línlì de gāolóu bǎ lǎo fángzi wéide zhōngnián bú jiàn yángguāng. 近くに林立する高層ビルが古い家を取り囲み、年中日が差さない。 他缠绵病榻十年之后辞世，**终年**五十八岁。Tā chánmián bìngtà shí nián zhīhòu císhì, zhōngnián wǔshíbā suì. 彼は10年もの長患いをし、享年58だった。

随着消费观念的转变，出国旅游的人正在**逐年**增加。
Suízhe xiāofèi guānniàn de zhuǎnbiàn, chūguó lǚyóu de rén zhèngzài zhúnián zēngjiā.
消費意識の変化に伴い、海外旅行に行く人が年々増加している。

国家博物馆的讲解员需要硕士以上学历，**足**见国家对于博物馆的重视。Guójiā Bówùguǎn de jiǎngjiěyuán xūyào shuòshì yǐshàng xuélì, zú jiàn guójiā duìyú bówùguǎn de zhòngshì. 国立博物館の解説者には修士以上の学歴が求められることからも、国が博物館を重視していることがよくわかる。 接连几天睡眠不足，卢晓的黑眼圈都出来了。Jiēlián jǐ tiān shuìmián bùzú, Lú Xiǎo de hēiyǎnquān dōu chūlai le. 連日寝不足が続き、盧暁には目のくまがでてきた。

我何尝不想去旅游，只是没有时间**罢了**。
Wǒ hécháng bù xiǎng qù lǚyóu, zhǐshì méiyǒu shíjiān bàle.
私は旅行に行きたくないわけではない、ただ時間がないだけだ。

我们将**本着**公正的原则来决定比赛的名次。
Wǒmen jiāng běnzhe gōngzhèng de yuánzé lái juédìng bǐsài de míngcì.
我々は公正な原則に基づいて試合の順位を決める。

李老师改进了教学方法，**从而**提高了学生的学习兴趣。
Lǐ lǎoshī gǎijìnle jiàoxué fāngfǎ, cóng'ér tígāole xuésheng de xuéxí xìngqù.
李先生が教え方を改善したので、それによって学生の学習意欲が高まった。

学历**固然**重要，但是公司更重视一个人的能力。
Xuélì gùrán zhòngyào, dànshì gōngsī gèng zhòngshì yí ge rén de nénglì.
学歴はもちろん重要だが、それ以上に会社はその人の能力を重視している。

继续
▼

Check 1　　　🎧 063

□ 1001
何况
hékuàng
接 まして〜はなおさらである

□ 1002
况且
kuàngqiě
接 まして、その上

□ 1003
连同
liántóng
接 〜と合わせて、〜とともに

□ 1004
乃至
nǎizhì
接 さらには、ひいては、ないし

□ 1005
若
ruò
接 もし〜ならば

□ 1006
为此
wèicǐ
接 そのために…

□ 1007
以便
yǐbiàn
接 〜するために、〜できるように

□ 1008
以免
yǐmiǎn
接 〜しないように、〜しないですむように

62日目🎧062 Quick Review 答えは次頁			
□ 顺势	□ 未免	□ 幸亏	□ 迎面
□ 随后	□ 为何	□ 眼看	□ 预先
□ 万分	□ 无非	□ 依旧	□ 暂且
□ 未必	□ 务必	□ 一道	□ 只顾

平时来长城旅游的人就很多，何况现在是黄金周呢。

Píngshí lái Chángchéng lǚyóu de rén jiù hěn duō, hékuàng xiànzài shì huángjīnzhōu ne.

普段でも長城は観光客が多いのだから、ましてゴールデンウイークはなおさらだ。

现在是上班高峰，况且又在下雨，你肯定打不到车。

Xiànzài shì shàngbān gāofēng, kuàngqiě yòu zài xià yǔ, nǐ kěndìng dǎbudào chē.

今はラッシュアワーでその上雨まで降っているので、タクシーがつかまるわけがない。

我们已经把货物连同清单一起发送给你们了。

Wǒmen yǐjīng bǎ huòwù liántóng qīngdān yìqǐ fāsònggěi nǐmen le.

すでに荷物と一緒に明細書をお送りしました。

他的言行举止乃至思维方式都已经彻底西化了。

Tā de yánxíng jǔzhǐ nǎizhì sīwéi fāngshì dōu yǐjīng chèdǐ xīhuà le.

彼の言動ないし思考はもう完全に西洋化している。

他特别吝啬，若想让他捐款，真比登天还难。

Tā tèbié lìnsè, ruò xiǎng ràng tā juānkuǎn, zhēn bǐ dēngtiān hái nán.

彼はとてもけちで、もし彼に寄付させようとするなら天に登るより難しい。

他做事向来铁面无私，为此得罪了不少人。

Tā zuòshì xiànglái tiěmiàn-wúsī, wèicǐ dézuìle bù shǎo rén.

彼は決して私情を挟まず公正に仕事をするので、そのために恨みを買うことも多い。

这次派对采取自助餐方式，以便客人们互相交流。

Zhè cì pàiduì cǎiqǔ zìzhùcān fāngshì, yǐbiàn kèrenmen hùxiāng jiāoliú.

今回のパーティーはビッフェ方式を採用し、お客さん同士が交流できるようにしている。

饭菜要讲究荤素搭配，以免造成营养失衡。

Fàncài yào jiǎngjiu hūnsù dāpèi, yǐmiǎn zàochéng yíngyǎng shīhéng.

食事は栄養バランスが偏らないよう、肉と野菜の組み合わせに気をつける必要がある。

□ ついでに	□ ～と言わざるを得ない	□ 幸いにも	□ 向こうから
□ すぐ後で	□ なぜ	□ すぐに	□ あらかじめ
□ 非常に	□ ～でしかない	□ 依然として	□ ひとまず
□ ～とは限らない	□ 必ず	□ 一緒に	□ ひたすら～するのみである

可能補語のまとめ⑤

来不及　　　láibují　　　　　　間に合わない

还有十分钟就开车了，再不检票进站就来不及了。

Hái yǒu shí fēnzhōng jiù kāichē le, zàibu jiǎnpiào jìn zhàn jiù láibují le.

あと 10 分で発車するので、改札を通らないと間に合いません。

等不及　　　děngbují　　　　　　待ちきれない

今天怎么上菜这么慢啊，你去催一下，客人们都等不及了。

Jīntiān zěnme shàngcài zhème màn a, nǐ qù cuī yíxià, kèrenmen dōu děngbují le.

今日はどうして料理がこんなに遅いのですか、催促して、お客さんはもう待ちきれない。

赶不及　　　gǎnbují　　　　　　間に合わない

已经九点了，赶不及去机场送她了，给她打个电话告别吧。

Yǐjīng jiǔ diǎn le, gǎnbují qù jīchǎng sòng tā le, gěi tā dǎ ge diànhuà gàobié ba.

もう 9 時だから、彼女を空港まで見送りに行けないので、電話してお別れを言おう。

忘不了　　　wàngbuliǎo　　　　忘れられない、忘れることはない

虽然毕业已经五年了，但我永远忘不了和同学们一起学习奋斗的日子。

Suīrán bìyè yǐjīng wǔ nián le, dàn wǒ yǒngyuǎn wàngbuliǎo hé tóngxuémen yìqǐ xuéxí fèndòu de rizi.

卒業して 5 年になるが、同級生たちと一緒に頑張って勉強した日々は永遠に忘れられない。

靠不住　　　kàobuzhù　　　　　信用できない、当てにならない

不要轻易相信别人的承诺，说出来的话是最靠不住的。

Búyào qīngyì xiāngxin biéren de chéngnuò, shuōchulai de huà shì zuì kàobuzhù de.

簡単に他人の約束を信じないで、口に出した言葉が一番信用できないから。

靠得住　　　kàodezhù　　　　　信頼できる、頼りになる

如果你的工作忙不过来，可以找小张帮忙，他还是靠得住的。

Rúguǒ nǐ de gōngzuò mángbuguòlái, kěyǐ zhǎo Xiǎo-Zhāng bāngmáng, tā háishi kàodezhù de.

君の仕事が忙しくて手が回らないなら、張くんに手伝ってもらって、彼はやはり頼りになるから。

数不清　　　shǔbuqīng　　　　　数え切れない、無数の

我爸爸十九岁就做老师了，连他自己也数不清送走了多少批学生了。

Wǒ bàba shíjiǔ suì jiù zuò lǎoshī le, lián tā zìjǐ yě shǔbuqīng sòngzǒule duōshao pī xuésheng le.

父は 19 歳で教師になったが、彼自身もどれくらいの学生を送り出したか数え切れない。

1 週目

2 週目

3 週目

4 週目

5 週目

6 週目

7 週目

8 週目

9 週目

10 ~ 14 週目

キクタン中国語
10-14 週目

Check 1　　　🎧 064
Check 2　　　🎧 162

□ 1009
爱不释手
àibúshìshǒu

大切で手放せない
近 爱不忍释　反 不屑一顾

孩子抱着自己爱不释手的玩具熊睡着了。
Háizi bàozhe zìjǐ àibúshìshǒu de wánjù xióng shuìzháo le.
子どもはお気に入りの熊のぬいぐるみを抱いて寝ついた。

□ 1010
昂首阔步
ángshǒu-kuòbù

頭を上げ堂々と歩く
近 昂首挺胸　反 垂头丧气

那个学生很自信，走起路来总是昂首阔步的。
Nàge xuésheng hěn zìxìn, zǒuqǐ lù lái zǒngshì ángshǒu-kuòbù de.
その学生は自信に満ちており、歩き方はいつも堂々としている。

□ 1011
百家争鸣
bǎijiā-zhēngmíng

自由に意見を言う
近 各抒己见　反 一家之言

我们所期望的是百家争鸣的学术气氛。
Wǒmen suǒ qīwàng de shì bǎijiā-zhēngmíng de xuéshù qìfen.
自由に意見を戦わせる学風こそが我々の期待するところだ。

□ 1012
半途而废
bàntú'érfèi

途中で投げ出す
近 有始无终　反 持之以恒

做事情应该有始有终，不可以半途而废。
Zuò shìqing yīnggāi yǒushǐ-yǒuzhōng, bù kěyǐ bàntú'érfèi.
物事をするには首尾一貫すべきで、途中でやめてはいけない。

□ 1013
饱经沧桑
bǎojīng-cāngsāng

辛酸をなめつくす
近 饱经风霜　反 养尊处优

对这位饱经沧桑的老人来说，儿子的成就是他最大的安慰。
Duì zhè wèi bǎojīng-cāngsāng de lǎorén lái shuō, érzi de chéngjiù shì tā zuìdà de ānwèi.
辛酸をなめてきたこの老人にとって、息子の成功こそが最大の慰めだ。

□ 1014
悲欢离合
bēihuān-líhé

悲喜こもごも
近 喜怒哀乐

刘先生一家人悲欢离合的故事感动了许多人。
Liú xiānsheng yìjiārén bēihuān-líhé de gùshi gǎndòngle xǔduō rén.
劉さん一家の悲喜こもごもの物語は多くの人を感動させた。

□ 1015
别具一格
biéjù-yìgé

独特の風格がある
近 独出心裁　反 千篇一律

他那别具一格的竞选演说赢得了听众的阵阵掌声。
Tā nà biéjù-yìgé de jìngxuǎn yǎnshuō yíngdéle tīngzhòng de zhènzhèn zhǎngshēng.
彼のあの独特の風格のある選挙演説は、聴衆のひとしきりの拍手を浴びた。

□ 1016
彬彬有礼
bīnbīn-yǒulǐ

上品で礼儀正しい
近 文质彬彬　反 傲慢无礼

她彬彬有礼地向每位来宾点头致意。
Tā bīnbīn-yǒulǐ de xiàng měi wèi láibīn diǎntóu zhìyì.
彼女は来客一人一人に礼儀正しく頭を下げた。

1 週目
2 週目
3 週目
4 週目
5 週目
6 週目
7 週目
8 週目
9 週目
10～14 週目

□ 最後には	□ ～にすぎない	□ まして～はなおさらである	□ もし～ならば
□ 一年中	□ ～に基づいて	□ まして	□ そのために…
□ 年々	□ 従って	□ ～と合わせて	□ ～するために
□ 十分に	□ もちろん～であるが	□ さらには	□ ～しないように

□ 1017

波澜壮阔
bōlán-zhuàngkuò

規模が大きい、（大波のように）勢いが激しい
近 声势浩大　反 风平浪静

在鲁迅的影响下，新文学运动波澜壮阔地开展起来了。
Zài Lǔ Xùn de yǐngxiǎng xià, xīn wénxué yùndòng bōlán-zhuàngkuò de kāizhǎnqilai le.
魯迅の影響のもと、新文学運動は勢いを持って大規模に展開し始めた。

□ 1018

博大精深
bódà-jīngshēn

学識が広く深い
近 博学多识　反 才疏学浅

汉字文化博大精深、源远流长。
Hànzì wénhuà bódà-jīngshēn, yuányuǎn-liúcháng.
漢字文化は深遠で、その歴史は長い。

□ 1019

不拘一格
bùjū-yìgé

型にとらわれない
近 标新立异　反 千篇一律

他的诗歌大胆创新，不拘一格。
Tā de shīgē dàdǎn chuàngxīn, bùjū-yìgé.
彼の詩は大胆で新しく、型にとらわれない。

□ 1020

不速之客
búsùzhīkè

招かれざる客
近 不请自来　反 如约而至

几名不速之客的到来引起了会场的骚动。
Jǐ míng búsùzhīkè de dàolái yǐnqǐle huìchǎng de sāodòng.
招かれざる客が何人か来て会場を騒がせた。

64日目 🎧 064
Quick Review
答えは次頁

| □ 爱不释手 | □ 百家争鸣 | □ 饱经沧桑 | □ 别具一格 |
| □ 昂首阔步 | □ 半途而废 | □ 悲欢离合 | □ 彬彬有礼 |

□ 1021
不相上下
bùxiāng-shàngxià

優劣の差がない
近 旗鼓相当 反 天壌之别

在实力不相上下的竞争者中，如何才能脱颖而出呢？
Zài shílì bùxiāng-shàngxià de jìngzhēngzhě zhōng, rúhé cái néng tuōyǐng'érchū ne?
互角の実力を持つ競争相手の中で、どうすれば頭角を現すことができるだろうか。

□ 1022
不屑一顾
búxiè-yígù

見向きもしない
近 嗤之以鼻 反 刮目相看

她对这点儿小钱根本不屑一顾。
Tā duì zhè diǎnr xiǎoqián gēnběn búxiè-yígù.
彼女はこの程度の小金にはまったく見向きもしない。

□ 1023
不言而喻
bùyán'éryù

言わなくても分かる
近 显而易见 反 百思不解

社会安定了，经济才能发展，这是不言而喻的道理。
Shèhuì āndìng le, jīngjì cái néng fāzhǎn, zhè shì bùyán'éryù de dàolǐ.
社会が安定してこそ経済が発展する、これは言うまでもない道理だ。

□ 1024
不择手段
bùzé-shǒuduàn

手段を選ばない
近 巧立名目 反 无所用心

他非常贪心，为了发财可以不择手段。
Tā fēicháng tānxīn, wèile fācái kěyǐ bùzé-shǒuduàn.
彼は非常に強欲で、金もうけのためなら手段を選ばない。

□ 大切で手放せない　□ 自由に意見を言う　□ 辛酸をなめつくす　□ 独特の風格がある

□ 頭を上げ堂々と歩く　□ 途中で投げ出す　□ 悲喜こもごも　□ 上品で礼儀正しい

1 週目
2 週目
3 週目
4 週目
5 週目
6 週目
7 週目
8 週目
9 週目
10～14 週目

□ 1025
畅所欲言
chàngsuǒyùyán

言いたいことを存分に言う
近 直言不讳　反 吞吞吐吐

畅所欲言的氛围对一个组织而言是至关重要的。
Chàngsuǒyùyán de fēnwéi duì yí ge zǔzhī ér yán shì zhì guān zhòngyào de.
言いたいことを言える雰囲気というのは、集団にとって非常に重要だ。

□ 1026
趁热打铁
chènrè-dǎtiě

鉄は熱いうちに打て
近 趁风使舵　反 坐失良机

我们一定要趁热打铁，争取按时完成任务。
Wǒmen yídìng yào chènrè-dǎtiě, zhēngqǔ ànshí wánchéng rènwu.
我々は必ずや好機をとらえて予定どおりに任務を完成するよう努力しなければいけない。

□ 1027
称心如意
chènxīn-rúyì

願ったりかなったり
近 心满意足　反 事与愿违

经过一番努力，他终于找到了一份称心如意的工作。
Jīngguò yì fān nǔlì, tā zhōngyú zhǎodàole yí fèn chènxīn-rúyì de gōngzuò.
ひとしきりの努力を経て、彼はついに望みどおりの仕事を探し当てた。

□ 1028
成家立业
chéngjiā-lìyè

所带を持つ、一家をなし独立する
近 安家立业　反 四处漂泊

家里的三个孩子都已经长大成人，成家立业了。
Jiāli de sān ge háizi dōu yǐjīng zhǎngdà chéngrén, chéngjiā-lìyè le.
我が家の3人の子どもは皆すでに一人前になり、所带を持った。

週目 1 2 3 4 5 6 7 8 9 10~14

□ 1029
初出茅庐
chūchū-máolú

駆け出しである
近 初露头角　反 老成持重

这位作家虽是初出茅庐，却已广受关注。
Zhè wèi zuòjiā suī shì chūchū-máolú, què yǐ guǎng shòu guānzhù.
この作家は駆け出しだが、すでに広く注目されている。

□ 1030
出乎意料
chūhū-yìliào

予想外である、思いのほか
近 出人意料　反 意料之中

这场比赛的结果出乎意料。
Zhè chǎng bǐsài de jiéguǒ chūhū-yìliào.
この試合の結果は予想外である。

□ 1031
出人头地
chūréntóudì

群を抜いて優れている、頭角を現す
近 出类拔萃　反 庸庸碌碌

他出身低微，有着强烈的出人头地的愿望。
Tā chūshēn dīwēi, yǒuzhe qiángliè de chūréntóudì de yuànwàng.
彼は身分が低いため、強い出世欲を持っている。

□ 1032
川流不息
chuānliú-bùxī

（人や車の流れが）ひっきりなし
近 车水马龙　反 门庭冷落

繁华的王府井大街上，行人与车辆川流不息。
Fánhuá de Wángfǔjǐng Dàjiē shang, xíngrén yǔ chēliàng chuānliú-bùxī.
にぎやかな王府井大街は、通行人と車がひっきりなしに往来している。

□ 規模が大きい　□ 型にとらわれない　□ 優劣の差がない　□ 言わなくても分かる

□ 学識が広く深い　□ 招かれざる客　□ 見向きもしない　□ 手段を選ばない

□ 1033

垂头丧气
chuítóu-sàngqì

がっくりする
近 没精打采　反 兴高采烈

输掉决赛后，球员们个个都垂头丧气的。
Shūdiào juésài hòu, qiúyuánmen gè gè dōu chuítóu-sàngqì de.
決勝戦に破れて、選手たちは皆意気消沈している。

□ 1034

从容不迫
cóngróng-búpò

慌てず急がず
近 泰然自若　反 惊惶失措

面对突如其来的事故，他从容不迫、镇定自若。
Miànduì tūrú-qílái de shìgù, tā cóngróng-búpò, zhèndìng zìruò.
突然起きた事故に直面しても、彼は落ち着き動じなかった。

□ 1035

粗心大意
cūxīn-dàyì

いいかげんにやる
近 粗枝大叶　反 一丝不苟

他一向粗心大意，不了解女孩子的心事。
Tā yíxiàng cūxīn-dàyì, bù liǎojiě nǚháizi de xīnshì.
彼は以前からずっといいかげんで、女の子の気持ちを分かっていない。

□ 1036

大公无私
dàgōng-wúsī

公平無私
近 铁面无私　反 自私自利

他办事大公无私，在公司很有威望。
Tā bànshì dàgōng-wúsī, zài gōngsī hěn yǒu wēiwàng.
彼は公平無私に物事を処理し、社内で非常に人望がある。

66日目 🎧 066
Quick Review
答えは次頁

- □ 畅所欲言
- □ 称心如意
- □ 初出茅庐
- □ 出人头地
- □ 趁热打铁
- □ 成家立业
- □ 出乎意料
- □ 川流不息

□ 1037

大名鼎鼎
dàmíng-dǐngdǐng

世間に名が知れ渡る
近 赫赫有名　反 默默无闻

微软公司在全世界大名鼎鼎，无人不知，无人不晓。

Wēiruǎn Gōngsī zài quán shìjiè dàmíng-dǐngdǐng, wú rén bù zhī, wú rén bù xiǎo.

マイクロソフトは世界中に名が知れ渡っており、知らない人はいない。

□ 1038

大显身手
dàxiǎn-shēnshǒu

本領を発揮する
近 大显神通　反 束手无策

周末朋友要来我家吃饭，我大显身手的时候到了。

Zhōumò péngyou yào lái wǒ jiā chī fàn, wǒ dàxiǎn-shēnshǒu de shíhou dào le.

週末友人が我が家に食事に来るので、私の腕前を披露するときがきた。

□ 1039

大摇大摆
dàyáo-dàbǎi

偉そうに威張る
近 大模大样　反 蹑手蹑脚

他总是一副大摇大摆的样子，很招人讨厌。

Tā zǒngshì yí fù dàyáo-dàbǎi de yàngzi, hěn zhāorén tǎoyàn.

彼はいつも威張っていて、人に嫌がられる。

□ 1040

道听途说
dàotīng-túshuō

根拠のないうわさ話
近 捕风捉影　反 言之有据

他这篇报道是用道听途说的内容拼凑起来的。

Tā zhè piān bàodào shì yòng dàotīng-túshuō de nèiróng pīncòuqilai de.

彼のこの記事は、根も葉もない情報をつなぎ合わせただけだ。

□ 言いたいことを存分に言う　□ 願ったりかなったり　□ 駆け出しである　□ 群を抜いて優れている
□ 鉄は熱いうちに打て　□ 所帯を持つ　□ 予想外である　□ ひっきりなし

1 週目
2 週目
3 週目
4 週目
5 週目
6 週目
7 週目
8 週目
9 週目
10～14 週目

□ 1041
得不偿失
débùchángshī

損得が引き合わない
近 因小失大　反 一本万利

她经常做一些在别人看来是得不偿失的事情。
Tā jīngcháng zuò yìxiē zài biéren kànlai shì débùchángshī de shìqing.
彼女はよく他人から見れば損得が引き合わない事をやる。

□ 1042
顶天立地
dǐngtiān-lìdì

堂々として恐れない
近 威风凛凛　反 卑躬屈膝

《三国演义》中的关羽是一个顶天立地的男子汉。
《Sān guó yǎnyì》 zhōng de Guān Yǔ shì yí ge dǐngtiān-lìdì de nánzǐhàn.
『三国志演義』の関羽は威風堂々とした男の中の男だ。

□ 1043
东张西望
dōngzhāng-xīwàng

きょろきょろ見回す
近 左顾右盼　反 目不斜视

一个中年人在街头东张西望，好像是和同伴走散了。
Yí ge zhōngniánrén zài jiētóu dōngzhāng-xīwàng, hǎoxiàng shì hé tóngbàn zǒusàn le.
1人の中年の人が道できょろきょろしているが、恐らく連れとはぐれたのだろう。

□ 1044
咄咄逼人
duōduō-bīrén

すごい剣幕で詰め寄る
近 盛气凌人　反 温文尔雅

他总是摆出一副咄咄逼人的架势，让人难以接近。
Tā zǒngshì bǎichū yí fù duōduō-bīrén de jiàshi, ràng rén nányǐ-jiējìn.
彼はいつもすごい剣幕で詰め寄ってくるので、とても近寄り難い。

67日目🎧067
Quick Review
答えは次頁

□ 垂头丧气　□ 粗心大意　□ 大名鼎鼎　□ 大摇大摆
□ 从容不迫　□ 大公无私　□ 大显身手　□ 道听途说

□ 1045
翻山越岭
fānshān-yuèlǐng

山越え谷越え
近 跋山涉水

老邮递员每天翻山越岭，为各家各户送信。

Lǎo yóudìyuán měi tiān fānshān-yuèlǐng, wèi gè jiā gè hù sòngxìn.

年老いた郵便配達人は、毎日山越え谷越え、家々に手紙を配達する。

□ 1046
废寝忘食
fèiqǐn-wàngshí

寝食を忘れる
近 寝食俱废 反 饱食终日

爸爸这两个月忙得废寝忘食，一下子瘦了五公斤。

Bàba zhè liǎng ge yuè mángde fèiqǐn-wàngshí, yíxiàzi shòule wǔ gōngjīn.

父はこの2カ月寝食を忘れるほどの忙しさで、あっという間に5キロやせた。

□ 1047
奋不顾身
fènbúgùshēn

危険を顧みない
近 舍生忘死 反 贪生怕死

他奋不顾身地跳进水里，救起了落水的儿童。

Tā fènbúgùshēn de tiàojìn shuǐ li, jiùqǐle luòshuǐ de értóng.

彼は身の危険を顧みず飛び込んで、水に落ちた子どもを救出した。

□ 1048
奋发图强
fènfā-túqiáng

努力奮闘する
近 刻苦奋斗 反 自暴自弃

地震后灾区人民奋发图强，重建了自己的家园。

Dìzhèn hòu zāiqū rénmín fènfā-túqiáng, chóngjiànle zìjǐ de jiāyuán.

地震の後、被災地の人々は奮起努力し、郷里を再建した。

□ がっくりする　　□ いいかげんにやる　　□ 世間に名が知れ渡る　　□ 偉そうに威張る

□ 慌てず急がず　　□ 公平無私　　□ 本領を発揮する　　□ 根拠のないうわさ話

1週目
2週目
3週目
4週目
5週目
6週目
7週目
8週目
9週目
10〜14週目

□ 1049

丰功伟绩
fēnggōng-wěijì

偉大な功績
近 汗马功劳　反 滔天大罪

秦始皇的丰功伟绩在于统一了中国。

Qínshǐhuáng de fēnggōng-wěijì zàiyú tǒngyīle Zhōngguó.

始皇帝の偉大な功績とは、中国を統一したことだ。

□ 1050

风平浪静
fēngpíng-làngjìng

風もなく波も静か、平穏無事
近 平安无事　反 轩然大波

台风过后，海面上风平浪静，明月当空。

Táifēng guòhòu, hǎimiàn shang fēngpíng-làngjìng, míngyuè dāngkōng.

台風が通り過ぎ、海面は穏やかになり、空には白く輝く月が出た。

□ 1051

肝胆相照
gāndǎn-xiāngzhào

腹を割って付き合う、肝胆相照らす
近 推心置腹　反 钩心斗角

真正的朋友就应该坦诚相见，肝胆相照。

Zhēnzhèng de péngyou jiù yīnggāi tǎnchéng xiāngjiàn, gāndǎn-xiāngzhào.

真の友とは互いに誠実で正直に、腹を割って付き合うものだ。

□ 1052

感慨万千
gǎnkǎi-wànqiān

感慨無量である
近 感慨万端　反 无动于衷

回到久别的家乡，爷爷一副感慨万千的样子。

Huídào jiǔ bié de jiāxiāng, yéye yí fù gǎnkǎi-wànqiān de yàngzi.

久しぶりに故郷に帰ったので、祖父は感無量の様子だ。

| 68日目 🎧 068 Quick Review 答えは次頁 | □ 得不偿失 | □ 东张西望 | □ 翻山越岭 | □ 奋不顾身 |
| | □ 顶天立地 | □ 咄咄逼人 | □ 废寝忘食 | □ 奋发图强 |

□ 1053

高谈阔论
gāotán-kuòlùn

大いに議論する
近 口若悬河　反 一言不发

我不喜欢听他们高谈阔论，就找了个借口提前离开了。

Wǒ bù xǐhuan tīng tāmen gāotán-kuòlùn, jiù zhǎole ge jièkǒu tíqián líkāi le.

私は彼らが議論するのを聞くのが嫌なので、口実を作って早めに出て行った。

□ 1054

根深蒂固
gēnshēn-dìgù

根が深く容易には動かない
近 积重难返　反 无本之木

这种恶习至今仍根深蒂固地存在于中国社会。

Zhè zhǒng èxí zhìjīn réng gēnshēn-dìgù de cúnzàiyú Zhōngguó shèhuì.

このような悪習が未だに中国社会に根深く存在している。

□ 1055

骨瘦如柴
gǔshòurúchái

がりがりにやせる
近 形销骨立　反 大腹便便

照片上的非洲儿童个个饿得骨瘦如柴。

Zhàopiàn shang de Fēizhōu értóng gè gè ède gǔshòurúchái.

写真のアフリカの子どもは、皆飢えて、やせこけている。

□ 1056

光彩夺目
guāngcǎi-duómù

目を奪うほど鮮やか
近 光彩照人　反 黯然失色

香港宛如一颗光彩夺目的东方明珠。

Xiānggǎng wǎnrú yì kē guāngcǎi-duómù de dōngfāng míngzhū.

香港はさながら美しく輝く東洋の真珠のようだ。

---

1 週目
2 週目
3 週目
4 週目
5 週目
6 週目
7 週目
8 週目
9 週目
10～14 週目

□ 損得が引き合わない	□ きょろきょろ見回す	□ 山越え谷越え	□ 危険を顧みない
□ 堂々として恐れない	□ すごい剣幕で詰め寄る	□ 寝食を忘れる	□ 努力奮闘する

□ 1057

毫不留情
háobù-liúqíng

少しも容赦しない
近 铁面无私　反 手下留情

他说话毫不留情，深深刺伤了我。
Tā shuōhuà háobù-liúqíng, shēnshēn cìshāngle wǒ.
彼は少しも容赦なく話し、私を深く傷つけた。

□ 1058

后来居上
hòulái-jūshàng

後の者が先の者を追い越す
近 青出于蓝　反 望尘莫及

李明后来居上，成绩很快超过了其他同学。
Lǐ Míng hòulái-jūshàng, chéngjì hěn kuài chāoguòle qítā tóngxué.
李明は後から来たが、成績はすぐに他の学生を追い越した。

□ 1059

花言巧语
huāyán-qiǎoyǔ

甘言を用いる、美辞麗句を並べる
近 甜言蜜语　反 笨口拙舌

他不老老实实地工作，每天到处花言巧语地骗人。
Tā bù lǎolǎoshíshí de gōngzuò, měi tiān dàochù huāyán-qiǎoyǔ de piàn rén.
彼は誠実に仕事をせず、毎日方々で甘言を弄[ろう]して人を騙している。

□ 1060

画龙点睛
huàlóng-diǎnjīng

画竜点睛
近 锦上添花　反 画蛇添足

这本书的插图很精彩，起到了画龙点睛的作用。
Zhè běn shū de chātú hěn jīngcǎi, qǐdàole huàlóng-diǎnjīng de zuòyòng.
この本の挿絵は生き生きしていて、画竜点睛の役割を果たしている。

| □ 丰功伟绩 | □ 肝胆相照 | □ 高谈阔论 | □ 骨瘦如柴 |
| □ 风平浪静 | □ 感慨万千 | □ 根深蒂固 | □ 光彩夺目 |

□ 1061
焕然一新
huànrán-yìxīn

面目を一新する
近 面目一新　反 依然如故

改革开放以来，中国的面貌焕然一新。

Gǎigé kāifàng yǐlái, Zhōngguó de miànmào huànrán-yìxīn.

改革開放以来、中国は面目を一新している。

□ 1062
恍然大悟
huǎngrán-dàwù

突然はっと悟る
近 豁然开朗　反 百思不解

听了老师的说明，我才恍然大悟，原来自己看错了题目。

Tīngle lǎoshī de shuōmíng, wǒ cái huǎngrán-dàwù, yuánlái zìjǐ kàncuòle tímù.

先生の説明を聞いて、私はようやくテーマを見間違えたことにはたと気づいた。

□ 1063
绘声绘色
huìshēng-huìsè

生き生きと描写する
近 有声有色　反 枯燥乏味

他把故事讲得绘声绘色，大家都听得入神了。

Tā bǎ gùshi jiǎngde huìshēng-huìsè, dàjiā dōu tīngde rùshén le.

彼は物語を生き生きと話して聞かせ、みんなは夢中になって聞き入った。

□ 1064
火冒三丈
huǒmàosānzhàng

烈火の如く怒る
近 大发雷霆　反 心平气和

妈妈看到我染了黄头发，气得火冒三丈。

Māma kàndào wǒ rǎnle huáng tóufa, qìde huǒmàosānzhàng.

私が金髪にしたのを見て、母は激怒した。

□ 偉大な功績　□ 腹を割って付き合う　□ 大いに議論する　□ がりがりにやせる

□ 風もなく波も静か　□ 感慨無量である　□ 根が深く容易には動かない　□ 目を奪うほど鮮やか

□ 1065

饥寒交迫
jīhán-jiāopò

非常に貧しい
近 啼饥号寒　反 丰衣足食

战争期间，几百万人饥寒交迫，流离失所。

Zhànzhēng qījiān, jǐ bǎi wàn rén jīhán-jiāopò, liúlí-shīsuǒ.

戦争中、何百万もの人々が飢えと寒さにさいなまれ、流浪した。

□ 1066

鸡毛蒜皮
jīmáo-suànpí

取るに足らない些細なこと
近 针头线脑　反 举足轻重

他们俩总是为一些鸡毛蒜皮的小事争吵。

Tāmen liǎ zǒngshì wèi yìxiē jīmáo-suànpí de xiǎoshì zhēngchǎo.

彼ら二人はいつもどうでもいい些細なことで口げんかをしている。

□ 1067

集思广益
jísī-guǎngyì

三人寄れば文殊の知恵
近 群策群力　反 独断专行

遇到困难时，要集思广益，多听听大家的意见。

Yùdào kùnnan shí, yào jísī-guǎngyì, duō tīngting dàjiā de yìjian.

困難に遭ったときは、三人寄れば文殊の知恵で、広くみんなの意見を聞くべきだ。

□ 1068

急于求成
jíyú-qiúchéng

功を焦る
近 急功近利　反 循序渐进

做事情如果太急于求成，就可能适得其反。

Zuò shìqing rúguǒ tài jíyú-qiúchéng, jiù kěnéng shìdé-qífǎn.

成果を焦りすぎると、かえって逆効果になるだろう。

70日目 🎧 070
Quick Review
答えは次頁

□ 毫不留情　□ 花言巧语　□ 焕然一新　□ 绘声绘色
□ 后来居上　□ 画龙点睛　□ 恍然大悟　□ 火冒三丈

□ 1069

急中生智
jízhōng-shēngzhì

とっさに思いつく
近 情急智生　反 束手无策

正在偷懒的小李见领导来了，急中生智装起了肚子疼。

Zhèngzài tōulǎn de Xiǎo-Lǐ jiàn lǐngdǎo lái le, jízhōng-shēngzhì zhuāngqǐle dùzi téng.

サボっていた李さんは、上司が来るととっさにお腹が痛いふりをした。

□ 1070

继往开来
jìwǎng-kāilái

先人の後を継ぎ道を開く
近 承前启后　反 空前绝后

我们公司要以继往开来的精神面向未来，走向世界。

Wǒmen gōngsī yào yǐ jìwǎng-kāilái de jīngshén miànxiàng wèilái, zǒuxiàng shìjiè.

我が社は先人から受け継いだ事業をさらに切り開いていくという精神で、未来と世界に挑んでいかねばならない。

□ 1071

见多识广
jiànduō-shíguǎng

知識や経験が豊富
近 博学多才　反 孤陋寡闻

我们公司很需要见多识广的科研管理人才。

Wǒmen gōngsī hěn xūyào jiànduō-shíguǎng de kēyán guǎnlǐ réncái.

我が社は経験と知識が豊富な科学研究スタッフを大いに必要としている。

□ 1072

交头接耳
jiāotóu-jiē'ěr

ひそひそ話をする
近 窃窃私语　反 大声喧哗

乘客们交头接耳地议论着车上刚才发生的事情。

Chéngkèmen jiāotóu-jiē'ěr de yìlùnzhe chē shang gāngcái fāshēng de shìqing.

乗客らは先ほど車内で起こった出来事をひそひそと議論していた。

□ 少しも容赦しない　□ 甘言を用いる　□ 面目を一新する　□ 生き生きと描写する

□ 後の者が先の者を追い越す　□ 画竜点睛　□ 突然はっと悟る　□ 烈火の如く怒る

□ 1073

绞尽脑汁
jiǎojìn-nǎozhī

あれこれ知恵を絞る
近 左思右想　反 不假思索

为了写这份计划，我绞尽脑汁地想了整整一个星期。
Wèile xiě zhè fèn jìhuà, wǒ jiǎojìn-nǎozhī de xiǎngle zhěngzhěng yí ge xīngqī.
この計画を書くために、私は丸々1週間いろいろと知恵を絞って考えた。

□ 1074

接二连三
jiē'èr-liánsān

立て続けに
近 接踵而来　反 断断续续

我们要仔细调查一下，为什么这一带接二连三地发生火灾。
Wǒmen yào zǐxì diàochá yíxià, wèi shénme zhè yídài jiē'èr-liánsān de fāshēng huǒzāi.
我々はなぜこの一帯で立て続けに火災が発生したのか詳細に調査しなければならない。

□ 1075

竭尽全力
jiéjìn-quánlì

全力を尽くす
近 尽心竭力　反 敷衍了事

我们已经竭尽全力，但比赛还是输了。
Wǒmen yǐjīng jiéjìn-quánlì, dàn bǐsài háishi shū le.
私たちは最善を尽くしたが、やはり試合に負けた。

□ 1076

金碧辉煌
jīnbì-huīhuáng

(建築物が)壮麗できらびやか
近 富丽堂皇　反 暗淡无光

许多外国游客都被故宫里金碧辉煌的宫殿迷住了。
Xǔduō wàiguó yóukè dōu bèi gùgōng li jīnbì-huīhuáng de gōngdiàn mízhù le.
大勢の外国人観光客が、故宮のきらびやかな宮殿に魅了された

□ 1077

津津有味
jīnjīn-yǒuwèi

興味津々
近 兴致勃勃　反 索然无味

我们正津津有味地看电视，门铃响了。

Wǒmen zhèng jīnjīn-yǒuwèi de kàn diànshì, ménlíng xiǎng le.

私たちが興味津々でテレビを見ていると、チャイムが鳴った。

□ 1078

筋疲力尽
jīnpí-lìjìn

精根尽き果てる
近 心力交瘁　反 精力充沛

由于加班，我夜里十二点才筋疲力尽地回到家。

Yóuyú jiābān, wǒ yèli shí'èr diǎn cái jīnpí-lìjìn de huídào jiā.

残業のせいで、私は疲れ果てて深夜 12 時にやっと帰宅した。

□ 1079

精兵简政
jīngbīng-jiǎnzhèng

組織を簡素化する
反 人浮于事

精兵简政是提高工作效率的基础。

Jīngbīng-jiǎnzhèng shì tígāo gōngzuò xiàolǜ de jīchǔ.

人員と組織のスリム化は仕事の効率アップの基本である。

□ 1080

精打细算
jīngdǎ-xìsuàn

綿密に計算する
近 克勤克俭　反 大手大脚

妈妈在日常生活中总是精打细算，力求节俭。

Māma zài rìcháng shēnghuó zhōng zǒngshì jīngdǎ-xìsuàn, lìqiú jiéjiǎn.

母はいつも細かなやりくりをして、切り詰めた暮らしをしている。

□ 非常に貧しい　　　□ 三人寄れば文殊の　　□ とっさに思いつく　　□ 知識や経験が豊富
　　　　　　　　　　　知恵

□ 取るに足らない些　　□ 功を焦る　　　　　　□ 先人の後を継ぎ道　　□ ひそひそ話をする
　細なこと　　　　　　　　　　　　　　　　　を開く

300 ▸ 301

□ 1081
精明强干
jīngmíng-qiánggàn

有能で実行力がある
近 精明干练　反 碌碌无为

我们的经理精明强干，办事效率很高。
Wǒmen de jīnglǐ jīngmíng-qiánggàn, bànshì xiàolǜ hěn gāo.
我々のマネージャーは頭脳明晰で実行力があり、仕事の効率がよい。

□ 1082
精益求精
jīngyìqiújīng

さらによいものを目指す
近 锦上添花　反 粗制滥造

无论做什么工作，他都追求精益求精。
Wúlùn zuò shénme gōngzuò, tā dōu zhuīqiú jīngyìqiújīng.
どんな仕事であろうとも彼は常により上を目指す。

□ 1083
兢兢业业
jīngjīngyèyè

倦まずたゆまず励む
近 脚踏实地　反 敷衍塞责

他对工作兢兢业业，从不敷衍了事。
Tā duì gōngzuò jīngjīngyèyè, cóng bù fūyǎn liǎoshì.
彼の仕事ぶりは真面目そのもので、いいかげんなことはしたことがない。

□ 1084
惊恐万状
jīngkǒng-wànzhuàng

恐怖におののく
近 胆战心惊　反 泰然自若

我第一次见到他这种惊恐万状的表情。
Wǒ dì-yī cì jiàndào tā zhè zhǒng jīngkǒng-wànzhuàng de biǎoqíng.
彼のあんなおびえた表情を私は初めて見た。

□ 绞尽脑汁	□ 竭尽全力	□ 津津有味	□ 精兵简政
□ 接二连三	□ 金碧辉煌	□ 筋疲力尽	□ 精打细算

□ 1085

救死扶伤
jiùsǐ-fúshāng

命を助け、傷を癒やす
近 治病救人　反 见死不救

医疗队发扬救死扶伤的精神，免费为灾区民众治病。

Yīliáoduì fāyáng jiùsǐ-fúshāng de jīngshén, miǎnfèi wèi zāiqū mínzhòng zhìbìng.

医療チームは人命救助の精神を発揮し、被災地の人々のために無料で治療した。

□ 1086

居高临下
jūgāo-línxià

高みから見下ろす、有利な位置にいる
近 高屋建瓴　反 礼贤下士

大家都不喜欢她那种居高临下的态度。

Dàjiā dōu bù xǐhuan tā nà zhǒng jūgāo-línxià de tàidu.

みんなは彼女のああいう居丈高な態度が好きではない。

□ 1087

举世闻名
jǔshì-wénmíng

世間に名が知れ渡る
近 闻名遐迩　反 默默无闻

他经过长期刻苦自学，终于成为一位举世闻名的发明家。

Tā jīngguò chángqī kèkǔ zìxué, zhōngyú chéngwéi yí wèi jǔshì-wénmíng de fāmíngjiā.

彼は長い間苦労して独学し、ついに世に名が知れ渡る発明家になった。

□ 1088

开天辟地
kāitiān-pìdì

天地開闢以来
近 亘古未有　反 史不绝书

她被列为奥运会种子选手，这在中国网球史上是开天辟地的事情。

Tā bèi lièwéi Àoyùnhuì zhǒngzi xuǎnshǒu, zhè zài Zhōngguó wǎngqiúshǐ shang shì kāitiān-pìdì de shìqing.

彼女がオリンピックのシード選手に選ばれたのは、中国テニス史上初めてだ。

□ あれこれ知恵を絞る　□ 全力を尽くす　□ 興味津々　□ 組織を簡素化する
□ 立て続けに　□ 壮麗できらびやか　□ 精根尽き果てる　□ 綿密に計算する

1 週目
2 週目
3 週目
4 週目
5 週目
6 週目
7 週目
8 週目
9 週目
10〜14 週目

□ 1089

空前绝后
kōngqián-juéhòu

空前絶後
近 绝无仅有　反 司空见惯

他在奥运会上刷新了七项世界纪录，可谓空前绝后。
Tā zài Àoyùnhuì shang shuāxīnle qī xiàng shìjiè jìlù, kěwèi kōngqián-juéhòu.
彼がオリンピックで 7 つの世界記録を更新したのは空前絶後だ。

□ 1090

狼吞虎咽
lángtūn-hǔyàn

がつがつ食べる
近 饥不择食　反 细嚼慢咽

吃饭狼吞虎咽的人容易长胖。
Chī fàn lángtūn-hǔyàn de rén róngyì zhǎngpàng.
よくかまずに急いで食べる人は太りやすい。

□ 1091

力挽狂澜
lìwǎn-kuánglán

必死に挽回する
近 扭转乾坤　反 无力回天

他在决赛中力挽狂澜，最终带领西班牙队获得了冠军。
Tā zài juésài zhōng lìwǎn-kuánglán, zuìzhōng dàilǐng Xībānyáduì huòdéle guànjūn.
彼は決勝で劣勢を挽回し、スペインチームを優勝に導いた。

□ 1092

恋恋不舍
liànliàn-bùshě

名残惜しい、後ろ髪を引かれる
近 依依不舍　反 一刀两断

这首诗充分表达了作者对故乡恋恋不舍的情感。
Zhè shǒu shī chōngfèn biǎodále zuòzhě duì gùxiāng liànliàn-bùshě de qínggǎn.
この詩には、作者の故郷に対する名残惜しく離れ難い感情がよく表れている。

73日目 🎧 073
Quick Review
答えは次頁

□ 精明强干	□ 兢兢业业	□ 救死扶伤	□ 举世闻名
□ 精益求精	□ 惊恐万状	□ 居高临下	□ 开天辟地

1 週目

2 週目

3 週目

4 週目

5 週目

6 週目

7 週目

8 週目

9 週目

10〜14 週目

□ 1093

良师益友
liángshī-yìyǒu

良き師と良き友
近 严师畏友　反 狐朋狗友

父母应该成为孩子的良师益友。
Fùmǔ yīnggāi chéngwéi háizi de liángshī-yìyǒu.
親は、子どもの良き師となり良き友となるべきである。

□ 1094

了如指掌
liǎorúzhǐzhǎng

精通している
近 一清二楚　反 一无所知

身为老板，他对公司的所有业务都了如指掌。
Shēn wéi lǎobǎn, tā duì gōngsī de suǒyǒu yèwù dōu liǎorúzhǐzhǎng.
経営者である彼は会社のあらゆる業務に精通している。

□ 1095

临危不惧
línwēi-bújù

危険をも恐れない
近 视死如归　反 惊惶失措

不管形势多么险峻，他都能临危不惧，从容应对。
Bùguǎn xíngshì duōme xiǎnjùn, tā dōu néng línwēi-bújù, cóngróng yìngduì.
どんなに形勢が厳しくても、彼は少しも恐れず悠然と応対できる。

□ 1096

六神无主
liùshén-wúzhǔ

茫然自失、驚き思案が浮かばない
近 心慌意乱　反 镇定自若

听说他出了事，他太太急得六神无主，哭泣不止。
Tīngshuō tā chūle shì, tā tàitai jíde liùshén-wúzhǔ, kūqì bùzhǐ.
夫が事故に遭ったと聞いて、妻はパニックになり泣き続けている。

□ 有能で実行力がある　□ 倦まずたゆまず励む　□ 命を助け、傷を癒やす　□ 世間に名が知れ渡る
□ さらによいものを目指す　□ 恐怖におののく　□ 高みから見下ろす　□ 天地開闢以来

□ 1097

龙腾虎跃
lóngténg-hǔyuè

激しく躍動する
近 生龙活虎　反 死气沉沉

新年伊始，到处都是一派生机勃勃、龙腾虎跃的景象。
Xīnnián yīshǐ, dàochù dōu shì yí pài shēngjī bóbó, lóngténg-hǔyuè de jǐngxiàng.
新年早々、どこもかしこも生気と活気に満ちあふれている。

□ 1098

漫不经心
mànbùjīngxīn

無頓着で気にかけない
近 心不在焉　反 聚精会神

小王上课时总是漫不经心的，根本不认真听讲。
Xiǎo-Wáng shàngkè shí zǒngshì mànbùjīngxīn de, gēnběn bú rènzhēn tīngjiǎng.
王さんは授業中はいつもぼんやりして、全くまじめに話を聞いていない。

□ 1099

漫山遍野
mànshān-biànyě

野にも山にも、至る所
近 满坑满谷　反 寥寥无几

漫山遍野的果树都是最近几年村民们栽种的。
Mànshān-biànyě de guǒshù dōu shì zuìjìn jǐ nián cūnmínmen zāizhòng de.
野山いっぱいの果樹は、全て村人らがここ数年で植えたものだ。

□ 1100

毛遂自荐
máosuì-zìjiàn

自ら買って出る
近 自告奋勇　反 自惭形秽

很多人不习惯毛遂自荐，向别人展示自己的优点。
Hěn duō rén bù xíguàn máosuì-zìjiàn, xiàng biéren zhǎnshì zìjǐ de yōudiǎn.
多くの人は自分の長所を他人に示す自己アピールに慣れていない。

□ 1101
眉开眼笑
méikāi-yǎnxiào

相好を崩す
近 喜笑颜开　反 愁眉苦脸

看着孩子的大学录取通知书，妈妈眉开眼笑。
Kànzhe háizi de dàxué lùqǔ tōngzhīshū, māma méikāi-yǎnxiào.
子どもの大学合格通知書を見て、母は顔をほころばせた。

□ 1102
闷闷不乐
mènmèn-búlè

ふさぎ込む、悶々としている
近 郁郁寡欢　反 兴高采烈

跟男朋友分手后，她一直闷闷不乐。
Gēn nánpéngyou fēnshǒu hòu, tā yìzhí mènmèn-búlè.
彼氏と別れてから、彼女はずっとふさぎ込んでいる。

□ 1103
面红耳赤
miànhóng-ěrchì

（恥ずかしさ・怒りで）顔を真っ赤にする
近 面红耳热　反 面不改色

他们两个人为了一点儿小事争得面红耳赤。
Tāmen liǎng ge rén wèile yìdiǎnr xiǎoshì zhēngde miànhóng-ěrchì.
彼ら2人は些細なことで争って顔を真っ赤にした。

□ 1104
面目全非
miànmù-quánfēi

変わり果てる
近 面目一新　反 依然如故

高速公路上发生了车祸，两辆车被撞得面目全非。
Gāosù gōnglù shang fāshēngle chēhuò, liǎng liàng chē bèi zhuàngde miànmù-quánfēi.
高速道路で交通事故が発生し、2台の自動車が衝突して見る影もない。

□ 空前絶後　　□ 必死に挽回する　　□ 良き師と良き友　　□ 危険をも恐れない

□ がつがつ食べる　　□ 名残惜しい　　□ 精通している　　□ 茫然自失

□ 1105
冥思苦想
míngsī-kǔxiǎng

考えに考える
近 搜肠刮肚　反 不假思索

经过几天的冥思苦想，他终于找到了答案。
Jīngguò jǐ tiān de míngsī-kǔxiǎng, tā zhōngyú zhǎodàole dá'àn.
何日も考え抜いた末、彼はようやく答えを見つけた。

□ 1106
耐人寻味
nàirénxúnwèi

味わい深い、吟味する価値がある
近 回味无穷　反 索然无味

这部电视剧结尾的几句台词言简意深，耐人寻味。
Zhè bù diànshìjù jiéwěi de jǐ jù táicí yánjiǎn yìshēn, nàirénxúnwèi.
このテレビドラマの最後のせりふのいくつかは簡単な言葉に深い意味が隠され、余韻に満ちている。

□ 1107
难能可贵
nánnéng-kěguì

並大抵でない、殊勝である
近 不可多得　反 不足为奇

这个遗址能完好地保留下来真是难能可贵。
Zhège yízhǐ néng wánhǎo de bǎoliúxialai zhēn shì nánnéng-kěguì.
この遺跡が完全な状態で残っているのは本当にすごいことだ。

□ 1108
南征北战
nánzhēng-běizhàn

各地を転戦する
近 身经百战　反 偃武修文

战争期间，他南征北战，为国家立下了汗马功劳。
Zhànzhēng qījiān, tā nánzhēng-běizhàn, wèi guójiā lìxiàle hànmǎ-gōngláo.
戦時中、彼は各地で戦い、国のために手柄を立てた。

□ 龙腾虎跃	□ 漫山遍野	□ 眉开眼笑	□ 面红耳赤
□ 漫不经心	□ 毛遂自荐	□ 闷闷不乐	□ 面目全非

□ 1109

排山倒海
páishān-dǎohǎi

非常な勢い、強大で盛んである
近 翻江倒海　反 偃旗息鼓

11 号台风以排山倒海之势横扫日本列岛。
Shíyī hào táifēng yǐ páishān-dǎohǎi zhī shì héngsǎo Rìběn lièdǎo.
台風 11 号はすさまじい勢いで日本列島を横断した。

□ 1110

迫在眉睫
pòzàiméijié

状況が緊迫している
近 燃眉之急　反 从容不迫

食品安全的问题已经到了迫在眉睫、刻不容缓的地步。
Shípǐn ānquán de wèntí yǐjīng dàole pòzàiméijié, kèbùrónghuǎn de dìbù.
食の安全問題は緊迫し、一刻の猶予も許されない段階にある。

□ 1111

扑朔迷离
pūshuò-mílí

複雑ではっきりしない、物事が錯綜して
見分けがつかない
近 错综复杂　反 一清二楚

事件的真相扑朔迷离，调查工作遇到了很大的困难。
Shìjiàn de zhēnxiàng pūshuò-mílí, diàochá gōngzuò yùdàole hěn dà de kùnnan.
事件の真相は見極め難く、調査作業は大きな困難にぶつかった。

□ 1112

七上八下
qīshàng-bāxià

気が気でない
近 忐忑不安　反 若无其事

参加面试时，我心里紧张得七上八下的。
Cānjiā miànshì shí, wǒ xīnli jǐnzhāngde qīshàng-bāxià de.
面接のときは、緊張のあまり気持ちが落ち着かなかった。

□ 激しく躍動する　　□ 野にも山にも　　□ 相好を崩す　　□ 顔を真っ赤にする

□ 無頓着で気にかけ　　□ 自ら買って出る　　□ ふさぎ込む　　□ 変わり果てる
　 ない

□ 1113

七手八脚
qīshǒu-bājiǎo

（誰もが）寄ってたかって
近 手忙脚乱　反 有条不紊

孩子们七手八脚，很快就帮妈妈把房间打扫干净了。
Háizimen qīshǒu-bājiǎo, hěn kuài jiù bāng māma bǎ fángjiān dǎsǎogānjìng le.
子供たちはみんなで、素早く母親を手伝って部屋をきれいにした。

□ 1114

七嘴八舌
qīzuǐ-bāshé

方々から口を出す
近 议论纷纷　反 众口一词

请各位一个一个地发言，不要这么七嘴八舌的。
Qǐng gè wèi yí ge yí ge de fāyán, búyào zhème qīzuǐ-bāshé de.
皆さん、お一人ずつ発言願います、勝手に言わないでください。

□ 1115

奇形怪状
qíxíng-guàizhuàng

奇妙な格好、奇怪な形
近 怪模怪样　反 司空见惯

海底有很多奇形怪状的生物等待我们去研究。
Hǎidǐ yǒu hěn duō qíxíng-guàizhuàng de shēngwù děngdài wǒmen qù yánjiū.
海底には奇妙な姿の生物が多数存在し、研究が待たれている。

□ 1116

岂有此理
qǐyǒucǐlǐ

そんな馬鹿な
近 莫名其妙　反 合情合理

他撞到了我，反而让我道歉，真是岂有此理！
Tā zhuàngdàole wǒ, fǎn'ér ràng wǒ dàoqiàn, zhēnshi qǐyǒucǐlǐ！
彼が私にぶつかったのに、何と私に謝らせるなんて、そんな馬鹿なことがあるか！

76日目 🎧 076 Quick Review 答えは次頁	□ 冥思苦想	□ 难能可贵	□ 排山倒海	□ 扑朔迷离
	□ 耐人寻味	□ 南征北战	□ 迫在眉睫	□ 七上八下

□ 1117

恰到好处
qiàdào-hǎochù

ちょうどよいところである、的を射ている
近 恰如其分　反 过犹不及

这部小说对三十年代上海女性的描绘恰到好处。

Zhè bù xiǎoshuō duì sānshí niándài Shànghǎi nǚxìng de miáohuì qiàdào-hǎochù.

この小説は三十年代の上海女性をうまく描写している。

□ 1118

千军万马
qiānjūn-wànmǎ

兵馬が多い、勢いが盛んである
近 万马奔腾　反 单枪匹马

他曾经是个将军，指挥过千军万马。

Tā céngjīng shì ge jiāngjūn, zhǐhuīguo qiānjūn-wànmǎ.

彼はかつて将軍で、大軍を指揮したことがある。

□ 1119

千钧一发
qiānjūn-yífà

危機一髪
近 危如累卵　反 安然无恙

泥石流即将到来，在这千钧一发之际，他们逃了出来。

Níshíliú jíjiāng dàolái, zài zhè qiānjūn-yífà zhī jì, tāmen táole chūlai.

土石流が近づいてきて、危機一髪のところで、彼らは逃げ出してきた。

□ 1120

千里迢迢
qiānlǐ-tiáotiáo

遠路はるばる
近 不远千里　反 朝发夕至

母亲千里迢迢地从家乡来到北京看望女儿。

Mǔqīn qiānlǐ-tiáotiáo de cóng jiāxiāng láidào Běijīng kànwàng nǚ'ér.

母親は遠路はるばる故郷から北京に娘に会いにやってきた。

□ 考えに考える　　□ 並大抵でない　　□ 非常な勢い　　□ 複雑ではっきりしない

□ 味わい深い　　□ 各地を転戦する　　□ 状況が緊迫している　　□ 気が気でない

1 週目
2 週目
3 週目
4 週目
5 週目
6 週目
7 週目
8 週目
9 週目
10〜14 週目

□ 1121
千丝万缕
qiānsī-wànlǚ

複雑に絡み合う
近 盘根错节 　反 风马牛不相及

亚洲各国在文化上都有着千丝万缕的联系。
Yàzhōu gè guó zài wénhuà shang dōu yǒuzhe qiānsī-wànlǚ de liánxì.
アジア諸国は文化的に複雑な関係を持っている。

□ 1122
前赴后继
qiánfù-hòujì

次々と勇敢に突き進む
近 勇往直前 　反 畏缩不前

无数革命先烈为了祖国的解放前赴后继，才换来了我们今天的幸福生活。
Wúshù gémìng xiānliè wèile zǔguó de jiěfàng qiánfù-hòujì, cái huànlaile wǒmen jīntiān de xìngfú shēnghuó.
無数の革命烈士が祖国解放のために後を継ぎ、やっと我々の今日の幸せな生活と引き替えられた。

□ 1123
锲而不舍
qiè'érbùshě

根気強く行う
近 持之以恒 　反 半途而废

科学研究工作，需要锲而不舍的精神。
Kēxué yánjiū gōngzuò, xūyào qiè'érbùshě de jīngshén.
科学研究という仕事は、根気強く行う精神が必要である。

□ 1124
轻而易举
qīng'éryìjǔ

非常に容易にできる
近 易如反掌 　反 困难重重

你不要以为可以轻而易举地挣到钱，这样你会吃亏的。
Nǐ búyào yǐwéi kěyǐ qīng'éryìjǔ de zhèngdào qián, zhèyàng nǐ huì chīkuī de.
簡単にお金を稼ぐことができると思ってはいけない、そうであれば損をするだろう。

77日目🎧077
Quick Review
答えは次頁

□ 七手八脚 　　□ 奇形怪状 　　□ 恰到好处 　　□ 千钧一发

□ 七嘴八舌 　　□ 岂有此理 　　□ 千军万马 　　□ 千里迢迢

□ 1125
轻重缓急
qīngzhòng-huǎnjí

重要性と緊急性の度合い
近 有条不紊 反 颠三倒四

做任何事情都应该分清轻重缓急，合理安排时间。
Zuò rènhé shìqing dōu yīnggāi fēnqīng qīngzhòng-huǎnjí, hélǐ ānpái shíjiān.
何事も重要性と緊急性を見極め、適切に時間を配分しなければならない。

□ 1126
倾盆大雨
qīngpén-dàyǔ

どしゃぶりの大雨、バケツをひっくり返したような大雨
近 大雨滂沱 反 牛毛细雨

倾盆大雨下个不停，运动会不得不取消了。
Qīngpén-dàyǔ xià ge bù tíng, yùndònghuì bùdé bù qǔxiāo le.
どしゃぶりの大雨が止まず、運動会はやむを得ず中止になった。

□ 1127
取长补短
qǔcháng-bǔduǎn

長所を取って短所を補う
近 扬长避短 反 固步自封

不同文化间的融合是个互相取长补短的长期过程。
Bùtóng wénhuà jiān de rónghé shì ge hùxiāng qǔcháng-bǔduǎn de chángqī guòchéng.
異なる文化の融合は、互いの長所を取り短所を補う長期的な過程だ。

□ 1128
全神贯注
quánshén-guànzhù

全神経を集中する
近 专心致志 反 漫不经心

上课时就应该全神贯注，不能三心二意。
Shàngkè shí jiù yīnggāi quánshén-guànzhù, bù néng sānxīn-èryì.
授業中は全神経を傾け、あれこれ気を散らせてはいけない。

□ 寄ってたかって　□ 奇妙な格好　□ ちょうどよいところである　□ 危機一髪
□ 方々から口を出す　□ そんな馬鹿な　□ 兵馬が多い　□ 遠路はるばる

312 ▸ 313

□ 1129
人杰地灵
rénjié-dìlíng

有名人ゆかりの土地
近 钟灵毓秀　反 穷山恶水

这个地区人杰地灵，历史上曾出过很多名人。
Zhège dìqū rénjié-dìlíng, lìshǐ shang céng chūguo hěn duō míngrén.
この地域は著名人ゆかりの地であり、歴史上有名な人物をかつて数多く輩出した。

□ 1130
任劳任怨
rènláo-rènyuàn

苦労や非難をいとわない
近 吃苦耐劳　反 怨天尤人

志愿者任劳任怨的奉献精神受到了人们的称赞。
Zhìyuànzhě rènláo-rènyuàn de fèngxiàn jīngshén shòudàole rénmen de chēngzàn.
ボランティアの献身的な活動は賞賛された。

□ 1131
任重道远
rènzhòng-dàoyuǎn

任務は重く道は遠い、達成に時間がかかる
近 负重致远　反 无所作为

环保工作任重道远，需要我们每个人的不懈努力。
Huánbǎo gōngzuò rènzhòng-dàoyuǎn, xūyào wǒmen měi ge rén de búxiè nǔlì.
環境保護の仕事は責任が重く達成には時間がかかり、我々一人一人のたゆまぬ努力が必要である。

□ 1132
日积月累
rìjī-yuèlěi

長年積み重ねる
近 聚沙成塔　反 日削月朘

学知识要日积月累，不能三天打鱼，两天晒网。
Xué zhīshi yào rìjī-yuèlěi, bù néng sāntiān-dǎyú, liǎngtiān-shàiwǎng.
知識を学ぶには日々の積み重ねが必要で、三日坊主ではいけない。

78日目 🎧 078
Quick Review
答えは次頁

□ 千丝万缕　　□ 锲而不舍　　□ 轻重缓急　　□ 取长补短
□ 前赴后继　　□ 轻而易举　　□ 倾盆大雨　　□ 全神贯注

□ 1133

如饥似渴
rújī-sìkě

飢え、渇くように渇望する
近 迫不及待　反 不慌不忙

他一边打工，一边如饥似渴地学习文化知识。
Tā yìbiān dǎgōng, yìbiān rújī-sìkě de xuéxí wénhuà zhīshi.
彼はアルバイトをしながら飢えを満たすかの如く知識を身に付けている。

□ 1134

三长两短
sāncháng-liǎngduǎn

もしものこと、万一の事態
近 不测风云　反 安然无恙

万一老张有个三长两短，他一家老小怎么办？
Wànyī Lǎo-Zhāng yǒu ge sāncháng-liǎngduǎn, tā yì jiā lǎoxiǎo zěnme bàn?
張さんにもしものことがあったら、家族はどうするのだろうか。

□ 1135

三心二意
sānxīn-èryì

あれこれと迷う
近 见异思迁　反 一心一意

如果你做事总是三心二意的话，最终将一事无成。
Rúguǒ nǐ zuòshì zǒngshì sānxīn-èryì dehuà, zuìzhōng jiāng yíshì-wúchéng.
物事をするのにあれこれと迷っていたら、結局何もできなくなるだろう。

□ 1136

三言两语
sānyán-liǎngyǔ

二言三言、わずかな言葉
近 只言片语　反 长篇大论

这件事三言两语说不清楚，等有时间我再跟你解释。
Zhè jiàn shì sānyán-liǎngyǔ shuōbuqīngchu, děng yǒu shíjiān wǒ zài gēn nǐ jiěshì.
この件は二言三言でははっきり言えないので、時間があればまた説明する。

□ 複雑に絡み合う   □ 根気強く行う   □ 重要性と緊急性の度合い   □ 長所を取って短所を補う

□ 次々と勇敢に突き進む   □ 非常に容易にできる   □ どしゃぶりの大雨   □ 全神経を集中する

□ 1137
山清水秀
shānqīng-shuǐxiù

山紫水明
近 山明水秀　反 穷山恶水

这里山清水秀、物产丰饶，非常适合居住。
Zhèlǐ shānqīng-shuǐxiù、wùchǎn fēngráo, fēicháng shìhé jūzhù.
ここの景色は美しく、物が豊富で、居住に最適である。

□ 1138
设身处地
shèshēn-chǔdì

人の身になって考える
近 将心比心　反 自以为是

她总是能设身处地地为别人着想。
Tā zǒngshì néng shèshēn-chǔdì de wèi biéren zhuóxiǎng.
彼女はいつも他人の立場に立って考えることができる。

□ 1139
身临其境
shēnlín-qíjìng

その場に身を置く
近 亲临其境　反 隔岸观火

3D 立体电影能使人有身临其境的感觉。
Sān dì lìtǐ diànyǐng néng shǐ rén yǒu shēnlín-qíjìng de gǎnjué.
３Ｄ映画はその場にいるかのような気分にさせる。

□ 1140
深情厚谊
shēnqíng-hòuyì

深い情と厚い友情
近 情深义重　反 虚情假意

这些捐款凝聚着我们对灾区人民的深情厚谊。
Zhèxiē juānkuǎn níngjùzhe wǒmen duì zāiqū rénmín de shēnqíng-hòuyì.
これらの寄付金には、我々の被災地の人々への深い友情が凝縮されている。

79日目 🎧 079
Quick Review
答えは次頁

| □ 人杰地灵 | □ 任重道远 | □ 如饥似渴 | □ 三心二意 |
| □ 任劳任怨 | □ 日积月累 | □ 三长两短 | □ 三言两语 |

1 週目
2 週目
3 週目
4 週目
5 週目
6 週目
7 週目
8 週目
9 週目
10〜14 週目

□ 1141
生搬硬套
shēngbān-yìngtào

強引に当てはめる
近 生吞活剥 反 因地制宜

事实证明，生搬硬套别人的经验是行不通的。
Shìshí zhèngmíng, shēngbān-yìngtào biéren de jīngyàn shì xíngbutōng de.
機械的に他人のやり方を当てはめるのは通用しないと事実が証明している。

□ 1142
生龙活虎
shēnglóng-huóhǔ

生き生きしている
近 朝气蓬勃 反 老气横秋

动员大会之后，员工们立刻生龙活虎地投入了工作。
Dòngyuán dàhuì zhīhòu, yuángōngmen lìkè shēnglóng-huóhǔ de tóurùle gōngzuò.
集会に参加してから、すぐさま社員たちは生き生きと仕事に取り組んだ。

□ 1143
生气勃勃
shēngqì-bóbó

元気はつらつ
近 生机勃勃 反 死气沉沉

自从离婚以后，她变得生气勃勃，光彩照人。
Zìcóng líhūn yǐhòu, tā biànde shēngqì-bóbó, guāngcǎi-zhàorén.
離婚してからというもの、彼女は元気いっぱいで光り輝いている。

□ 1144
盛气凌人
shèngqì-língrén

威張り散らす
近 咄咄逼人 反 平易近人

他那副盛气凌人的架势让大家都非常反感。
Tā nà fù shèngqì-língrén de jiàshi ràng dàjiā dōu fēicháng fǎngǎn.
彼の威張った態度はみんなをひどく怒らせた。

□ 有名人ゆかりの土地 　□ 任務は重く道は遠い 　□ 飢え、渇くように渇望する 　□ あれこれと迷う
□ 苦労や非難をいとわない 　□ 長年積み重ねる 　□ もしものこと 　□ 二言三言

□ 1145
世外桃源
shìwài-táoyuán

桃源郷、ユートピア
近 人间仙境　反 人间地狱

我在这世外桃源般的小岛上度过了一个愉快的假期。
Wǒ zài zhè shìwài-táoyuán bān de xiǎodǎo shang dùguòle yí ge yúkuài de jiàqī.
私はこの桃源郷のような島で楽しい休暇を過ごした。

□ 1146
手忙脚乱
shǒumáng-jiǎoluàn

てんてこ舞いする
近 七手八脚　反 有条不紊

快迟到了，赵博手忙脚乱地抓起书包，冲出家门。
Kuài chídào le, Zhào Bó shǒumáng-jiǎoluàn de zhuāqǐ shūbāo, chōngchū jiāmén.
遅刻しそうになったので、趙博は慌ててかばんをつかんで家を飛び出した。

□ 1147
手足无措
shǒuzú-wúcuò

手も足も出ない
近 不知所措　反 处之泰然

孩子们被眼前的大火吓得手足无措。
Háizimen bèi yǎnqián de dàhuǒ xiàde shǒuzú-wúcuò.
子供たちは目の前の大火事に驚いて、どうしてよいか分からなかった。

□ 1148
四通八达
sìtōng-bādá

四方八方に通じる
近 畅通无阻　反 落后闭塞

四通八达的高速公路网大大缩短了城市之间的距离。
Sìtōng-bādá de gāosù gōnglù wǎng dàdà suōduǎnle chéngshì zhījiān de jùlí.
四方八方に通じる高速道路網は都市間の距離を大幅に短縮した。

80日目 🎧 080
Quick Review
答えは次頁

□ 山清水秀　　□ 身临其境　　□ 生搬硬套　　□ 生气勃勃
□ 设身处地　　□ 深情厚谊　　□ 生龙活虎　　□ 盛气凌人

1 週目
2 週目
3 週目
4 週目
5 週目
6 週目
7 週目
8 週目
9 週目
10～14 週目

□ 1149

肆无忌惮
sìwú-jìdàn

勝手気ままに振る舞う
近 为所欲为　反 安分守己

他喝醉了以后，说起话来就变得肆无忌惮。

Tā hēzuìle yǐhòu, shuōqǐ huà lai jiù biànde sìwú-jìdàn.

彼は酔っぱらうと、言いたい放題のおしゃべりになる。

□ 1150

肃然起敬
sùrán-qǐjìng

思わず敬服する
近 毕恭毕敬　反 不屑一顾

他那一丝不苟的工作态度令人肃然起敬。

Tā nà yìsī-bùgǒu de gōngzuò tàidu lìng rén sùrán-qǐjìng.

彼の几帳面な仕事ぶりには思わず敬服させられる。

□ 1151

随心所欲
suíxīnsuǒyù

思うままに行動する
近 为所欲为　反 身不由己

考完试以后，我终于可以随心所欲地看我喜爱的书了。

Kǎowán shì yǐhòu, wǒ zhōngyú kěyǐ suíxīnsuǒyù de kàn wǒ xǐ'ài de shū le.

試験が終わり、ようやく思う存分好きな本を読めるようになった。

□ 1152

滔滔不绝
tāotāo-bùjué

話し出すと止まらない
近 口若悬河　反 一言不发

他说得滔滔不绝，我却一个字儿也没听进去。

Tā shuōde tāotāo-bùjué, wǒ què yí ge zìr yě méi tīngjinqu.

彼はとうとうと述べ立てたが、私は一言も耳に入らなかった。

□ 山紫水明 　　□ その場に身を置く 　　□ 強引に当てはめる 　　□ 元気はつらつ

□ 人の身になって考える 　　□ 深い情と厚い友情 　　□ 生き生きしている 　　□ 威張り散らす

□ 1153
提心吊胆
tíxīn-diàodǎn

非常に恐れ心配する
近 心惊胆战　反 坦然自若

他提心吊胆地敲开了上司办公室的门。
Tā tíxīn-diàodǎn de qiāokāile shàngsī bàngōngshì de mén.
彼はびくびくしながら上司のオフィスのドアをノックして開けた。

□ 1154
天伦之乐
tiānlúnzhīlè

一家団らんの喜び
近 合家欢乐　反 妻离子散

老人退休之后，在家照看孙子，享受天伦之乐。
Lǎorén tuìxiū zhīhòu, zài jiā zhàokàn sūnzi, xiǎngshòu tiānlúnzhīlè.
老人は退職してから、家で孫の世話をし、一家団らんを楽しんでいる。

□ 1155
铁面无私
tiěmiàn-wúsī

公平無私
近 刚正不阿　反 徇私舞弊

他办事一向铁面无私，坚持原则。
Tā bànshì yíxiàng tiěmiàn-wúsī, jiānchí yuánzé.
彼は何をするにも私情を交えず、原則を遵守する。

□ 1156
同心协力
tóngxīn-xiélì

一致団結する
近 同心同德　反 离心离德

世界各国应该同心协力，一起应对气候变暖的问题。
Shìjiè gè guó yīnggāi tóngxīn-xiélì, yìqǐ yìngduì qìhòu biànnuǎn de wèntí.
世界各国が一致団結して、共に温暖化問題に取り組まねばならない。

1週目
2週目
3週目
4週目
5週目
6週目
7週目
8週目
9週目

□ 1157

推心置腹
tuīxīn-zhìfù

胸襟を開く、誠実な心で人に接する
近 开诚布公　反 尔虞我诈

他一番推心置腹的话语感动了很多人。

Tā yì fān tuīxīn-zhìfù de huàyǔ gǎndòngle hěn duō rén.

彼の腹蔵ない話が多くの人を感動させた。

□ 1158

吞吞吐吐
tūntūntǔtǔ

しどろもどろ、話したいことが言えない
で口ごもる
近 支支吾吾　反 直言不讳

看到他吞吞吐吐的样子，大家都很生气。

Kàndào tā tūntūntǔtǔ de yàngzi, dàjiā dōu hěn shēngqì.

彼のしどろもどろな様子を見て、皆は怒った。

□ 1159

万不得已
wànbùdéyǐ

やむを得ない
近 迫不得已　反 心甘情愿

如果不是万不得已，我绝不会那么做。

Rúguǒ bú shì wànbùdéyǐ, wǒ jué bú huì nàme zuò.

やむを得ないことでなければ、私は決してそうしません。

□ 1160

万紫千红
wànzǐ-qiānhóng

（花が）色鮮やかに咲き乱れる
近 花团锦簇　反 一枝独秀

春天到了，我们家乡百花盛开，万紫千红。

Chūntiān dào le, wǒmen jiāxiāng bǎihuā shèngkāi, wànzǐ-qiānhóng.

春が来て、私たちの故郷は花が咲き乱れ、色とりどりである。

10〜14週目

□ 桃源郷　　　　　　□ 手も足も出ない　　　□ 勝手気ままに振る舞　□ 思うままに行動す
　　　　　　　　　　　　　　　　　　　　　　う　　　　　　　　　る
□ てんてこ舞いする　□ 四方八方に通じる　　□ 思わず敬服する　　　□ 話し出すと止まら
　　　　　　　　　　　　　　　　　　　　　　　　　　　　　　　　　ない

□ 1161
亡羊补牢
wángyáng-bǔláo

事後対策をする、その後の失敗を防ぐ
近 迷途知返　反 执迷不悟

问题不是很严重，现在亡羊补牢还来得及。

Wèntí bú shì hěn yánzhòng, xiànzài wángyáng-bǔláo hái láidejí.

問題は重大でないので、今から事後処理をしてもまだ間に合う。

□ 1162
妄自菲薄
wàngzì-fěibó

自分を卑下する
近 自轻自贱　反 妄自尊大

你不要因为这次考试失败而妄自菲薄。

Nǐ búyào yīnwei zhè cì kǎoshì shībài ér wàngzì-fěibó.

今回のテストに失敗したからといって自分を卑下するな。

□ 1163
微不足道
wēibùzúdào

些細で取るに足らない
近 不足挂齿　反 举足轻重

在大自然的面前，人的力量是微不足道的。

Zài dà zìrán de miànqián, rén de lìliàng shì wēibùzúdào de.

大自然の前では、人間の力など取るに足らないものだ。

□ 1164
微乎其微
wēihūqíwēi

極めてわずか
近 微不足道　反 举足轻重

发生这种事情的可能性微乎其微，不必太在意。

Fāshēng zhè zhǒng shìqing de kěnéngxìng wēihūqíwēi, búbì tài zàiyì.

このような事が起こる可能性は極めて低いので、あまり気にする必要はない。

□ 1165

惟妙惟肖
wéimiào-wéixiào

本物そっくり
近 栩栩如生　　反 似是而非

这幅漫画惟妙惟肖地描绘了那些爱财如命的人。

Zhè fú mànhuà wéimiào-wéixiào de miáohuìle nàxiē àicái-rúmìng de rén.

この漫画は「お金が命」という人たちを真に迫って描写している。

□ 1166

文质彬彬
wénzhì-bīnbīn

上品で礼儀正しい
※男性を形容する場合が多い
近 温文尔雅　　反 粗里粗气

想不到文质彬彬的他竟然喜欢拳击运动。

Xiǎngbudào wénzhì-bīnbīn de tā jìngrán xǐhuan quánjī yùndòng.

上品で優雅な彼がなんとボクシングが好きだとは思いもよらなかった。

□ 1167

无动于衷
wúdòngyúzhōng

少しも気にかけない、まったく心が動かない
近 不动声色　　反 情不自禁

无论别人怎么劝他，他都无动于衷。

Wúlùn biéren zěnme quàn tā, tā dōu wúdòngyúzhōng.

他の人がどんなに彼に忠告しても、彼は少しも気にかけない。

□ 1168

无精打采
wújīng-dǎcǎi

しょげかえる、気分が落ち込み元気がない
近 萎靡不振　　反 兴高采烈

不管什么时候，他总是一副无精打采的样子。

Bùguǎn shénme shíhou, tā zǒngshì yí fù wújīng-dǎcǎi de yàngzi.

どんなときでも、彼は常に元気のない様子だ。

□ 非常に恐れ心配する　　□ 公平無私　　□ 胸襟を開く　　□ やむを得ない

□ 一家団らんの喜び　　□ 一致団結する　　□ しどろもどろ　　□ 色鮮やかに咲き乱れる

□ 1169
无拘无束
wújū-wúshù

非難するほどでもない
何の拘束もない、自由気まま
近 自由自在　反 束手束脚

毕业后我来到北京，一个人过着无拘无束的日子。
Bìyè hòu wǒ láidào Běijīng, yí ge rén guòzhe wújū-wúshù de rìzi.
卒業後、私は北京に来て、一人で自由気ままな生活を送っている。

□ 1170
无可厚非
wúkěhòufēi

非難するほどでもない
近 无可指责　反 评头品足

年轻的时候就应该多玩儿，这无可厚非。
Niánqīng de shíhou jiù yīnggāi duō wánr, zhè wúkěhòufēi.
若いときにはよく遊ぶべきで、それは非難するほどのことではない。

□ 1171
无能为力
wúnéngwéilì

どうすることもできない
近 力不从心　反 轻而易举

这件事情我也无能为力，帮不了你的忙。
Zhè jiàn shìqing wǒ yě wúnéngwéilì, bāngbuliǎo nǐ de máng.
この件は私も手に負えないので、あなたの力になれない。

□ 1172
无穷无尽
wúqióng-wújìn

尽きることがない
近 无边无际　反 寥寥无几

地球上的资源并不是无穷无尽的，我们一定要珍惜。
Dìqiú shang de zīyuán bìng bú shì wúqióng-wújìn de, wǒmen yídìng yào zhēnxī.
地球の資源は無尽蔵ではないので、我々は是非とも大切にしなければならない。

83日目 🎧 083
Quick Review
答えは次頁

□ 亡羊补牢　　□ 微不足道　　□ 惟妙惟肖　　□ 无动于衷

□ 妄自菲薄　　□ 微乎其微　　□ 文质彬彬　　□ 无精打采

□ 1173

无所事事
wúsuǒshìshì

何もしない、手持ちぶさた
近 无所作为　反 日理万机

大学毕业以后，他整天呆在家里，无所事事。

Dàxué bìyè yǐhòu, tā zhěngtiān dāizài jiāli, wúsuǒshìshì.

大学卒業後、彼は一日中家で何もせずぶらぶらしている。

□ 1174

无微不至
wúwēi-búzhì

至れり尽くせり
近 体贴入微　反 漠不关心

多亏护士们无微不至的护理，她的病很快就好了。

Duōkuī hùshimen wúwēi-búzhì de hùlǐ, tā de bìng hěn kuài jiù hǎo le.

看護師たちの手厚い看護のおかげで、彼女の病気は早くよくなった。

□ 1175

无影无踪
wúyǐng-wúzōng

影も形もない
近 销声匿迹　反 蛛丝马迹

魔术师手中的鲜花一下子就无影无踪了。

Móshùshī shǒu zhōng de xiānhuā yíxiàzi jiù wúyǐng-wúzōng le.

マジシャンが手に持っていた花は、ぱっと消えて影も形もなくなった。

□ 1176

无缘无故
wúyuán-wúgù

何の理由もなく
近 平白无故　反 事出有因

世界上没有无缘无故的爱，也没有无缘无故的恨。

Shìjiè shang méiyǒu wúyuán-wúgù de ài, yě méiyǒu wúyuán-wúgù de hèn.

世界には何の理由もない愛などないし、何の理由もない恨みもない。

□ 事後対策をする　　□ 些細で取るに足らない　　□ 本物そっくり　　□ 少しも気にかけない

□ 自分を卑下する　　□ 極めてわずか　　□ 上品で礼儀正しい　　□ しょげかえる

□ 1177

无足轻重
wúzú-qīngzhòng

取るに足らない
近 无关紧要　反 举足轻重

他总是说些无足轻重的话，越来越没有存在感了。
Tā zǒngshì shuō xiē wúzú-qīngzhòng de huà, yuè lái yuè méiyǒu cúnzàigǎn le.
彼はいつもつまらない話をするので、徐々に存在感を失っていった。

□ 1178

五花八门
wǔhuā-bāmén

多種多様
近 形形色色　反 千篇一律

骗子的手段真是五花八门，防不胜防。
Piànzi de shǒuduàn zhēn shì wǔhuā-bāmén, fángbúshèngfáng.
詐欺師の手段は本当に多種多様で、防ぎようがない。

□ 1179

物美价廉
wùměi-jiàlián

質がよく、値段も安い
近 价廉物美　反 米珠薪桂

和她一起逛街，经常能买到一些物美价廉的东西。
Hé tā yìqǐ guàng jiē, jīngcháng néng mǎidào yìxiē wùměi-jiàlián de dōngxi.
彼女と街に出ると、いつも安くて品質のよいものを買うことができる。

□ 1180

熙熙攘攘
xīxī-rǎngrǎng

人の往来が多くにぎやか
近 熙来攘往　反 人迹罕至

节日里的商业街到处都熙熙攘攘，热闹极了。
Jiérì li de shāngyèjiē dàochù dōu xīxī-rǎngrǎng, rènao jí le.
祝祭日の商店街は人の往来が多く、非常ににぎやかだ。

84日目🎧084 **Quick Review** 答えは次頁	□ 无拘无束	□ 无能为力	□ 无所事事	□ 无影无踪
	□ 无可厚非	□ 无穷无尽	□ 无微不至	□ 无缘无故

1 週目
2 週目
3 週目
4 週目
5 週目
6 週目
7 週目
8 週目
9 週目
10～14 週目

□ 1181
习以为常
xíyǐwéicháng

慣れっこになる
近 家常便饭　反 少见多怪

老师每天都要搞小测验，同学们早已习以为常了。

Lǎoshī měi tiān dōu yào gǎo xiǎo cèyàn, tóngxuémen zǎoyǐ xíyǐwéicháng le.

先生は毎日小テストをするので、生徒たちはもうとっくに慣れてしまった。

□ 1182
相提并论
xiāngtí-bìnglùn

同列に論じる
近 等量齐观　反 一分为二

这两个案件的情况不同，不能相提并论。

Zhè liǎng ge ànjiàn de qíngkuàng bùtóng, bù néng xiāngtí-bìnglùn.

この二つの事件の状況は異なるため、同列に論じるわけにはいかない。

□ 1183
笑逐颜开
xiàozhúyánkāi

満面に笑みを浮かべる
近 眉开眼笑　反 愁眉苦脸

听到学生们都考上了理想的学校，老师笑逐颜开。

Tīngdào xuéshengmen dōu kǎoshàngle lǐxiǎng de xuéxiào, lǎoshī xiàozhúyánkāi.

生徒たちが希望の学校に合格したと聞いて、先生は顔をほころばせた。

□ 1184
新陈代谢
xīnchén-dàixiè

新陳代謝、新旧が取って替わる
近 推陈出新　反 因循守旧

人体如果缺少这种矿物质，就会影响新陈代谢。

Réntǐ rúguǒ quēshǎo zhè zhǒng kuàngwùzhì, jiù huì yǐngxiǎng xīnchén-dàixiè.

この種のミネラルが不足すると、人体の新陳代謝に影響をもたらす。

□ 何の拘束もない	□ どうすることもできない	□ 何もしない	□ 影も形もない
□ 非難するほどでもない	□ 尽きることがない	□ 至れり尽くせり	□ 何の理由もなく

□ 1185

心甘情愿
xīngān-qíngyuàn

甘んじて受け入れる
近 自觉自愿　反 迫不得已

如果是我的错，我心甘情愿接受批评。
Rúguǒ shì wǒ de cuò, wǒ xīngān-qíngyuàn jiēshòu pīpíng.
もし私の間違いであれば、私は甘んじて叱責を受け入れる。

□ 1186

心花怒放
xīnhuā-nùfàng

喜びに心が弾む
近 欣喜若狂　反 心如刀绞

看到我取得的好成绩，妈妈心花怒放。
Kàndào wǒ qǔdé de hǎo chéngjì, māma xīnhuā-nùfàng.
私がよい成績を取ったのを見て、母はうれしくてたまらない。

□ 1187

心惊肉跳
xīnjīng-ròutiào

びくびくする
近 惊恐万状　反 神色不惊

这部恐怖片把大家吓得心惊肉跳。
Zhè bù kǒngbùpiàn bǎ dàjiā xiàde xīnjīng-ròutiào.
このホラー映画はみんなをびっくりさせた。

□ 1188

心平气和
xīnpíng-qìhé

気持ちが穏やか
近 平心静气　反 暴跳如雷

面对任何问题，他都能保持心平气和的态度。
Miànduì rènhé wèntí, tā dōu néng bǎochí xīnpíng-qìhé de tàidu.
どんな問題に直面しても、彼はいつも穏やかな態度を保ち続けられる。

□ 1189

欣欣向荣
xīnxīn-xiàngróng

（事業などが）勢いよく発展する
近 蒸蒸日上　反 江河日下

那是一座欣欣向荣的城市，到处都充满了活力。
Nà shì yí zuò xīnxīn-xiàngróng de chéngshì, dàochù dōu chōngmǎnle huólì.
あれは成長著しい都市で、至るところ活気に満ちあふれている。

□ 1190

兴奋不已
xīngfèn-bùyǐ

興奮が冷めやらない
近 兴高采烈　反 无精打采

比赛十分精彩，令观众兴奋不已。
Bǐsài shífēn jīngcǎi, lìng guānzhòng xīngfèn-bùyǐ.
大変素晴らしい試合に観衆は興奮してやまない。

□ 1191

胸有成竹
xiōngyǒuchéngzhú

前もって成算がある、見通しがある
近 心中有数　反 心慌意乱

看到他胸有成竹的样子，大家都放心了。
Kàndào tā xiōngyǒuchéngzhú de yàngzi, dàjiā dōu fàngxīn le.
彼の胸に成算ありという様子を見て、みんなは安心した。

□ 1192

雪上加霜
xuěshàng-jiāshuāng

泣きっ面に蜂
近 火上浇油　反 雪中送炭

他刚丢了工作，现在身体又出了问题，真是雪上加霜。
Tā gāng diūle gōngzuò, xiànzài shēntǐ yòu chūle wèntí, zhēn shì xuěshàng-jiāshuāng.
彼は仕事を失ったばかりで、いま体にまた問題が出て、まさに泣きっ面に蜂だ。

□ 取るに足らない　　□ 質がよく、値段も　　□ 慣れっこになる　　□ 満面に笑みを浮か
　　　　　　　　　　　　安い　　　　　　　　　　　　　　　　　べる

□ 多種多様　　　　　□ 人の往来が多くに　　□ 同列に論じる　　□ 新陈代謝
　　　　　　　　　　　　ぎやか

1週目
2週目
3週目
4週目
5週目
6週目
7週目
8週目
9週目
10～14週目

328 ▶ 329

□ 1193
雪中送炭
xuězhōng-sòngtàn

救いの手を差し伸べる
近 急人之难　反 落井下石

志愿者给灾区送去了水和食物，真是雪中送炭。

Zhìyuànzhě gěi zāiqū sòngqule shuǐ hé shíwù, zhēn shì xuězhōng-sòngtàn.

ボランティアたちが被災地に水や食糧を送るのは、まさに困っているときに手を差し伸べる行為だ。

□ 1194
鸦雀无声
yāquè-wúshēng

静まりかえる
近 万籁俱寂　反 人声鼎沸

十点钟熄灯以后，喧闹的宿舍就变得鸦雀无声了。

Shí diǎn zhōng xīdēng yǐhòu, xuānnào de sùshè jiù biànde yāquè-wúshēng le.

10 時の消灯後、やかましい宿舎が静まりかえった。

□ 1195
言简意赅
yánjiǎn-yìgāi

表現が簡潔明瞭
近 简明扼要　反 长篇大论

汉语中有很多言简意赅的格言警句。

Hànyǔ zhōng yǒu hěn duō yánjiǎn-yìgāi de géyán jǐngjù.

中国語には、簡潔で的を射た格言や警句がたくさんある。

□ 1196
摇摇欲坠
yáoyáo-yùzhuì

崩壊寸前である
近 岌岌可危　反 稳如泰山

进入二十世纪以后，摇摇欲坠的清王朝被迫实行变法。

Jìnrù èrshí shìjì yǐhòu, yáoyáo-yùzhuì de Qīng wángcháo bèipò shíxíng biànfǎ.

20 世紀に入って以降、崩壊寸前の清王朝は法制変更の実施を迫られた。

86日目　086
Quick Review
答えは次頁

□ 心甘情愿　□ 心惊肉跳　□ 欣欣向荣　□ 胸有成竹
□ 心花怒放　□ 心平气和　□ 兴奋不已　□ 雪上加霜

1 週目
2 週目
3 週目
4 週目
5 週目
6 週目
7 週目
8 週目
9 週目
10〜14 週目

□ 1197

咬牙切齿
yǎoyá-qièchǐ

非常に憤慨する、歯ぎしりする
近 恨之入骨 反 笑容可掬

看到他咬牙切齿的样子，我有点儿害怕了。

Kàndào tā yǎoyá-qièchǐ de yàngzi, wǒ yǒudiǎnr hàipà le.

彼が歯ぎしりして憤慨するのを見て、私は少し怖くなった。

□ 1198

夜以继日
yèyǐjìrì

夜を日に継ぐ
近 通宵达旦 反 游手好闲

他们夜以继日地工作，提前三天完成了任务。

Tāmen yèyǐjìrì de gōngzuò, tíqián sān tiān wánchéngle rènwu.

彼らは昼夜兼行で働き、3日早く任務を完成した。

□ 1199

衣冠楚楚
yīguān-chǔchǔ

きちんとした身なり
近 仪表堂堂 反 衣冠不整

他很注重外表，每次都衣冠楚楚地出门。

Tā hěn zhùzhòng wàibiǎo, měi cì dōu yīguān-chǔchǔ de chūmén.

彼は外見を重視しているので、いつも身なりを整えて出かける。

□ 1200

依依不舍
yīyī-bùshě

名残惜しい
近 依依惜别 反 拂袖而去

听说王老师要调走，学生们都有些依依不舍。

Tīngshuō Wáng lǎoshī yào diàozǒu, xuéshengmen dōu yǒuxiē yīyī-bùshě.

王先生が転勤になるらしく、学生たちはみんな名残惜しく思っている。

□ 甘んじて受け入れる　□ びくびくする　□ 勢いよく発展する　□ 前もって成算がある
□ 喜びに心が弾む　□ 気持ちが穏やか　□ 興奮が冷めやらない　□ 泣きっ面に蜂

□ 1201

一本正经
yìběn-zhèngjīng

まじめくさっている、きまじめである
近 正经八百　反 嬉皮笑脸

你别那么一本正经的，随便随意嘛。

Nǐ bié nàme yìběn-zhèngjīng de, suíbiàn suíyì ma.

そんなまじめくさらずに、気楽にいこうじゃないか。

□ 1202

一筹莫展
yìchóu-mòzhǎn

手の打ちようがない
近 束手无策　反 急中生智

她一筹莫展地望着大夫，把希望都寄托在大夫身上。

Tā yìchóu-mòzhǎn de wàngzhe dàifu, bǎ xīwàng dōu jìtuōzài dàifu shēnshang.

彼女はどうしようもできずに医者を見て、全ての希望を医者に託した。

□ 1203

一帆风顺
yìfān-fēngshùn

物事が順調に進む
近 一路顺风　反 一波三折

任何人的一生都不可能是一帆风顺、事事如意。

Rènhé rén de yìshēng dōu bù kěnéng shì yìfān-fēngshùn, shìshì rúyì.

誰の一生も順風満帆で物事が思うように進むわけがない。

□ 1204

一干二净
yìgān-èrjìng

きれいさっぱり
近 一尘不染　反 邋里邋遢

我练习了很长时间，可一上舞台就把台词忘得一干二净。

Wǒ liànxíle hěn cháng shíjiān, kě yí shàng wǔtái jiù bǎ táicí wàngde yìgān-èrjìng.

私は長い時間練習したが、舞台に上がるやせりふをきれいさっぱり忘れてしまった。

☐ 1205

一见如故
yíjiàn-rúgù

初対面で意気投合する
近 相见恨晚　反 白头如新

我们俩一见如故，聊得特别开心。
Wǒmen liǎ yíjiàn-rúgù, liáode tèbié kāixīn.
我々二人は初対面と思えないほど、とても楽しくおしゃべりした。

☐ 1206

一举两得
yìjǔ-liǎngdé

一挙両得
近 一箭双雕　反 事倍功半

随身携带购物袋既方便又环保，真是一举两得。
Suíshēn xiédài gòuwùdài jì fāngbiàn yòu huánbǎo, zhēn shì yìjǔ-liǎngdé.
買い物袋を持ち歩くのは便利で環境にも優しいので一挙両得だ。

☐ 1207

一路平安
yílù-píng'ān

道中ご無事で（旅立つ人に対する見送り
の言葉）
近 一路顺风　反 历尽艰辛

来送行的人大声喊着："祝你们一路平安。"
Lái sòngxíng de rén dàshēng hǎnzhe: "Zhù nǐmen yílù-píng'ān."
見送りに来た人は大声で「道中ご無事で」と叫んだ。

☐ 1208

一目了然
yímù-liǎorán

一目瞭然
近 一览无余　反 雾里看花

那家商店的商品陈列得层次分明，让人一目了然。
Nà jiā shāngdiàn de shāngpǐn chénliède céngcì fēnmíng, ràng rén yímù-liǎorán.
あの店の商品ディスプレイは分類が分かりやすく、一目瞭然だ。

☐ 救いの手を差し伸べる　☐ 表現が簡潔明瞭　☐ 非常に憤慨する　☐ さちんとした身なり
☐ 静まりかえる　☐ 崩壊寸前である　☐ 夜を日に継ぐ　☐ 名残惜しい

1 週目
2 週目
3 週目
4 週目
5 週目
6 週目
7 週目
8 週目
9 週目
10~14 週目

□ 1209

一塌糊涂
yìtāhútú

収拾がつかない（混乱してめちゃくちゃ
な様子）
近 乱七八糟　反 井然有序

他的房间总是乱得一塌糊涂。

Tā de fángjiān zǒngshì luànde yìtāhútú.

彼の部屋はいつも散らかっている。

□ 1210

一望无际
yíwàng-wújì

見渡す限り果てしない
近 无边无际　反 近在眉睫

我们登上山顶，眼前是一望无际的草原。

Wǒmen dēngshàng shāndǐng, yǎnqián shì yíwàng-wújì de cǎoyuán.

我々が山頂に登ると、目の前は見渡す限りの草原だった。

□ 1211

异口同声
yìkǒu-tóngshēng

異口同音
近 众口一词　反 众说纷纭

人们异口同声地称赞西京宾馆的服务热情周到。

Rénmen yìkǒu-tóngshēng de chēngzàn Xījīng Bīnguǎn de fúwù rèqíng zhōudào.

人々は異口同音に西京賓館のサービスは心がこもっていて行きとどいていると称賛する。

□ 1212

引人入胜
yǐnrén-rùshèng

（風景や文章などが）人を引きつける
近 令人神往　反 平淡无奇

这本侦探小说太引人入胜了，我昨晚看了一夜。

Zhè běn zhēntàn xiǎoshuō tài yǐnrén-rùshèng le, wǒ zuówǎn kànle yí yè.

この探偵小説にすっかりはまり、私は昨夜一晩中読んでしまった。

88日目 🎧 088
Quick Review
答えは次頁

□ 一本正经　　□ 一帆风顺　　□ 一见如故　　□ 一路平安

□ 一筹莫展　　□ 一干二净　　□ 一举两得　　□ 一目了然

1週目
2週目
3週目
4週目
5週目
6週目
7週目
8週目
9週目

□ 1213

勇往直前
yǒngwǎng-zhíqián

勇敢に突き進む
近 一往无前　反 畏缩不前

他这种坚持不懈、勇往直前的精神令人钦佩。

Tā zhè zhǒng jiānchí búxiè, yǒngwǎng-zhíqián de jīngshén lìng rén qīnpèi.

彼のこのような倦まずたゆまず、勇敢に突き進む精神は人を感服させる。

□ 1214

优胜劣汰
yōushèng-lièitài

優勝劣敗、優れた者が勝ち、劣っている
者が負ける
近 适者生存

一年一度的选拔，优胜劣汰，已经在员工中形成了公平竞争的概念。

Yì nián yí dù de xuǎnbá, yōushèng-lièitài, yǐjing zài yuángōng zhōng xíngchéngle gōngpíng jìngzhēng de gàiniàn.

年に一度の選抜、優勝劣敗は、すでに従業員の中に公平な競争の概念を形成した。

□ 1215

有条不紊
yǒutiáo-bùwěn

整然としている
近 井井有条　反 杂乱无章

在志愿者的协助下，救灾工作有条不紊地进行着。

Zài zhìyuànzhě de xiézhù xià, jiùzāi gōngzuò yǒutiáo-bùwěn de jìnxíngzhe.

ボランティアの協力のもと、救済作業が整然と行われている。

□ 1216

与日俱增
yǔrì-jùzēng

日増しに増える
近 日积月累　反 每况愈下

还有一个月就要高考了，她的焦虑与日俱增。

Hái yǒu yí ge yuè jiù yào gāokǎo le, tā de jiāolǜ yǔrì-jùzēng.

あと1カ月で大学受験となり、彼女の不安は日に日に増していった。

10~14週目

□ まじめくさっている　□ 物事が順調に進む　□ 初対面で意気投合する　□ 道中ご無事で

□ 手の打ちようがない　□ きれいさっぱり　□ 一挙両得　□ 一目瞭然

□ 1217

语重心长
yǔzhòng-xīncháng

（言葉が）誠実で心がこもっている
近 苦口婆心　反 轻描淡写

父母语重心长地告诫他，不要走错路。
Fùmǔ yǔzhòng-xīncháng de gàojiè tā, búyào zǒucuò lù.
両親は、道を間違えないようにと言葉を尽くして彼をいさめた。

□ 1218

原原本本
yuányuán-běnběn

一部始終
近 一五一十　反 添油加醋

犯罪嫌疑人原原本本地交代了作案过程。
Fànzuì xiányírén yuányuán-běnběn de jiāodàile zuò'àn guòchéng.
容疑者は犯行の過程を一部始終白状した。

□ 1219

斩钉截铁
zhǎndīng-jiétiě

きっぱりとした言動
近 干脆利落　反 拖泥带水

他斩钉截铁地拒绝了对方的无理要求。
Tā zhǎndīng-jiétiě de jùjuéle duìfāng de wúlǐ yāoqiú.
彼は相手方の無理な要求をきっぱりと拒絶した。

□ 1220

战战兢兢
zhànzhànjīngjīng

びくびくする、戦々恐々
近 诚惶诚恐　反 胆大妄为

看到他战战兢兢的样子，我忍不住笑了起来。
Kàndào tā zhànzhànjīngjīng de yàngzi, wǒ rěnbuzhù xiàole qǐlai.
彼のびくびくした様子を見て、私は思わず笑ってしまった。

89日目🎧 089
Quick Review
答えは次頁

□ 一塌糊涂　□ 异口同声　□ 勇往直前　□ 有条不紊
□ 一望无际　□ 引人入胜　□ 优胜劣汰　□ 与日俱增

1 週目

2 週目

3 週目

4 週目

5 週目

6 週目

7 週目

8 週目

9 週目

10
週目
~
14

□ 1221

张冠李戴
zhāngguān-lǐdài

ちぐはぐ
近 似是而非　反 毫厘不爽

报社没有仔细核对二人的信息，导致了张冠李戴的错误。
Bàoshè méiyǒu zǐxì héduì èr rén de xìnxī, dǎozhìle zhāngguān-lǐdài de cuòwù.
新聞社は詳細に2人の情報をチェックしなかったので、事実誤認をした。

□ 1222

张牙舞爪
zhāngyá-wǔzhǎo

凶暴な
近 凶相毕露　反 和蔼可亲

张牙舞爪的大狼狗把路人都吓呆了。
Zhāngyá-wǔzhǎo de dà lánggǒu bǎ lùrén dōu xiàdāi le.
暴れているシェパードに、道行く人々が驚いて凍り付いた。

□ 1223

争分夺秒
zhēngfēn-duómiǎo

一分一秒を争う
近 分秒必争　反 虚度光阴

他得了癌症以后，每天都在争分夺秒地赶写研究论文。
Tā déle áizhèng yǐhòu, měi tiān dōu zài zhēngfēn-duómiǎo de gǎn xiě yánjiū lùnwén.
彼はがんにかかって以降、毎日一分一秒を争って研究論文を書いた。

□ 1224

争先恐后
zhēngxiān-kǒnghòu

遅れまいと先を争う
近 你追我赶　反 甘居人后

比赛结束后，记者们争先恐后地采访这位世界冠军。
Bǐsài jiéshù hòu, jìzhěmen zhēngxiān-kǒnghòu de cǎifǎng zhè wèi shìjiè guànjūn.
試合終了後、記者らは先を争ってこの世界チャンピオンを取材した。

□ 収拾がつかない   □ 異口同音   □ 勇敢に突き進む   □ 整然としている

□ 見渡す限り果てしない   □ 人を引きつける   □ 優勝劣敗   □ 日増しに増える

336 ▶ 337

□ 1225

直截了当
zhíjié-liǎodàng

単刀直入
近 开门见山　反 拐弯抹角

对于记者的提问，她的回答非常直截了当。

Duìyú jìzhě de tíwèn, tā de huídá fēicháng zhíjié-liǎodàng.

記者の質問に対する彼女の答えは、非常に率直であった。

□ 1226

纸上谈兵
zhǐshàng-tánbīng

机上の空論
近 夸夸其谈　反 身体力行

制定了计划如不认真执行，那只是纸上谈兵。

Zhìdìngle jìhuà rú bú rènzhēn zhíxíng, nà zhǐshì zhǐshàng-tánbīng.

計画を立ててもきちんと実行しなければ、それは机上の空論に過ぎない。

□ 1227

指手画脚
zhǐshǒu-huàjiǎo

あれこれ口出しする、身ぶり手ぶりを
交えて話す
近 评头品足　反 默不作声

他自己什么都不做，却总是对别人指手画脚。

Tā zìjǐ shénme dōu bú zuò, què zǒngshì duì biéren zhǐshǒu-huàjiǎo.

彼は自分では何もしないのに、いつも人にあれこれ口出しする。

□ 1228

置之不理
zhìzhī-bùlǐ

取り合わない、捨て置く、相手にしない
近 漠然置之　反 念念不忘

官方对民间要求控制物价的呼声置之不理。

Guānfāng duì mínjiān yāoqiú kòngzhì wùjià de hūshēng zhìzhī-bùlǐ.

政府は民間の物価抑制要求を無視した。

90日目 🎧 090
Quick Review
答えは次頁

| □ 语重心长 | □ 斩钉截铁 | □ 张冠李戴 | □ 争分夺秒 |
| □ 原原本本 | □ 战战兢兢 | □ 张牙舞爪 | □ 争先恐后 |

1　週目　2　週目　3　週目　4　週目　5　週目　6　週目　7　週目　8　週目　9　週目　10～14　週目

□ 1229

专心致志
zhuānxīn-zhìzhì

一心不乱、一意専心
近 聚精会神　反 心猿意马

考试之前，他一直在专心致志地复习。

Kǎoshì zhīqián, tā yìzhí zài zhuānxīn-zhìzhì de fùxí.

試験の前、彼はずっと一心不乱に復習をしている。

□ 1230

转危为安
zhuǎnwēi-wéi'ān

（情勢や病気などが）危機を脱する
近 化险为夷　反 凶多吉少

经过医生的精心治疗，病人终于转危为安了。

Jīngguò yīshēng de jīngxīn zhìliáo, bìngrén zhōngyú zhuǎnwēi-wéi'ān le.

医師の必死の治療によって、ついに患者は生命の危機を脱した。

□ 1231

孜孜不倦
zīzī-bújuàn

ひたすら励む、倦まずたゆまず
近 孜孜以求　反 一曝十寒

他多年来孜孜不倦地从事新能源的研究工作。

Tā duō nián lái zīzī-bújuàn de cóngshì xīn néngyuán de yánjiū gōngzuò.

彼は長年、こつこつと新エネルギーの研究を行ってきた。

□ 1232

字里行间
zìlǐ-hángjiān

行間、文のここかしこに
近 言外之意

她的小说字里行间都渗透着对家乡深深的爱。

Tā de xiǎoshuō zìlǐ-hángjiān dōu shèntòuzhe duì jiāxiāng shēnshēn de ài.

彼女の小説は行間に故郷に対する深い愛情がにじみ出ている。

□ 誠実で心がこもっている	□ きっぱりとした言動	□ ちぐはぐ	□ 一分一秒を争う
□ 一部始終	□ びくびくする	□ 凶暴な	□ 遅れまいと先を争う

□ 1233

ありがた迷惑なことをする

帮倒忙
bāng dàománg

你快去洗手准备吃饭吧，别在这儿给我帮倒忙了。

Nǐ kuài qù xǐshǒu zhǔnbèi chī fàn ba, bié zài zhèr gěi wǒ bāng dàománg le.

余計な手伝いはいらないから、早く手を洗って食べる用意をしなさい。

□ 1234

番狂わせが起こる

爆冷门
bào lěngmén

张超在这次比赛中大爆冷门，夺得了第二名。

Zhāng Chāo zài zhè cì bǐsài zhōng dà bào lěngmén, duódéle dì-èr míng.

張超は今回の試合で番狂わせを起こし、2位を獲得した。

□ 1235

ぬれぎぬを着せられる

背黑锅
bēi hēiguō

这件事明明是你做的，我可不替你背黑锅。

Zhè jiàn shì míngmíng shì nǐ zuò de, wǒ kě bú tì nǐ bēi hēiguō.

これは明らかに君がやったことで、私が君に代わってぬれぎぬを着ることはない。

□ 1236

その手には乗らない、納得しない

不买账
bù mǎizhàng

顾客对于售货员过于热情的推销并不买账。

Gùkè duìyú shòuhuòyuán guòyú rèqíng de tuīxiāo bìng bù mǎizhàng.

店員が押し売りをしたところで客が乗せられるとは限らない。

□ 1237

出风头
chū fēngtou

出しゃばる

做人要低调一些，不要事事想出风头。
Zuòrén yào dīdiào yìxiē, búyào shìshì xiǎng chū fēngtou.
控えめに、何事にも出しゃばらないように生きるべきだ。

□ 1238

凑份子
còu fènzi

（贈り物をするため）金を出し合う

张艳要转学了，我们凑份子给她买了送别礼物。
Zhāng Yàn yào zhuǎnxué le, wǒmen còu fènzi gěi tā mǎile sòngbié lǐwù.
張艶が転校することになったので、皆でお金を出し合って餞別の贈り物をした。

□ 1239

凑热闹
còu rènao

（遊びの）仲間に入る

大家都去联欢晚会了，你不去凑个热闹吗?
Dàjiā dōu qù liánhuān wǎnhuì le, nǐ bú qù còu ge rènao ma?
みんな交歓パーティーに行くんだけど、君も一緒に行かないかい。

□ 1240

打哈欠
dǎ hāqian

あくびする

这演讲太无聊了，观众纷纷打起了哈欠。
Zhè yǎnjiǎng tài wúliáo le, guānzhòng fēnfēn dǎqǐle hāqian.
このスピーチはあまりにも退屈で、観衆は次々とあくびをした。

□ 単刀直入　　□ あれこれ口出しする　　□ 一心不乱　　□ ひたすら励む

□ 机上の空論　　□ 取り合わない　　□ 危機を脱する　　□ 行間

□ 1241
打埋伏
dǎ máifu

（資料・財産・物資などを）隠匿する

这些材料都是要如实上报的，千万不能打埋伏。
Zhèxiē cáiliào dōu shì yào rúshí shàngbào de, qiānwàn bù néng dǎ máifu.
このデータはありのまま報告すべきものだ。何があっても隠匿してはならない。

□ 1242
打平手
dǎ píngshǒu

引き分ける

在 6 分钟的加时赛中，两队仍打成平手，进入点球大战。
Zài liù fēnzhōng de jiāshísài zhōng, liǎng duì réng dǎchéng píngshǒu, jìnrù diǎnqiú dàzhàn.
6 分間の延長戦でも決着がつかず、PK 戦に突入した。

□ 1243
打秋风
dǎ qiūfēng

無心する、金をねだる

他家已经无米下锅了，只能到兄弟家去打秋风。
Tā jiā yǐjīng wú mǐ xià guō le, zhǐ néng dào xiōngdì jiā qù dǎ qiūfēng.
彼の家にはもう米がないので、兄弟の家に行って無心するしかない。

□ 1244
打算盘
dǎ suànpan

そろばんをはじく、損得勘定をする

刘波做事很会打算盘，从不吃亏上当。
Liú Bō zuòshì hěn huì dǎ suànpan, cóng bù chīkuī shàngdàng.
劉波は何をするにもそろばんをはじくのがうまく、今まで損をしたりだまされたことがない。

92日目 🎧092 Quick Review 答えは次頁	□ 帮倒忙	□ 背黑锅	□ 出风头	□ 凑热闹
	□ 爆冷门	□ 不买账	□ 凑份子	□ 打哈欠

□ 1245

打下手
dǎ xiàshǒu

手を貸す

爸爸在厨房做饭呢，你去给他打个下手。

Bàba zài chúfáng zuò fàn ne, nǐ qù gěi tā dǎ ge xiàshǒu.

お父さんが台所で料理をしているから、ちょっと手伝ってあげて。

□ 1246

打掩护
dǎ yǎnhù

（悪人や悪事を）かくまう、かばう

我都知道怎么回事了，你就别替他打掩护了。

Wǒ dōu zhīdao zěnme huí shì le, nǐ jiù bié tì tā dǎ yǎnhù le.

私は事態を把握している、彼をかばうのはやめた方がいい。

□ 1247

打圆场
dǎ yuánchǎng

（紛争や取引を）仲裁する、仲介する

今天幸亏有老李打圆场，不然非打起来不可。

Jīntiān xìngkuī yǒu Lǎo-Lǐ dǎ yuánchǎng, bùrán fēi dǎqilai bùkě.

今日は李さんの仲裁があったからよかったものの、さもなければ殴り合いになっていた。

□ 1248

挡箭牌
dǎngjiànpái

言い訳、後ろ盾

对于喜欢逃避责任的人来说，困难是他们最常用的挡箭牌。

Duìyú xǐhuan táobì zérèn de rén lái shuō, kùnnan shì tāmen zuì chángyòng de dǎngjiànpái.

責任から逃げたがる人にとって、困難は彼らがよく使う言い訳である。

□ ありがた迷惑なことをする	□ ぬれぎぬを着せられる	□ 出しゃばる	□ 仲間に入る
□ 番狂わせが起こる	□ その手には乗らない	□ 金を出し合う	□ あくびする

□ 1249

戴高帽
dài gāomào

おだてる

总是给他戴高帽，他会骄傲的。

Zǒngshì gěi tā dài gāomào, tā huì jiāo'ào de.

あまりあいつをおだててばかりいると、調子に乗るぞ。

□ 1250

吊胃口
diào wèikǒu

じらす、相手の気を引く、興味をかき立てる

这家甜品店为吊人胃口，规定每天只有前五十位顾客可以买到招牌甜点。

Zhè jiā tiánpǐndiàn wèi diào rén wèikǒu, guīdìng měi tiān zhǐyǒu qián wǔshí wèi gùkè kěyǐ mǎidào zhāopai tiándiǎn.

このスイーツ店は客の興味を引くために、毎日先着50名しか看板デザートを買えないようにしている。

□ 1251

定调子
dìng diàozi

結論を出す、方向性を決める

既然是讨论会，就不能先定调子，而要让各种意见充分发表。

Jìrán shì tǎolùnhuì, jiù bù néng xiān dìng diàozi, ér yào ràng gè zhǒng yìjian chōngfèn fābiǎo.

討論会なのだから、結論ありきの議論ではなく、さまざまな意見を出しつくすべきだ。

□ 1252

定心丸
dìngxīnwán

安心させる言葉

听了教练的话，队员们就像吃了一颗定心丸，信心满满地回到了赛场。

Tīngle jiàoliàn de huà, duìyuánmen jiù xiàng chīle yì kē dìngxīnwán, xìnxīn mǎnmǎn de huídàole sàichǎng.

監督の話を聞いて、選手たちは安心して、自信いっぱいに競技場に戻っていった。

| 93日目 🎧 093 Quick Review 答えは次頁 | □ 打埋伏 | □ 打秋风 | □ 打下手 | □ 打圆场 |
| | □ 打平手 | □ 打算盘 | □ 打掩护 | □ 挡箭牌 |

□ 1253

兜圈子
dōu quānzi

回りくどく言う、遠回しに言う

你就直说吧，别跟我兜圈子了。

Nǐ jiù zhí shuō ba, bié gēn wǒ dōu quānzi le.

回りくどいことをしないで率直に言って。

□ 1254

放空炮
fàng kōngpào

大きな口をたたく、空論を言う

不管什么事，都应该说到做到，不要放空炮。

Bùguǎn shénme shì, dōu yīnggāi shuōdào zuòdào, búyào fàng kōngpào.

何事も有言実行であるべきだ。大口ばかりたたいていてはいけない。

□ 1255

放冷风
fàng lěngfēng

デマを飛ばす

那是别有用心的人在放冷风，大家不要相信。

Nà shì biéyǒu-yòngxīn de rén zài fàng lěngfēng, dàjiā búyào xiāngxìn.

それは下心のある者のデマだ。信じてはいけない。

□ 1256

干瞪眼
gāndèngyǎn

気ばかり焦ってどうにもならない

随着发车时间一点点过去，恼怒的上班族只能干瞪眼。

Suízhe fāchē shíjiān yìdiǎndiǎn guòqu, nǎonù de shàngbānzú zhǐ néng gāndèngyǎn.

発車時間が少しずつ過ぎていくにつれ、怒ったサラリーマンは焦るばかりでどうにもならない。

□ 隠匿する　　□ 無心する　　□ 手を貸す　　□ 仲裁する

□ 引き分ける　　□ そろばんをはじく　　□ かくまう　　□ 言い訳

1 週目
2 週目
3 週目
4 週目
5 週目
6 週目
7 週目
8 週目
9 週目
10~14 週目

□ 1257
厚脸皮
hòu liǎnpí

厚かましい、鉄面皮

要在这个城市长久生活，没有一张厚脸皮是不行的。
Yào zài zhège chéngshì chángjiǔ shēnghuó, méiyǒu yì zhāng hòu liǎnpí shì bùxíng de.
この街で長く暮らすなら、面の皮が厚くないとやっていけない。

□ 1258
和稀泥
huò xīní

いいかげんにまるく収めようとする

为了避免几个部门间的不和，董事长只好和稀泥。
Wèile bìmiǎn jǐ ge bùmén jiān de bùhé, dǒngshìzhǎng zhǐhǎo huò xīní.
複数の部門間の不和を避けるため、理事長は適当にまるく収めるしかなかった。

□ 1259
讲排场
jiǎng páichang

見栄を張る、派手にやる

赵立家虽然不怎么富有，但却事事喜欢讲排场。
Zhào Lì jiā suīrán bù zěnme fùyǒu, dàn què shìshì xǐhuan jiǎng páichang.
趙立の家はあまり金持ちではないが、何事も見栄を張るのが好きだ。

□ 1260
开小差
kāi xiǎochāi

気が散る、さぼる、うわの空である

你怎么总是上课的时候开小差？
Nǐ zěnme zǒngshì shàngkè de shíhou kāi xiǎochāi?
君はどうしていつも授業中に他のことを考えているの。

1 週目

2 週目

3 週目

4 週目

5 週目

6 週目

7 週目

8 週目

9 週目

10～14 週目

□ 1261

拉山头
lā shāntóu

派閥を作る

爷爷一向反对拉山头，搞宗派。
Yéye yíxiàng fǎnduì lā shāntóu, gǎo zōngpài.
祖父は一貫して派閥や党派を作ることに反対している。

□ 1262

留后路
liú hòulù

逃げ道を残す

王明做什么事都要给自己留条后路。
Wáng Míng zuò shénme shì dōu yào gěi zìjǐ liú tiáo hòulù.
王明は何をするにも自分のために逃げ道を残している。

□ 1263

留尾巴
liú wěiba

（物事が）中途半端である

这项工作今天必须完成，不能留尾巴。
Zhè xiàng gōngzuò jīntiān bìxū wánchéng, bù néng liú wěiba.
この仕事はやり残さず、絶対に今日中に終わらせなければならない。

□ 1264

留一手
liú yìshǒu

奥の手を隠す

这件事告诉我们，任何时候都要给自己留一手。
Zhè jiàn shì gàosu wǒmen, rènhé shíhou dōu yào gěi zìjǐ liú yìshǒu.
この件では、いかなる場合でも次の一手を残しておくべきであることを知った。

□ おだてる	□ 結論を出す	□ 回りくどく言う	□ デマを飛ばす
□ じらす	□ 安心させる言葉	□ 大きな口をたたく	□ 気ばかり焦ってどうにもならない

□ 1265

留余地
liú yúdì

含みやゆとりを残す

你怎么做事这么绝? 一点也不留余地。
Nǐ zěnme zuòshì zhème jué? Yìdiǎn yě bù liú yúdì.
どうして少しもゆとりを残さずにそこまで追い込むようなことをするの。

□ 1266

露马脚
lòu mǎjiǎo

馬脚をあらわす、化けの皮がはがれる

为了不露马脚，他们临时演起了夫妻。
Wèile bú lòu mǎjiǎo, tāmen línshí yǎnqǐle fūqī.
ボロが出ないよう、2人はとっさに夫婦を演じた。

□ 1267

露一手
lòu yìshǒu

腕前を見せる

你钢琴弹得这么好，不打算在联欢晚会上露一手吗?
Nǐ gāngqín tánde zhème hǎo, bù dǎsuan zài liánhuān wǎnhuì shang lòu yìshǒu ma?
あなたはこんなにもピアノが上手なんだから、パーティーで腕前を披露しませんか。

□ 1268

没二话
méi èrhuà

文句や不満がない

门卫瞪了他一眼，也没二话，径自走了。
Ménwèi dèngle tā yì yǎn, yě méi èrhuà, jìngzì zǒu le.
守衛は彼をずっと見ていたが、何も言わずにそのまま行ってしまった。

1
週目

2
週目

3
週目

4
週目

5
週目

6
週目

7
週目

8
週目

9
週目

10
～14
週目

□ 1269 | 脇役を演じる
跑龙套
pǎo lóngtào

与其在别人的生活里跑龙套，不如在自己的生活里做主角。
Yǔqí zài biéren de shēnghuó li pǎo lóngtào, bùrú zài zìjǐ de shēnghuó li zuò zhǔjué.
他人の人生で脇役を演じるよりも、自分の人生の主役を演じる方がよい。

□ 1270 | 口添えをする
敲边鼓
qiāo biāngǔ

这件事你来拿主意，我来敲边鼓。
Zhè jiàn shì nǐ lái ná zhǔyi, wǒ lái qiāo biāngǔ.
この件は君がアイデアを出してくれ、私が口添えをするから。

□ 1271 | 目の上のこぶ、目の敵
肉中刺
ròuzhōngcì

他们俩从昔日的朋友变成了彼此的眼中钉、肉中刺，真是可悲。
Tāmen liǎ cóng xīrì de péngyou biànchéngle bǐcǐ de yǎnzhōngdīng, ròuzhōngcì, zhēn shì kěbēi. 彼ら2人が昔の友人からお互いの目の上のこぶになってしまい、本当に悲しい。

□ 1272 | 最後の切り札
撒手锏
sāshǒujiǎn

新厂长上任后，马上使出了他的撒手锏，短短半年就使工厂扭亏为盈了。
Xīn chǎngzhǎng shàngrèn hòu, mǎshàng shǐchūle tā de sāshǒujiǎn, duǎnduǎn bàn nián jiù shǐ gōngchǎng niǔkuīwéi yíng le. 新任の工場長は、すぐに自分の最後の切り札を出し、わずか半年で工場を黒字に転じさせた。

□ 厚かましい   □ 見栄を張る   □ 派閥を作る   □ 中途半端である

□ いいかげんにまる   □ 気が散る   □ 逃げ道を残す   □ 奥の手を隠す
く収めようとする

□ 1273

耍把戏
shuǎ bǎxì

いんちきをする

他总喜欢耍把戏，要小心一点。
Tā zǒng xǐhuan shuǎ bǎxì, yào xiǎoxīn yìdiǎn.
彼はいつもいんちき（ばかり）だから、気をつけなさい。

□ 1274

耍心眼儿
shuǎ xīnyǎnr

こざかしいことをする

看他挺老实一个人，怎么也跟我们耍心眼儿呢?
Kàn tā tǐng lǎoshi yí ge rén, zěnme yě gēn wǒmen shuǎ xīnyǎnr ne?
彼は真面目そうに見えるのに、どうして小細工をしてくるのだろう。

□ 1275

随大溜
suí dàliù

大勢の赴くままに従う

对待事情应该有自己的主见，不能万事随大溜。
Duìdài shìqing yīnggāi yǒu zìjǐ de zhǔjiàn, bù néng wànshì suí dàliù.
何事も大勢に流されるのではなく、主体的な意見を持つべきだ。

□ 1276

挑大梁
tiǎo dàliáng

大黒柱となる、重要な仕事を担う

吴敏的表演极具灵气，短短几年，已经成为话剧团挑大梁的演员了。
Wú Mǐn de biǎoyǎn jí jù língqì, duǎnduǎn jǐ nián, yǐjīng chéngwéi huàjùtuán tiǎo dàliáng de yǎnyuán le.
呉敏の演技は非常にオーラがあり、わずか数年ですでに劇団の大黒柱となった。

□ 1277

拖后腿
tuō hòutuǐ

足を引っ張る

他没完成指定的任务，拖了大家的后腿。

Tā méi wánchéng zhǐdìng de rènwu, tuōle dàjiā de hòutuǐ.

彼は指定されたタスクを完成させておらず、みんなの足を引っ張った。

□ 1278

寻开心
xún kāixīn

人をからかって楽しむ

我烦着呢，你就不要拿我寻开心了。

Wǒ fánzhe ne, nǐ jiù búyào ná wǒ xún kāixīn le.

もううんざりだ。私をからかうのはやめてくれ。

□ 1279

一溜烟
yíliùyān

あっという間に、一目散に

他像兔子一般，一溜烟没了身影。

Tā xiàng tùzi yìbān, yíliùyān méile shēnyǐng.

彼はウサギのように、一目散に姿を消した。

□ 1280

一条龙
yìtiáolóng

（仕事や作業の）一本化

政府部门要积极推行一条龙办事制度，提高服务效率。

Zhèngfǔ bùmén yào jījí tuīxíng yìtiáolóng bànshì zhìdù, tígāo fúwù xiàolǜ.

政府部門は一貫した事務制度を積極的に推進し、サービス効率を高めなければならない。

□ 含みやゆとりを残す   □ 腕前を見せる   □ 脇役を演じる   □ 目の上のこぶ

□ 馬脚をあらわす   □ 文句や不満がない   □ 口添えをする   □ 最後の切り札

Check 1　　　　　　　　　　　　　　　🎧 098
Check 2　　　　　　　　　　　　　　　🎧 196

□ 1281

一团糟
yìtuánzāo

めちゃくちゃ、混乱して収拾がつかない

父母不在家，孩子们把房间弄得一团糟。
Fùmǔ bú zàijiā, háizimen bǎ fángjiān nòngde yìtuánzāo.
両親が留守にしている間に、子供たちは部屋をめちゃくちゃに散らかした。

□ 1282

一窝蜂
yìwōfēng

わっと群がって～する

一听说那个大明星出来了，记者们一窝蜂围了上去。
Yì tīngshuō nàge dà míngxīng chūlai le, jìzhěmen yìwōfēng wéile shàngqu.
あの大スターが現れたと聞くや、記者たちはわっと群がっていった。

□ 1283

一言堂
yìyántáng

鶴の一声、自分の考えだけで決まる

做领导的应该善于听取各方意见，不能搞一言堂。
Zuò lǐngdǎo de yīnggāi shànyú tīngqǔ gè fāng yìjian, bù néng gǎo yìyántáng.
指導者たる者、様々な意見を聞き入れるべきであり、鶴の一声で決まるようなことがあってはならない。

□ 1284

一阵风
yízhènfēng

あっという間に

林天一阵风似的跑出了教室。
Lín Tiān yízhènfēng shìde pǎochūle jiàoshì.
林天は風のように教室を飛び出していった。

97日目 🎧 097
Quick Review
答えは次頁

| □ 耍把戏 | □ 随大溜 | □ 拖后腿 | □ 一溜烟 |
| □ 耍心眼儿 | □ 挑大梁 | □ 寻开心 | □ 一条龙 |

1
週目

2
週目

3
週目

4
週目

5
週目

6
週目

7
週目

8
週目

9
週目

10
～
14
週目

□ 1285
有心眼
yǒu xīnyǎn

利口である、気がきく

好在他有心眼，看出了其中的问题，不然麻烦就大了。
Hǎozài tā yǒu xīnyǎn, kànchūle qízhōng de wèntí, bùrán máfan jiù dà le.
彼が気のきく人間で、問題を見つけ出してくれたからよかったものの、そうでなければ面倒が大きくなってしまっていただろう。

□ 1286
赚外快
zhuàn wàikuài

副収入・臨時収入を得る

小刘为了赚外快，找了好几份家教的工作。
Xiǎo-Liú wèile zhuàn wàikuài, zhǎole hǎo jǐ fèn jiājiào de gōngzuò.
劉さんは副収入を得るために、いくつもの家庭教師の仕事を探した。

□ 1287
走过场
zǒu guòchǎng

お茶を濁す、ごまかす

政府对这项改变所做的民意调查不过走走过场而已。
Zhèngfǔ duì zhè xiàng gǎibiàn suǒ zuò de mínyì diàochá búguò zǒuzǒu guòchǎng éryǐ.
政府による今回の変更についての世論調査はただのその場しのぎにすぎない。

□ 1288
做手脚
zuò shǒujiǎo

小細工をする、裏工作をする

一些公司经常会在劳动合同上做手脚，你可一定要看仔细了。
Yìxiē gōngsī jīngcháng huì zài láodòng hétong shang zuò shǒujiǎo, nǐ kě yídìng yào kàn zǐxì le.
労働契約書に小細工をしかける会社もあるから、しっかり目を通した方がいい。

□ いんちきをする　　□ 大勢の赴くままに従う　　□ 足を引っ張る　　□ あっという間に

□ こざかしいことをする　　□ 大黒柱となる　　□ 人をからかって楽しむ　　□ 一本化

索引

98日目 🎧098
Quick Review
答えは次頁

□ 一团糟   □ 一言堂   □ 有心眼   □ 走过场

□ 一窝蜂   □ 一阵风   □ 赚外快   □ 做手脚

☐ めちゃくちゃ   ☐ 鶴の一声   ☐ 利口である   ☐ お茶を濁す

☐ わっと群がって〜する   ☐ あっという間に   ☐ 副収入・臨時収入を得る   ☐ 小細工をする

成语

惯用句

見出し語の主な日本語訳を、品詞にかかわらず50音順にまとめました。各語の右側の数字は見出し語番号です。

単語

成語

慣用句

改訂版　聞いて覚える中国語単語帳

キクタン

中国語

【上級編】

中検準1級レベル

発行日	2023年4月17日（初版）
監修者	内田慶市（関西大学名誉教授）
	沈国威（関西大学外国語学部教授）
著者	氷野善寛（目白大学外国語学部中国語学科准教授）
	紅粉芳惠（大阪産業大学国際学部教授）
	岡本悠馬（中国語講師・通訳・翻訳者）
	海暁芳（関西大学文化交渉学博士　北京市建華実験学校）
	齊燦（揚州大学文学院講師）
編集	株式会社アルク出版編集部、竹内路子（株式会社好文出版）
アートディレクター	細山田光宣
デザイン	柏倉美地（細山田デザイン事務所）
イラスト	大塚犬
ナレーション	姜海寧、菊地信子
音楽制作・編集	Niwaty
録音	トライアンフ株式会社
DTP	新井田晃彦（有限会社共同制作社）、洪永愛（Studio H2）
印刷・製本	シナノ印刷株式会社
発行者	天野智之
発行所	株式会社アルク

〒102-0073 東京都千代田区九段北4-2-6　市ヶ谷ビル
Website：https://www.alc.co.jp/

地球人ネットワークを創る

アルクのシンボル
「地球人マーク」です。